劳动教育助力新质生产力发展研究

赵浩宇 曹开艳 著

燕山大学出版社
·秦皇岛·

图书在版编目（CIP）数据

劳动教育助力新质生产力发展研究 / 赵浩宇，曹开艳著. -- 秦皇岛：燕山大学出版社，2025.6. -- ISBN 978-7-5761-0847-7

I. G40-015；F120.2

中国国家版本馆 CIP 数据核字第 20256E4H30 号

劳动教育助力新质生产力发展研究
LAODONG JIAOYU ZHULI XINZHI SHENGCHANLI FAZHAN YANJIU

赵浩宇　曹开艳　著

出版人：陈 玉	责任编辑：臧晨露
责任印制：吴 波	封面设计：墨菲设计工作室
出版发行：燕山大学出版社	电　　话：0335-8387555
地　　址：河北省秦皇岛市河北大街西段 438 号	邮政编码：066004
印　　刷：秦皇岛墨缘彩印有限公司	经　　销：全国新华书店

开　本：710 mm×1000 mm　1/16	印　张：16
版　次：2025 年 6 月第 1 版	印　次：2025 年 6 月第 1 次印刷
书　号：ISBN 978-7-5761-0847-7	字　数：280 千字
定　价：80.00 元	

版权所有　侵权必究

如发生印刷、装订质量问题，读者可与出版社联系调换

联系电话：0335-8387718

前言 FOREWORD

在当今全球化与科技飞速发展的时代浪潮中,新质生产力已成为推动经济社会持续进步的核心力量,其凭借创新驱动、智能化、绿色低碳等显著特征,正在重塑着产业格局与劳动模式。而劳动教育,作为培育全面发展人才的关键环节,在这一进程中的重要性愈发凸显。深入探究劳动教育如何助力新质生产力发展,已然成为教育领域的首要课题之一,对国家的长远发展有着深远意义。

新质生产力以知识、技术、信息和创新能力为关键要素,区别于传统生产力。它推动着产业结构深度调整,促使生产方式向灵活、定制化、智能化转变。从新能源产业中对先进技术与专业知识的高度依赖,到智能制造领域智能化和分散式生产方式的兴起,新质生产力正全方位地改变着经济发展的面貌。在这样的背景下,劳动者需要具备更高的素质,不仅要掌握扎实的专业技能,还需拥有创新思维、跨学科知识以及终身学习的能力,以适应快速变化的工作环境。

劳动教育的发展历程源远流长,有着深厚的理论根基。马克思主义劳动观强调劳动创造价值、人的本质与劳动紧密相连以及劳动在社会变革中的关键作用,为劳动教育奠定了坚实的理论基础。在现代教育思潮中,后现代主义注重多元性、不确定性和批判性思维,关注劳动教育过程中的权力关系,建构主义倡导项目式学习和情境创设,强调学生的主动参与和知识建构,为劳动教育的实践提供了新的方法和途径。

回顾我国劳动教育的发展历程,其经历了诸多变革。20 世纪 50 年代,劳动教育被置于重要地位,旨在培养具备社会主义觉悟和文化素养的劳动者,学生通过参与农业和工业生产劳动,树立了正确的劳动观念,为国家建设贡献了力量。然而,在 20 世纪 60—70 年代,更多强调劳动至上,鼓励学生参与社会实践,学生接受系统教育和培训的机会减少,这导致教育质量整体下滑。改革开放后,劳动教育进入积极探索阶段,随着教育方针的不断完善,劳动教育在学校教育中的地位逐渐稳固。进入 21 世纪，劳动教育的内容和形式日益丰富多样，更加注重与现代科技和社会发展的结合，以培养学生适应新时代需求的劳动能力和创新精神。

从国际视角来看，不同国家在劳动教育方面积累了丰富且各具特色的经验。德国的双元制教育，将学校理论教学与企业实践培训紧密结合，为制造业培养了大量高素质专业技术人才，使得"德国制造"在全球享有盛誉。以德国汽车制造业为例，双元制教育培养出的技术工人，凭借精湛的技艺和创新能力，确保了德国汽车的高品质和可靠性。新加坡的劳动教育具有鲜明的实用导向和全面发展特征，通过社会实践和项目实践，培养学生的综合能力和社会责任感。在新加坡的社区建设项目中，学生通过调研、规划和实施，锻炼了调查研究、解决问题以及团队协作能力。俄罗斯的劳动教育注重培养学生的职业素养与坚韧精神，在职业院校中，学生通过系统的实践与理论学习，在机械制造、航空航天等领域展现出强大的竞争力。例如，俄罗斯航空航天工业的技术人员，在严格的劳动教育培养下，对航天器零部件制造精益求精，保障了航天设备的高可靠性。

尽管劳动教育在理论和实践方面都取得了一定的成果，但当前仍面临着诸多挑战。在教育理念方面，传统的重理论轻实践、重智育轻劳动的观念依旧存在，导致劳动教育在课程设置、教学方法等方面得不到足够的重视，对学生的实践能力和创新精神培养不足。在教育资源方面，存在着区域和城乡分布不均衡的问题。东部沿海地区和城市学校往往拥有更充足的师资、先进的场地设施和丰富的经费支持，而中西部地区和农村学校在这些方面的资源则相对匮乏，限制了劳动教育的质量和效果。此外，现行的教育评价体系也有待完善，现有的评价标准模糊且单一，过于注重结果，忽视了学生在劳动过程中的表现和成长，难以全面、客观地评估劳动教育的成效。

新质生产力的发展对劳动教育提出了更为迫切的要求。新兴产业如人工智能、大数据、生物技术等的快速崛起，需要大量具备跨学科知识和创新能力的人才。例如，在人工智能领域，劳动者不仅要掌握计算机科学、数学等专业知识，还需具备创新思维，能够不断探索新的算法和应用场景。劳动教育必须进行改革与创新，以适应新质生产力发展的需求，培养出符合时代要求的高素质劳动者。

本书围绕劳动教育助力新质生产力发展这一核心主题展开深入研究，具有重要的现实意义和学术价值。从社会发展层面来看，劳动教育对新质生产力发展的促进作用体现在多个关键领域。在就业结构优化方面，通过提升劳动者的技能和创新能力，劳动教育能够使劳动者更好地匹配市场需求，缓解结构性失业问题，提升整体就业质量。在一些地区，通过加强数字技术、人工智能等领域的劳动教育，培养出了大批适应高新技术产业发展的人才，推动了当地就业结构的优化升级。在创新生态构建方面，劳动教育能够培养学生的创新思维和实践能力，为创新提供坚实的人力资源基础。通过开展创新创业教育、实践教学和项目式学习等活动，可以激发学生的创新热情和创造力，催生更多创新型企业，营造良好的创新氛围和产业生态。在产业升级方面，劳动教育为传统产业的技术改造和新兴产业的发展提供了有力的人才支持。通过培养掌握先进技术和理念的人才，推动传统产业向高端化、智能化、绿色化转型，同时促进新兴产业的蓬勃发展。在社会公平促进方面，劳动教育为不同阶层的学生提供了平等的发展机会，通过提供优质的教育资源和培训，提升了学生的就业能力和收入水平，缩小城乡差距和贫富差距，维护社会的公平与稳定。

从学术研究角度而言，本书的研究具有创新性和前沿性。在理论创新方面，本书将劳动教育与新质生产力发展有机结合，为相关理论开辟了全新的研究视角和路径。从人力资本理论、创新理论、可持续发展理论等多个维度深入分析两者之间的关系，为教育学、经济学等学科的理论发展提供了新的思路和依据。在方法论贡献上，本书综合运用文献研究、案例分析、跨学科研究等多种方法，为劳动教育和新质生产力发展的研究提供了创新的方法论工具。文献研究梳理了国内外相关领域的研究现状和发展趋势，为研究奠定了坚实的理论基础；案例分析通过具体案例深入剖析劳动教育在新质生产力发展中的作用和价值，提供了丰富的实践经验；跨学科研究整合了教育学、经济学、管理学、社会学等多个学科的理论和方法，从不同角度全面揭示了劳动教育与新质生产力发展之间的复杂关系。

本书的研究内容涵盖了多个重要方面。首先，对劳动教育和新质生产力的理论基础进行了深入剖析，明确了它们的内涵、特征、发展脉络以及相互之间的内在联系。其次，详细探讨了劳动教育对新质生产力发展的赋能机制，包括对人力资本的优化，如技能培育、创新能力激发、劳动精神与职业素养塑造以及终身学习理念的培养；对技术创新的推动，如创新思维的启发、产学研合作机制的搭建以及科技成果转化能力的增强；对产业升级的助力，如适应新兴产业的人才培育、传统产业转型的人才支撑以及劳动力市场供需平衡的优化。再次，对新时代大学生劳动教育的现状进行了全面分析，指出了当前存在的问题和挑战，并提出了针对性的应对策略。通过理论探讨与大量案例分析相结合的方式，验证了劳动教育对新质生产力发展的促进作用，总结了实践经验。复次，对劳动教育政策与实践进行了国际比较与借鉴，分析了发达国家和发展中国家的劳动教育政策特色、实践模式，为我国劳动教育的发展提供了有益的启示。最后，从宏观和微观两个层面提出了劳动教育助力新质生产力发展的策略与路径，包括政策引导与支持体系的构建、教育资源的优化配置、课程内容与教学方法的创新、师资队伍建设与专业发展以及学生实践与创新能力的培养等方面的具体建议。

在研究过程中，我们秉持严谨的学术态度，力求全面、深入、客观地揭示劳动教育与新质生产力发展之间的关系。通过广泛收集国内外相关文献资料，对已有研究成果进行系统梳理，明确了研究的起点和方向。运用案例分析方法时，精心选取具有代表性的案例进行深入剖析，从实践中总结经验和规律，确保研究成果具有实践指导意义。跨学科研究方法的运用，使我们能够从多个学科视角审视这一复杂问题，打破学科界限，整合不同学科的优势，构建了全面、系统的研究框架。

我们深知，劳动教育助力新质生产力发展是一个复杂而长期的系统性工程，需要政府、学校、企业和社会各方的协同努力。希望本书的研究能够为相关政策制定者提供科学的决策参考，为教育工作者开展劳动教育教学提供有益的指导，为企业参与劳动教育提供思路，同时也希望本书能够引起社会各界对劳动教育的关注和重视，共同推动我国劳动教育事业的蓬勃发展，为新质生产力的发展提供坚实的人才保障，促进我国经济社会的可持续发展。

目录 CONTENTS

第1章 绪论

1.1 研究背景与意义 ... 1
1.1.1 新时代劳动教育变革的社会需求 ... 1
1.1.2 新质生产力的内涵与特征 ... 4
1.1.3 本研究的综合价值 ... 7

1.2 国内外研究现状 ... 10
1.2.1 国内劳动教育的研究动态 ... 10
1.2.2 国外劳动教育与生产力的关联研究 ... 12
1.2.3 现有研究的不足与创新方向 ... 14

1.3 研究方法与路径 ... 16
1.3.1 文献研究的策略与应用 ... 16
1.3.2 案例分析的方法与设计 ... 19
1.3.3 跨学科研究的整合思路 ... 21

第2章 劳动教育的理论溯源与发展脉络

2.1 劳动教育的理论根基 ... 23
2.1.1 马克思主义劳动观的核心要点 ... 23
2.1.2 现代教育思潮中的劳动教育理念 ... 25
2.1.3 劳动教育与新时代人才需求的契合 ... 28

2.2 国内外劳动教育的历史演进 ... 32
2.2.1 中国劳动教育的变迁历程 ... 32
2.2.2 国际劳动教育的经验与启示 ... 34
2.2.3 历史经验对当下的借鉴 ... 38

2.3 新时代劳动教育的内涵与特质 ... 41
2.3.1 新时代劳动教育的全新内涵 ... 41
2.3.2 劳动教育的内容体系架构 ... 49
2.3.3 新时代劳动教育的创新之处 ... 52

第3章 新质生产力的本质、特征与演进趋向

3.1 新质生产力的概念厘定 ... 57
3.1.1 新质生产力的清晰界定 ... 57
3.1.2 新质生产力的构成要素 ... 61
3.1.3 新质生产力的战略意义评估 ... 67

3.2 新质生产力的特性剖析 ... 71
3.2.1 创新的核心驱动作用 ... 71
3.2.2 智能化与数字化的显著特征 ... 74
3.2.3 绿色低碳与可持续发展的追求 ... 79

3.3 新质生产力的发展趋向预测 ... 83
3.3.1 关键技术的突破方向与影响 ... 83
3.3.2 产业结构调整的大趋势 ... 86

第4章 劳动教育对新质生产力发展的赋能机制

4.1 劳动教育对人力资本的优化 ... 94
4.1.1 技能培育与创新能力激发 ... 94

4.1.2 劳动精神与职业素养的塑造 ··· 99
　　4.1.3 终身学习理念的扎根 ·· 102

4.2 劳动教育对技术创新的推动 ··· 105
　　4.2.1 创新思维的启发与培养 ·· 105
　　4.2.2 产学研合作机制的搭建 ·· 108
　　4.2.3 科技成果转化能力的增强 ··· 116

4.3 劳动教育对产业升级的助力 ··· 120
　　4.3.1 适应新兴产业的人才培育 ··· 120
　　4.3.2 传统产业转型的人才支撑 ··· 126
　　4.3.3 劳动力市场供需平衡的优化 ·· 134

第 5 章　新时代大学生劳动教育的现状与挑战

5.1 大学生劳动教育的实施现状 ··· 139
　　5.1.1 课程体系与教学安排 ·· 139
　　5.1.2 实践活动的组织与开展 ·· 141

5.2 大学生劳动教育面临的困境 ··· 144
　　5.2.1 教育理念的滞后 ··· 144
　　5.2.2 教育资源的不均衡 ··· 146
　　5.2.3 教育评价体系的不完善 ·· 148

5.3 应对挑战的策略 ··· 150
　　5.3.1 创新教育理念与方法 ·· 150
　　5.3.2 优化教育资源配置 ··· 153
　　5.3.3 构建科学的教育评价体系 ··· 157

/3/

第6章　劳动教育促进新质生产力发展的理论探讨与案例分析

6.1 理论框架与研究假设 …………………………………… 162
6.1.1 研究目的与理论框架 ………………………………… 162
6.1.2 研究假设的阐释 ……………………………………… 166

6.2 案例分析：劳动教育实践与新质生产力的互动 ………… 168
6.2.1 案例选择标准与依据 ………………………………… 168
6.2.2 案例分析：劳动教育实践如何促进新质生产力 …… 172
6.2.3 案例的启示与理论验证 ……………………………… 175

第7章　劳动教育政策和实践的国际比较与借鉴

7.1 国际劳动教育政策纵览 …………………………………… 178
7.1.1 发达国家劳动教育政策的特色 ……………………… 178
7.1.2 发展中国家劳动教育政策的趋势 …………………… 184

7.2 典型国家劳动教育实践模式 ……………………………… 187
7.2.1 国家的选取与比较框架 ……………………………… 187
7.2.2 实践模式案例剖析 …………………………………… 191
7.2.3 经验借鉴与启示 ……………………………………… 194

第8章　劳动教育助力新质生产力发展的策略与路径

8.1 宏观层面的策略规划 ……………………………………… 200
8.1.1 政策引导与支持体系的构建 ………………………… 200
8.1.2 教育资源的优化配置 ………………………………… 203

8.2 微观层面的实施路径·····················207
8.2.1 课程内容与教学方法的创新·····················207
8.2.2 师资队伍建设与专业发展·····················214
8.2.3 学生实践与创新能力的培养·····················219

第9章 研究结论与展望

9.1 研究结论汇总·····················225
9.1.1 劳动教育对新质生产力发展的重要性再审视·····················225
9.1.2 研究发现与核心观点回顾·····················227

9.2 研究贡献与局限性·····················228
9.2.1 研究贡献与学术价值·····················228
9.2.2 研究局限与未来改进方向·····················230

9.3 未来研究展望·····················232
9.3.1 劳动教育研究的深化与拓展·····················232
9.3.2 新质生产力发展背景下的劳动教育创新·····················235

参考文献·····················238

后记·····················241

第1章 绪 论

1.1 研究背景与意义

1.1.1 新时代劳动教育变革的社会需求

在21世纪的今天,科技迅猛发展,社会经济结构发生了深刻的转型,我们正身处一个瞬息万变的时代。这一变革给劳动教育带来了全新的挑战与要求,不仅对传统劳动教育模式形成了巨大冲击,也促使劳动教育全面革新其教育目标与教育内容。

1.1.1.1 社会经济结构转型的影响

经济全球化推动了产业的重新布局,劳动市场随之发生了显著变化。随着服务业的蓬勃兴起以及制造业向智能化的升级,企业对高技能劳动者的需求日益增长。劳动教育不能局限于传授专业知识和技能,更应着重培养劳动者的创新意识、团队协作能力和终身学习能力。传统的体力劳动和简单重复性劳动的需求正在逐渐减少,而具备创新思维、能够解决复杂问题且拥有跨学科知识的劳动者越来越受到市场的欢迎。

1.1.1.2 科技进步带来的挑战

信息技术的飞速发展彻底改变了传统的工作方式和生产模式,数字化、网络化和智能化正成为新时代劳动的重要特征。在这一大背景下,劳动教育必须适应技术发展的潮流,致力于培养学生的数字技能和信息素养,以确保他们在数字化经济时代的浪潮中具备生存和发展的基本技能。

1.1.1.3 市场对劳动者技能的需求变革

在当前各行业迅速发展的社会背景下，市场对劳动者技能的需求正经历根本性的转变。以互联网产业为例，这个充满活力的领域对劳动者的数字技能和创新能力提出了更高的要求。

在互联网领域，技术进步日新月异，新的数字工具和平台层出不穷。互联网企业的员工必须紧跟时代步伐，只有精通各种数字工具，才能在激烈的市场竞争中站稳脚跟。他们不仅需要熟练掌握网页设计、编程、数据分析等工具，还必须迅速适应技术的快速迭代。这要求他们能够在短时间内掌握新技术和工具，具备强大的快速学习和应用新知识、新工具的能力，并能将其有效应用于实际工作中。

例如，互联网营销人员需要熟练掌握搜索引擎优化（Search Engine Optimization，SEO）、搜索引擎营销（Search Engine Marketing，SEM）等网络营销技术，通过优化网站内容和结构，提高网站在搜索引擎中的排名，吸引更多流量。同时，他们还需运用数据分析工具，精准分析和预测市场趋势；通过对用户行为数据的深入挖掘，了解用户需求和偏好，制定出更具针对性和有效性的营销策略。只有具备这些能力的互联网营销人员，才能在竞争激烈的市场中为企业创造更大的商业价值。

在智能制造领域，随着工业机器人和自动化生产线的广泛应用，传统生产工人不再简单地进行重复性的体力劳动，而是需要成为高技能人才，因此他们面临着巨大的转型升级压力。高技能人才需要能够熟练操作和维护智能化设备，以确保设备的稳定运行；掌握系统编程技术，能够根据生产需求对自动化生产线进行编程和调试，从而提高生产效率和质量。同时，他们还要能够进行工艺优化，通过不断改进生产流程，降低生产成本，提高产品竞争力。

为了满足这些要求，智能制造领域的劳动者不仅要熟知机械原理，还要全面掌握电子技术、计算机技术和控制工程等多学科知识。他们需要了解电子电路的工作原理，能够对智能化设备的电子部件进行故障诊断和维修。同时，他们还要掌握计算机编程和网络技术，能够与企业的信息化系统对接，实现生产过程的智能化管理。此外，他们还需要了解控制工程的基本原理，能够对自动化生产线进行优化控制，提高生产过程的稳定性和可靠性。

面对市场对劳动者需求的这种变革，劳动教育必须高度重视培养学生的上述能力。学校作为培养未来劳动者的重要阵地，必须积极采取措施，以适应市场的变化。

一方面，学校可以加强与企业的深度合作，为学生提供丰富的实习和实训机会。企业拥有真实的工作场景和先进的技术设备，学生在企业中实习和实训，可以亲身体验实际工作的要求和挑战，学习最新的技术和知识。学校可以与互联网企业合作，为学生提供互联网营销、软件开发等方面的实习机会。学生在实习过程中，可以跟随企业的专业人员学习 SEO、SEM 等网络营销技术，掌握数据分析工具的使用方法。同时，学校还可以与智能制造企业合作，为学生提供智能化设备操作、系统编程等方面的实训机会。

另一方面，教育工作者也应不断更新自身的知识结构，积极采用更现代化的教学手段，充分激发学生的学习兴趣和创新潜能。教育工作者要关注行业的最新发展动态，及时学习新的技术和知识，并将其融入教学中。他们可以采用案例教学、项目教学等方法，让学生在实际案例和项目中学习与应用知识。例如，在"互联网营销"课程中，教育工作者可以选取一些成功的互联网营销案例，让学生分析案例中的营销策略和技术手段，提高他们分析和解决问题的能力。在"智能制造"课程中，教育工作者可以组织学生参与智能化设备编程和工艺优化的项目，让学生在项目中学习和掌握多学科知识与技能。

1.1.1.4 劳动教育的变革方向

为了培养能够符合数字化经济时代需求的劳动者，劳动教育必须在多个方面进行深刻的变革。

首先，在课程设置方面，劳动教育应当紧跟时代发展的步伐，积极融入更多与数字技术相关的课程内容，如大数据分析、人工智能基础、区块链技术等前沿科技课程。此外，还应注重创新思维的培养，将跨学科知识融入课程体系，以提升学生的综合能力。

其次，在教学方法方面，劳动教育应更加注重培养学生的实践操作和问题解决能力。例如，大力推广项目式学习、合作学习等教学方式，鼓励学生在实际操作中锻炼能力，并通过团队合作来解决复杂问题。这种以实践为导向的教学方法能够更好地激发学生的创新精神和动手能力。

最后，在评价体系方面，劳动教育应进行革新，更加关注学生的能力发展和创新表现。评价体系不应局限于考查学生对知识的掌握程度，还应更多地关注学生在实际操作中的表现，以及他们在面对问题时的解决能力和创新能力。这样的评价体系，可以更好地激励学生在劳动教育中不断进步，培养出适应未来社会需求的高素质劳动者。

1.1.2 新质生产力的内涵与特征

在当今时代背景下，新质生产力的出现标志着生产力发展进入了一个全新的阶段，新质生产力成为推动经济社会发展的关键力量。

1.1.2.1 新质生产力的内涵

在当今快速变化的全球经济格局中，新质生产力作为一种引领未来的力量，其内涵之丰富、影响之深远，值得我们深入探讨。简而言之，新质生产力是指那些以创新为核心驱动力，超越传统经济增长模式和生产力发展路径，具备高科技含量、高效能表现、高质量标准的先进生产力形态。它不仅是科技进步的直接产物，更是社会生产力发展的高级阶段。

新质生产力作为一种先进的生产力形态，具有丰富的内涵、鲜明的特征和深远的影响。在未来的发展中，我们应继续坚持创新驱动发展战略，加大科技创新和人才培养力度，推动新质生产力的不断发展和壮大。

1.1.2.2 新质生产力的特征

（1）技术革命性突破是新质生产力的基石

新质生产力体现了创新在先进生产力形态中的主导作用。技术革命性的突破是创新主导作用的集中显现。这不仅体现在科学技术的主导地位日益凸显，更在于新兴技术的快速涌现和技术路径的频繁转变。改革开放以来，我国在科学技术领域取得了显著成就，有效促进了生产力的提升。随着新一轮科技革命和产业变革的深入，新兴技术的快速涌现以及技术间的交叉融合趋势日益明显，传统技术路径可能因其他技术的"突变式"进步而被颠覆。这为我国发展新质生产力提供了新的机遇。

（2）生产要素创新性配置是新质生产力的核心

相较于传统生产力，新质生产力的核心在于生产力要素及其优化组合的质的飞跃，其中要素的性质与结构均将经历重大变革。一方面，要素的本质将发生转变。新型劳动者是指那些能够适应现代先进技术和装备、具备快速更新知识能力、主要从事知识型和复杂劳动的工作者。以软件等数字技术为代表的新型劳动资料，与传统以硬件和装备为主的劳动资料存在显著差异。软件与硬件的融合能够构建产业发展的新生态，并催生新的产业、模式和动力。另一方面，要素组合使生产力实现了质的提升。新型劳动者、新型劳动资料、新型劳动对象等新质要素与传统要素的结合方式，正由以传统要素为主、新质要素为辅，转变为以新质要素为核心的优化组合，从而结构性地提升了要素组合的效能。值得注意的是，数据等新型生产要素能够显著推动生产力要素及其组合的质的飞跃，是发展新质生产力的关键所在。

（3）产业深度转型升级是新质生产力的外在表现

产业作为生产力变革的承载者和具体体现，是新质生产力的基础。这一基础包括对传统产业的改造升级、新兴产业的培育壮大及未来产业的布局建设，共同构成了现代化产业体系。发展新质生产力，本质上要求我们加速推动产业发展的深度转型。首先，加速智能化升级是关键。以信息技术为核心的数字化、智能化新浪潮正深刻地重塑生产函数，推动制造业生产方式和模式的深刻变革。这不仅极大地拓展了新的增长空间，也是我国形成新的比较优势的重要领域。其次，推动绿色化转型是必然选择。绿色低碳发展是构建美丽中国的必要条件，也是工业突破资源环境限制、实现可持续发展的必经之路。我们必须坚持生态优先、绿色低碳的发展路径，降低能源消耗总量，提高资源利用效率。最后，推动融合化发展是产业进步的重要趋势，也是提升产业体系效能的必然选择。随着新业态和新模式的不断涌现，行业间的界限日益模糊，融合化发展成为提升产业体系效能的必然要求。

（4）创新驱动生产效率提升是新质生产力的灵魂

新质生产力的核心标志在于全要素生产率的显著提升，这一现象充分体现了新发展理念和高质量发展的内在要求。随着大数据、人工智能、物联网等新型生产要素的生成、存储、传输、处理和分析能力的大幅提升，这些要素已经变得无处不在，成为推动生产力发展的关键力量。它们在很大程度上促进了全要素生产率的提升，进而推动了社会物质财富的快速积累。这种积累不仅带来了社会经济的繁荣，还显著改善了民生。最终，这种发展将形成一种既深深扎根于我国社会文化土壤，又符合新质生产力转换要求的中国工业文明。

1.1.2.3 新质生产力的核心与范畴

新质生产力的概念核心在于"新质"，即创新要素在生产力构成和发展进程中占据主导地位。新质生产力不仅涵盖传统的物质资源和人力资源，更强调知识、技术、信息等无形资产的关键作用。其典型特征表现为高技术含量、高附加值、高创新性和高灵活性。

从生产要素的角度看，传统的生产模式主要依赖于自然资源和劳动力资源。这些资源在过去的生产过程中发挥了至关重要的作用，是推动经济发展的重要动力。然而，随着科技的进步和时代的变迁，新质生产力逐渐崛起，将知识、技术和创新置于核心位置。这些新的生产要素是推动经济增长的关键因素，也是现代生产力的核心驱动力。

从生产方式的角度看，传统的生产模式往往是线性和单一的。这种模式通常遵循固定的生产流程，缺乏灵活性和多样性。然而，新质生产力更加注重灵活性和多样性。它能够根据市场需求的变化进行快速调整，以满足不同客户的需求。这种新的生产方式更加注重创新和灵活性，能够更好地适应市场的变化。

从生产效率的角度看，新质生产力通过技术创新和管理创新实现了生产效率的显著提升。智能制造技术的应用减少了资源浪费，降低了生产成本。对比传统制造业与新兴科技产业在生产力构成上的差异，可以更深入地理解新质生产力的特质。传统制造业高度依赖物质资源和人力资源，生产过程标准化、规模化；而新兴科技产业则更多依赖创新和技术。例如，生物技术产业依靠前沿技术实现产品创新和生产效率的飞跃。新兴科技产业的生产力具有知识密集、技术驱动和创新导向的显著特点。

借助信息技术的发展，新质生产力实现了生产过程的自动化、智能化和网络化。信息技术的应用使生产过程更加高效、精准和可控。例如，3D打印技术的出现，使得生产过程可以根据客户需求进行即时定制。这种技术能够根据客户的具体需求，设计出符合其要求的产品，并在短时间内完成生产。这不仅大幅缩短了生产周期，还提高了产品的质量和精度。

此外，信息技术的应用还使生产过程更加智能化。通过引入人工智能和大数据技术，生产过程可以实现自我优化和自我调整。这些技术能够根据生产过程中的数据进行分析和预测，从而优化生产流程，提高生产效率。同时，网络化技术的应用使生产过程更加透明和可控。通过网络化技术，生产过程中的各个环节可以实现无缝连接，提高生产过程中的协同效率。

1.1.3 本研究的综合价值

本研究深入探讨劳动教育在新时代背景下对新质生产力发展的影响，具有重要的综合价值，体现在社会发展的多个维度及学术研究的前沿性上。

1.1.3.1 社会发展维度

（1）优化就业结构

劳动教育通过提升劳动者的技能和创新能力，使劳动者更精准地匹配市场需求，从而实现就业结构的优化。在当今经济快速发展和产业结构不断调整的背景下，市场对劳动者的素质要求越来越高。传统制造业对劳动力的需求逐渐减少，而高新技术产业和服务业对具备数字技能、创新能力和高水平的综合素质的劳动者需求不断增长。劳动教育能够根据市场需求的变化，及时调整教育内容和方法，培养出符合时代要求的劳动者。例如，某些地区及时调整劳动教育方向，加强对数字技术、人工智能、大数据等领域的教育和培训，培养出众多具备数字技能和创新能力的劳动者。这些劳动者能够更好地适应高新技术产业和服务业的发展需求，促使当地就业结构从以传统制造业为主成功转向以高新技术产业和服务业为主，减少了结构性失业，提高了就业质量。

（2）构建创新生态

新质生产力的发展依赖于创新，而劳动教育能够培养具有创新思维和实践能力的人才，为创新生态的形成奠定人力资源基础。在知识经济时代，创新是推动经济发展的核心动力。劳动教育可以通过开展创新创业教育、实践教学和项目式学习等方式，培养学生的创新思维和创业热情。部分地区加强劳动教育中的创新创业教育，将创新创业理念融入课程设置、教学方法和实践活动中。通过举办创新创业大赛、创业训练营等活动，为学生提供展示创新成果和交流创业经验的平台。这些措施可以激发年轻人的创业热情，催生大量创新型企业，营造良好的创新氛围和产业生态。

（3）推动产业升级

劳动教育与产业升级密切相关，通过培养符合新质生产力要求的人才，促进传统产业的技术改造和新兴产业的蓬勃发展，助力产业结构的优化与升级。随着科技的不断进步和市场竞争的日益激烈，传统产业面临着技术落后、产品附加值低、环境污染等问题，迫切需要进行技术改造和转型升级。新兴产业则需要大量具备创新能力和专业技能的人才来推动其发展壮大。劳动教育可以根据产业升级的需求，调整专业设置和课程体系，加强与企业的合作与交流，培养出既掌握先进技术又了解市场需求的高素质人才。这些人才能够为传统产业的技术改造提供技术支持和创新思路，推动传统产业向高端化、智能化、绿色化方向发展。同时，他们也能够为新兴产业的发展提供人才保障和创新动力，促进新兴产业的蓬勃发展。

（4）促进社会公平

劳动教育通过提供平等的教育机会和优质的教育资源，缩小社会阶层差距，保障社会的公平与稳定。在当今社会，教育是实现社会公平的重要途径之一。劳动教育可以为不同阶层的学生提供平等的学习机会和发展平台，使他们通过自身的努力和奋斗实现人生价值。劳动教育还可以通过开展职业技能培训、农村劳动力转移就业培训等活动，提高弱势群体的就业能力和收入水平，缩小城乡差距和贫富差距。此外，劳动教育还可以培养学生的劳动观念、职业道德和社会责任感，促进社会的和谐与稳定。

1.1.3.2 学术研究前沿性

（1）理论创新

本研究将劳动教育与新质生产力发展相结合，为相关理论开辟了全新的视角和研究路径，有力推动了教育学、经济学等学科的理论发展。在传统的教育学和经济学理论中,劳动教育和生产力发展往往被视为两个独立的领域。本研究将两者有机结合,探讨劳动教育在新质生产力发展中的作用和价值,为相关理论的发展提供了新的思路和方法。例如,本研究可以从人力资本理论、创新理论、可持续发展理论等多个角度出发,分析劳动教育对新质生产力发展的影响机制和路径。通过实证研究和案例分析,验证了劳动教育与新质生产力发展的正相关关系,为相关理论的发展提供了实证依据。

(2)方法论贡献

本研究运用了文献研究、案例分析、跨学科研究等多种方法,为劳动教育和生产力发展的研究提供了新颖的方法论工具。通过综合运用这些研究方法,从不同角度深入探讨劳动教育与新质生产力发展的关系。文献研究帮助我们了解国内外相关领域的研究现状和发展趋势,为本书提供理论基础和参考依据。案例分析通过具体案例的研究,深入剖析劳动教育在新质生产力发展中的作用和价值,为本书提供实证支持和实践经验。跨学科研究整合了教育学、经济学、管理学、社会学等多个学科的理论和方法,为本书提供更广阔的视野。这些研究方法的综合运用,为劳动教育和生产力发展的研究提供了创新的方法论工具,有助于推动相关领域研究的深入发展。

(3)实践指导意义

本书的研究成果为政策制定者和教育实践工作者提供了切实的指导,帮助他们更深入地理解新时代劳动教育的重要性,以及如何通过劳动教育促进新质生产力的发展。

本研究的成果可以为政策制定者提供决策参考,帮助他们制定更加科学合理的劳动教育政策和产业发展政策。例如,政策制定者可以根据本研究成果,加大对劳动教育的投入力度,优化劳动教育的课程设置,提高劳动教育的质量和水平。

同时,政策制定者可以通过制定产业政策,引导企业加强和学校的合作与交流,为学生提供更多实习和就业机会,促进劳动教育与产业发展的深度融合。对于教育工作者而言,本研究的成果可以为他们提供教学指导和实践经验,帮助他们更好地开展劳动教育教学工作。例如,教育工作者可以根据本研究的成果,结合学生的实际情况和市场需求,设计更加丰富多彩的劳动教育教学手段和实践活

动，激发学生的学习兴趣和创新能力。同时，教育工作者还可以通过和企业的合作与交流，了解企业的需求和发展动态，为学生提供更加实用的教学内容和指导。

通过劳动教育与新质生产力发展的结合，能够实现就业结构的优化、创新生态的构建，推动产业升级和促进社会公平，为社会的可持续发展作出贡献。本研究为劳动教育和新质生产力发展提供了新的思路与方法，为政策制定者和教育工作者提供了切实的指导，为社会的可持续发展作出了积极的贡献。

1.2 国内外研究现状

1.2.1 国内劳动教育的研究动态

在国内，劳动教育一直在教育领域中占据重要地位，吸引了众多学者和教育工作者的高度关注与深入研究。他们围绕劳动教育的目标、方法等方面，提出了各不相同的观点，形成了多样化的流派，并积极展开广泛的讨论与丰富的实践。

1.2.1.1 强调德育功能

部分学者认为劳动教育具有重要的德育功能。正如著名教育家陶行知先生所说："生活即教育，社会即学校。"劳动作为生活的重要组成部分，是塑造品德与价值观的重要途径。例如，一些学校组织学生参与农田劳作，让学生亲身感受农民的辛勤付出，真切领悟粮食的来之不易。正如苏联教育家苏霍姆林斯基所言："劳动是有神奇力量的民间教育学，给我们开辟了教育智慧的新源泉。这种源泉是书本教育理论所不知道的。"这样的劳动体验，能够培养学生吃苦耐劳的品质，树立其珍惜劳动成果的意识，进而养成尊重他人劳动、珍惜资源以及勤俭节约的良好习惯。这种将劳动教育与德育紧密结合的方式，有助于让学生在劳动中感悟道德的力量，实现品德的升华。

1.2.1.2 注重实践能力和职业技能培养

一些学者将焦点集中在劳动教育对学生实践能力和职业技能的培养上。他们主张劳动教育应当紧密结合实际生活和未来职业的需求，开设丰富多彩且实用性强的劳动实践课程。例如,手工制作课程能够有效锻炼学生的动手能力和创造力,让学生在实操中发挥想象力,创造出独具特色的作品。他们推崇德国的职业教育体系,该体系非常注重对学生实践能力的培养,通过实习、实训等方式,让学生在实际工作环境中掌握专业技能。例如,厨艺课程可以培养学生的自理能力,使学生掌握基本的烹饪技能,为独立生活奠定基础;维修课程能够提高学生解决实际问题的能力,让学生学会应对生活中的各种维修需求。某些职业院校更是积极与企业深度合作,共同建立实习基地。学生在真实的工作环境中,有机会接触前沿的设备和技术,通过亲身实践,熟练掌握专业技能,从而提高就业竞争力,实现从学校到职场的无缝对接。

1.2.1.3 关注劳动教育与学科知识融合

有一部分学者密切关注劳动教育与学科知识的融合。他们认为,劳动教育不应孤立于其他学科之外,而应与语文、数学、科学等学科相互渗透、有机结合。例如,在语文教学中,可以通过让学生写作劳动故事、心得等方式,提高学生的语言表达和文字运用能力。正如叶圣陶先生所说:"作文是生活,而不是生活的点缀。"学生在描述劳动过程和感受时,能够更加深入地理解语言的魅力,提升写作水平。在数学教学中,通过测量土地面积、计算建筑材料用量等实践活动,能够加深学生对数学原理的理解和应用。学生在实际操作中,将抽象的数学知识与具体的劳动场景相结合,能够更好地掌握数学知识。在科学课程中,通过实验种植、观察动植物生长等活动,培养学生的观察能力、实验设计能力和科学探究精神。这种融合式教育打破了学科之间的界限,促进学生对知识的综合运用和深度理解,培养学生的跨学科思维和综合素养。

1.2.1.4 重点高校的劳动教育实践

清华大学开设了"劳动实践"课程,课程内容涵盖校园环境维护、实验室设备整理、图书馆书籍整理等多项活动。学生积极参与其中,不仅锻炼了动手能力,还培养了团队协作精神和责任感。学校对学生的劳动表现进行严格考核,并将考核结果纳入综合素质评价体系,充分体现了对劳动教育的高度重视。

浙江大学设立了创业学院,为学生提供创业培训课程,其中包括创业思维培养、商业计划书撰写、市场调研方法等内容。同时，学校为有创业想法的学生提供资金、场地、导师等全方位支持，培养了一批具有创新精神和实践能力的创业人才，为社会经济的发展注入了新的活力。

上海交通大学推出了"工程实践与创新"课程，要求学生参与实际工程项目。学生在团队中分工合作，全程亲力亲为，极大地提高了工程实践能力和创新思维。通过这样的课程，学生能够将理论知识与实际操作相结合，为未来在工程领域的发展做好充分准备。

复旦大学开展了"社会服务与劳动教育"项目，鼓励学生参与社区服务、公益活动和农村支教等劳动实践。通过这些活动，学生增强了社会责任感、公民意识、沟通能力和组织协调能力。学生在为社会作出贡献的同时，也实现了自身的成长与发展。

1.2.2 国外劳动教育与生产力的关联研究

在全球范围内，不同国家在劳动教育与生产力协同发展方面有着多样化且独具特色的策略，对推动经济增长和社会进步发挥了重要作用。

1.2.2.1 德国的双元制教育

德国的双元制教育是其职业教育体系的典范，将学校的理论知识传授与企业的实践培训紧密结合。学生在学校接受全面的理论教育，打下坚实的知识基础；在企业实践中，从观察学习到参与简单的工作任务，再到独立承担复杂的生产环节，不断积累经验和提升技能。

以汽车制造业为例，双元制教育为其培养了大批高素质的专业技术人才。这些技术工人熟练掌握先进的制造工艺和技术，将德国制造的高品质、高精度理念融入工作细节，使德国汽车在全球市场上以卓越的品质和可靠性赢得信赖。同时，该教育模式培养的人才具备强大的创新能力和问题解决能力，为德国汽车制造业不断引入新技术、改进生产流程、提高生产效率提供了动力。

1.2.2.2 新加坡的劳动教育

新加坡的劳动教育具有显著的实用导向和全面发展特征。学校构建注重实用技能与品德培养的教育生态，将社会实践和项目实践作为提升学生综合素质的关键渠道。

在社会实践活动中，学生接触到各种实际且复杂的社会场景。例如，在参与社区建设项目时，他们需要深入调研社区需求，剖析现存问题及其根源，并规划建设方案，以此锻炼自身的调查研究与问题解决能力，同时塑造强烈的公民意识。在项目实践过程中，学生学会自主思考与协同合作，通过执行具有挑战性的任务，如组织文化活动或优化社区服务设施，学会接纳并融合不同的意见，进而培育优秀的团队协作精神。

此外，新加坡的职业教育与产业需求深度融合。院校借助校企合作项目，与本地知名企业携手为学生创造大量的实习与项目实践契机。在金融领域，一些院校与星展银行、华侨银行等金融巨头联手，学生得以进入企业的核心业务部门，参与金融产品的创新研发，接触先进的金融分析软件，熟悉行业规范和市场动态，学习资深金融专家和行业精英的思维模式与操作技巧。这有助于他们提前熟悉企业的运营模式和文化氛围，在专业技能应用与创新领域获得实战历练，为毕业后顺利投身行业奠定坚实基础。

1.2.2.3 俄罗斯的劳动教育

俄罗斯的劳动教育着重强调实用性与坚韧精神的塑造和培育。在职业院校里，学生需经历系统且扎实的训练过程，这既是对专业技能的夯实，也是对意志品质的锤炼。

以机械制造行业为例，学生从认识金属材料和机床操作起步，了解各类金属的性能特点，熟练掌握机床等机械加工设备的操作要领。在完成基础零部件的加工制作后，他们会持续投入大量时间和精力进行反复练习与提升，学会处理复杂的机械结构加工以及高精度的零件制造，追求零件尺寸的精准无误和装配的严丝合缝。在农业领域，学生从耕地、播种等基础农事劳作学起，掌握农作物生长周期管理以及农业机械的维护使用，通过持续实践和积累经验来提高农业生产技能。

历经长时间的磨砺，学生不仅练就了娴熟的专业技能，还培育出对劳动的执着坚守和敬业态度。这种坚韧精神使俄罗斯的工业制造与农业生产在世界上具备

独特的竞争力，为俄罗斯的实体经济注入了踏实肯干、注重实效的特质底蕴。例如，俄罗斯航空航天工业的技术人员对航天器的零部件制造和系统集成精益求精，以高度的责任心和使命感保障航天设备的可靠性与先进性，使俄罗斯在全球航空航天领域以强大的技术实力和高品质成果著称。

这些国家的成功经验为其他国家提供了借鉴和启示，同时也表明，在探索劳动教育与生产力协同发展的道路上，需要结合本国国情、文化背景和经济发展需求，不断调整和完善策略，以培养适应时代发展的高素质劳动人才，推动经济持续繁荣和社会进步。

1.2.3 现有研究的不足与创新方向

1.2.3.1 现有研究的不足

（1）理论深度不足

目前，学术界在探讨劳动教育如何融入实际生产力的内在机制方面，明显存在不足。尽管我们已经认识到劳动教育在培养创新思维和职业素养等关键素质方面具有重要作用，但对于这些素质如何具体地作用于生产力的提升，缺乏深入而系统的分析和研究。例如，劳动教育如何激发新的生产理念、改进生产流程，从而推动生产力的进步，目前尚未有清晰而全面的理论阐述来解释这一过程。此外，关于职业素养对工作效率、生产过程中的失误率以及产品质量的影响，目前还缺少足够的量化分析和实证数据支持，这使得我们对这一过程的理解仍然较为模糊和笼统。

（2）实践结合度有限

当前的研究在将理论应用于实际操作方面存在一定的局限性。大多数研究主要集中在教育体系内部的改革和优化上，如调整课程设置和改进教学方法。然而，这些研究忽视了劳动教育与企业实际生产需求的紧密联系。特别是在人工智能、区块链等新兴行业中，对这些领域独特的劳动教育需求和有效实践模式的研究明显不足。这导致了教育产出与企业需求的脱节，使得人才难以迅速适应新兴行业的快速发展和变化。

具体来说，现有的研究往往过于关注教育体系内部的微观改进，未能充分考虑劳动教育与企业实际需求的宏观联系。例如，在课程设置方面，尽管进行了某些调整，但这些调整通常未能充分考虑新兴行业对特定技能的需求。在教学方法方面，尽管有所改进，但这些改进通常未能有效帮助学生更好地适应实际工作环境。

此外，对于如人工智能和区块链等新兴行业的独特劳动教育需求，现有研究也显得不足。这些行业具有高度的专业性和技术性，对劳动教育提出了更高的要求。然而，现有研究尚未充分探讨如何在劳动教育中融入这些行业的特定知识和技能，也未充分探讨如何通过劳动教育培养学生的创新能力和实践能力。

1.2.3.2 创新方向

（1）深入探究量化关系

深入探究劳动教育与新质生产力的量化关系，是当前研究领域中的一个关键突破点。为实现这一目标，需要建立严谨的数学模型，对劳动教育中的各项要素进行精确的量化处理。这不仅包括对教育内容、教育方法和教育效果的量化，还包括对劳动者的技能水平、创新能力及工作态度等多方面的量化评估。

在此基础上，结合实证研究，我们可以收集大量数据进行统计分析。例如，通过跟踪调查不同教育程度和劳动教育背景的劳动者在实际工作中的表现，可以详细记录他们在创新成果转化和生产效率提升方面的具体数据。这些数据将有助于揭示劳动教育与生产力提升之间的内在转化机制。

通过对这些数据的深入分析，我们发现劳动教育在提升劳动者技能、激发创新思维和提高工作效率方面发挥了关键作用。这不仅有助于我们深化对劳动教育理论的理解，还能为实际的教育实践提供有力的指导。通过这种方式，我们可以更好地设计和实施劳动教育课程，以适应不断变化的社会和经济需求，从而推动生产力的持续提升。

（2）加强新兴行业研究

加强对新兴行业劳动教育需求的研究具有重要的现实意义，这对于推动行业发展和人才培养具有深远的影响。为了深入了解新兴行业的劳动教育需求，我们选取了具有代表性的新兴行业企业进行案例分析。通过对这些企业的业务流程、技术特点和人才需求进行深入研究，能够更好地理解新兴行业对劳动教育的具体要求。

在此基础上，我们开展了实地调研工作，深入企业内部，与企业管理者、一线员工和教育专家进行深入交流。通过面对面的访谈和实地观察，我们获取了大量的第一手资料，这些资料为我们提供了宝贵的信息和见解。

通过对这些资料的整理和分析，我们总结出了新兴行业的劳动教育模式和方法。我们发现，新兴行业对劳动教育的需求具有多样性和复杂性，因此，需要采取灵活多样的教育模式和方法，以满足不同行业和不同岗位的需求。同时，还需要注重理论与实践相结合，加强实践教学，提高学生的实际操作能力。

在此基础上，本书提出了推动人才与行业发展需求精准匹配的建议。建议加强校企合作，建立紧密的合作关系，共同制定人才培养方案，使人才培养与行业发展需求相一致。同时，还需要加强劳动教育的宣传和推广，提高全社会对劳动教育的认识和重视，为新兴行业的发展提供有力的人才支持。

1.3 研究方法与路径

1.3.1 文献研究的策略与应用

文献研究在本研究中具有基础性地位，它如同一张知识的大网，帮助我们捕捉劳动教育与新质生产力发展领域的丰富信息和深刻见解。

1.3.1.1 文献收集

本研究充分利用各种学术资源和工具，以确保研究的全面性和深度。除了广泛使用的知名数据库，如中国知网、Web of Science 和 Scopus，本研究还将关注那些专注于特定领域的专业数据库。此外，本研究不会忽视来自行业协会网站的信息，这些网站通常发布行业动态、研究报告和专业分析，对于了解行业现状和趋势具有重要价值。同时，本研究也会关注专业研究机构发布的权威性和专业性报告。最后，政府部门出台的相关政策文件也是本研究的重要参考，这些文件不

仅反映政策导向，还包含一些关键数据和分析，有助于我们更全面地理解研究主题。通过综合运用这些资源和工具，为研究提供坚实的基础。

1.3.1.2 文献筛选

根据文献的发表时间进行初步筛选，重点关注2020年以来发表的文献，以获取最新的研究动态和观点。然而，对于具有里程碑意义的经典文献，即便发表时间较早，也会因其奠基性作用而被保留。

综合考虑多个因素评估文献质量，其中来源的权威性是一个重要指标。来自核心期刊和著名学术出版社的文献通常具有更高的可信度。研究方法的科学性和严谨性也至关重要，采用严谨的实证研究方法、具有代表性的样本和合理的数据分析的文献，更能为研究提供可靠依据。文献的引用次数和影响力也作为参考指标，被广泛引用并在学术界产生较大影响的文献往往具有更高的价值。

对于仅基于主观猜测或未经充分论证的观点性文章，我们会谨慎对待，并排除那些缺乏明确研究问题、研究设计不合理或数据分析不充分的文献。而对于通过深入实地调研、大规模问卷调查、严格实验设计等方法得出结论的文献，我们会给予高度重视。

1.3.1.3 文献分析与综述

在当今时代，新质生产力的发展对各个领域产生了深远影响。习近平总书记在黑龙江考察时强调，要牢牢把握在国家发展大局中的战略定位，奋力开创黑龙江高质量发展新局面。同时，众多学者对新质生产力进行了深入研究。

林毅夫和王贤青在《新质生产力：中国创新发展的着力点与内在逻辑》中，以及王立胜等人在《新质生产力：高质量发展的新引擎》中，从不同角度阐述了新质生产力的内涵、构成要素及其对中国发展的重要意义。黄群慧在《新质生产力系统——要素特质、结构承载与功能取向》中进一步分析了新质生产力系统的特点。焦方义和张东超在《发展战略性新兴产业与未来产业加快形成新质生产力的机理研究》中探讨了发展战略性新兴产业与形成新质生产力的关系。

新质生产力与教育领域也紧密相连。姜朝晖和金紫薇在《教育赋能新质生产力：理论逻辑与实践路径》中指出了教育赋能新质生产力的重要性及实现路径。

祝智庭、戴岭和赵晓伟等人在《新质人才培养：数智时代教育的新使命》中强调了数智时代教育培养新质人才的使命。杨宗凯、王俊和吴砥等人在《ChatGPT/生成式人工智能对教育的影响探析及应对策略》中探讨了新兴技术对教育的影响。

劳动教育在新质生产力发展的背景下面临新的机遇和挑战。中共中央、国务院发布的《关于全面加强新时代大中小学劳动教育的意见》强调了劳动教育的重要性。习近平总书记在全国劳动模范和先进工作者表彰大会上的讲话也体现了对劳动的高度重视。项贤明在《劳动教育的理论意蕴》中深入探讨了劳动教育的理论内涵。陈醒和陈凤英基于新质生产力构成要素分析了职业院校劳动教育实现质变式发展的路径。张培和南旭光在《伴生与耦合：新质生产力视域下的职业教育高质量发展》中论述了新质生产力与职业教育的关系。施南奇在《应然、实然、必然：论职业院校劳动教育的实践逻辑》中探讨了职业院校劳动教育的实践逻辑。张良和师雨在《现代劳动教育需要怎样的课程内容设置——基于劳动形态的分析视角》中从劳动形态的角度分析了劳动教育课程内容的设置。张慧在《教育数字化转型背景下高职劳动教育推进机制研究》中研究了教育数字化转型背景下高职劳动教育的推进机制。冀沁珍和申荣卫在《智能时代职业院校劳动教育之"变"与"不变"》中分析了智能时代职业院校劳动教育的变化与不变之处。王豪杰和李怡在《数字劳动教育：革新、风险与实践》中探讨了数字劳动教育的革新、风险与实践。生蕾和何云峰在《从劳动功利主义走向劳动幸福——人工智能时代人类劳动价值观的变革》中论述了人工智能时代人类劳动价值观的变革。

此外，从全球教育治理的视角来看，高飞在《联合国教科文组织职业教育新型资格与能力解读》中对职业教育的新型资格与能力进行了深入剖析。张婧、吕奕静、沈欣忆在《面向中国式现代化：生态文明教育融入高职教育的价值、表征与路径》中探讨了生态文明教育融入高职教育的价值与路径。李政林在《成事与成人：信息时代劳动教育的突破与创新》中研究了信息时代劳动教育的突破与创新。罗艺、王路达在《新时代生态劳动教育：内涵特征、育人功能与实践逻辑》中分析了新时代生态劳动教育的内涵特征及其实践逻辑。张元奎在《苏霍姆林斯基劳动教育思想的价值向度与时代启示》中阐述了苏霍姆林斯基劳动教育思想的价值及其时代启示。孙友晋在《智能经济背景下劳动工具的发展及其对劳动的影响》中研究了劳动工具的发展对劳动的影响。王天恩在《信息文明时代劳动对象演变的劳动价值和人类发展意蕴》中探讨了信息文明时代劳动对象演变的意义。

习近平总书记在全国高校思想政治工作会议上强调，把思想政治工作贯穿教育教学全过程，开创我国高等教育事业发展的新局面。这为高校教育明确了方向。在人工智能时代，劳动教育也面临着机遇与挑战，张雪琴在《人工智能时代劳动教育的机遇、挑战与重心转向》中做了相似的分析。徐政、郑霖豪、程梦瑶在《新质生产力助力高质量发展：优势条件、关键问题和路径选择》中研究了新质生产力如何助力高质量发展的路径。

可见，新质生产力的发展为国家的高质量发展提供了新的动力，同时也对教育，尤其是劳动教育，提出了新的要求和挑战。我们应深入研究新质生产力的内涵与特征，积极探索通过教育赋能新质生产力的路径，加强劳动教育，培养适应新时代要求的新型人才。

1.3.2 案例分析的方法与设计

案例分析是本研究的重要方法之一，它能够为我们提供深入、具体且生动的研究视角，有助于揭示劳动教育与新质生产力复杂而微妙的关系。

1.3.2.1 案例选择原则

（1）代表性

所选案例应能广泛反映劳动教育与新质生产力在不同行业、不同规模企业以及不同地域环境中的普遍联系和共性规律。例如，可以选择一家在全国具有影响力的大型制造企业，其劳动教育实践和新质生产力发展成果可为整个制造业提供借鉴。

（2）典型性

案例在某些方面应具有突出特点或显著成就。例如，企业在劳动教育模式创新、新质生产力提升、劳动教育与企业战略结合等方面有独特经验和做法。例如，一家科技创业公司通过开展个性化劳动教育培训项目，培养出具有高度创新能力和实践能力的员工，实现了技术突破和市场份额的快速增长。

（3）可获取性

为了获取企业内部的详细数据，我们需要与企业建立良好的合作关系，争取企业的支持和配合。这包括与关键人员进行深入访谈，以便更好地理解企业的运作方式和决策过程。此外，我们还需要观察企业的实际运作过程，以便更全面地了解企业的运营状况。通过与企业建立良好的合作关系，我们可以确保收集到全面、准确且有价值的信息。这不仅包括企业内部的详细数据，还包括关键人员的观点和意见，以及企业实际运作过程中的各种细节。这些信息将提供一个全面的视角，帮助我们更好地理解企业的运营状况，从而为企业提供更有针对性的建议和解决方案。

1.3.2.2 案例分析方法

（1）深入访谈

与企业管理层、人力资源部门负责人、一线员工以及参与劳动教育项目的培训师等进行面对面的深入交流。通过精心设计的访谈问题，详细了解他们对劳动教育的深刻认识、参与动机的多样性、实施过程中的各种困难与挑战，以及他们对新质生产力的影响感知和看法。

（2）实地观察

深入企业的生产车间、研发实验室、培训中心等场所，能够直观地感受到劳动教育的开展情况和员工的工作状态。在这些地方，可以目睹新生产技术和工艺流程的应用，观察员工如何熟练操作各种机械设备，以及他们如何在生产线上高效协作。同时，还可以感受到员工之间的协作氛围，看他们如何在工作中不断提出新想法和改进措施，共同推动企业的发展。这种深入一线的观察，使我们能够更加真实地了解企业的生产能力和技术水平，以及员工的工作热情和创新能力。

（3）文档资料分析

分析企业内部的劳动教育规划、培训课程大纲、员工考核评价记录、生产数据报表和创新成果报告等文档。通过系统梳理和分析这些文档，从宏观和微观两

个层面了解企业的劳动教育与新质生产力发展情况。

1.3.3 跨学科研究的整合思路

跨学科研究是本研究的特色和创新之处。它打破了传统学科的界限，融合了教育学、经济学、社会学等多个学科的理论和方法，为我们提供了更全面、深入和多维的研究视角。

1.3.3.1 教育学视角

通过运用教育心理学理论，探讨劳动教育对个体学习动机和兴趣的激发作用，以及如何促进知识建构和技能习得。研究中分析个体的认知发展阶段和学习风格，设计符合不同年龄段和学习特点的劳动者的劳动教育课程和教学方法，提高教育效果和质量。同时，教育评价理论有助于建立科学合理的劳动教育评价体系，不仅关注学生知识和技能的掌握，还注重考察情感态度、价值观和社会责任感等方面的发展，从而更全面、客观地评估劳动教育的成效，及时发现问题并进行调整和改进。

1.3.3.2 经济学视角

人力资本理论为理解劳动教育对个人和社会经济发展的贡献提供了重要的框架。它将劳动教育视为对人力资本的投资，通过提高劳动者的素质和能力，增强其在劳动力市场的竞争力，从而实现个人收入增长和社会经济繁荣。创新理论有助于分析劳动教育在培养创新思维和能力方面的作用，促进技术创新和生产方式的变革，推动新质生产力的发展。产业经济学的观点可用于研究劳动教育与产业结构调整和升级的关系，探讨通过优化劳动教育资源配置，培养适应新兴产业发展需求的人才，促进产业创新和可持续发展。

1.3.3.3 社会学视角

社会学视角关注劳动教育在社会分层、社会流动和社会公平方面的作用。例如，研究劳动教育如何为不同社会阶层的个体提供平等发展的机会，促进社会公平正义；如何帮助个体通过自身努力实现社会地位的提升，促进社会的良性流动。

1.3.3.4 跨学科研究的具体应用

运用经济学的人力资本理论，可以对接受不同程度劳动教育的个体进行长期追踪调查，分析他们在劳动力市场中的就业机会、薪资水平和职业发展轨迹，从而量化评估劳动教育对人力资本积累的经济价值。通过社会学的社会分层理论，研究劳动教育如何打破贫困的代际传递，为贫困家庭的子女提供向上流动的通道，促进社会结构的优化和稳定。

1.3.3.5 跨学科整合的原则

在整合多学科理论和方法时，不应简单地堆砌各学科的观点和方法，而应深入理解各学科的核心概念和理论框架，寻找它们之间的内在联系和协同作用。通过跨学科整合，构建更为综合、系统的研究框架，以更全面地揭示劳动教育与新质生产力发展的复杂关系，为制定科学合理的政策和实践策略提供坚实的理论基础。

第 2 章 劳动教育的理论溯源与发展脉络

2.1 劳动教育的理论根基

2.1.1 马克思主义劳动观的核心要点

马克思主义劳动观为我们深刻理解劳动的本质、价值及其在社会中的作用提供了坚实的基础。其中，劳动创造价值、人的本质与劳动的关系以及劳动在社会变革中的作用等核心要点，具有深远的指导意义。

2.1.1.1 劳动创造价值

劳动创造价值是马克思主义劳动观的基石，它揭示了人类社会经济发展的根本动力。马克思深刻地认识到，劳动是人类社会存在和发展的基础，是创造物质财富和精神财富的源泉。在商品经济社会中，这一观点得到了更为具体地体现。商品的价值并非凭空产生，而是由生产商品所耗费的社会必要劳动时间决定的。劳动是价值的真正创造者，没有劳动，价值的产生便无从谈起。

以工业生产为例，工人通过熟练地操作机器、精心加工原材料，将自己的劳动凝结在产品中，使原本无多少价值的原材料转变为具有更大价值的工业产品。每一个螺丝的拧紧、每一道焊缝的完成，都蕴含着工人的辛勤劳动，正是这些劳动赋予了产品价值。在农业领域，农业劳动者们日出而作、日落而息，他们辛勤耕种土地、精心养殖牲畜，为社会提供了不可或缺的粮食和农产品。从播种的那一刻，到收获的季节，农民们的每一滴汗水都浇灌在了土地上，他们的劳动使得大自然的馈赠变成了具有价值的劳动成果。

2.1.1.2 人的本质与劳动的关系

人的本质与劳动紧密相连，如同鱼与水的关系。马克思指出，人的本质不是单个人所固有的抽象物，而是在其现实性上，它是一切社会关系的总和。劳动正是形成社会关系的基础。人类通过劳动，不仅改造自然界以满足自身的物质需求，还在劳动过程中进行相互交往和合作，从而形成了各种社会关系。

在原始社会，人们共同劳动、平均分配，这种简单的劳动方式形成了互助合作的关系。大家齐心协力地狩猎、采集、建造住所，共同面对自然的挑战。在这个过程中，人们相互依赖、相互支持，如果没有劳动的协作，就无法生存下去。随着社会的发展，劳动分工逐渐细化，出现了不同的职业和阶级，社会关系也变得更加复杂多样。工匠专注于制作工具和工艺品，农民辛勤耕耘土地，商人则穿梭于各地进行贸易。劳动的分工使人们的联系更加紧密，同时也带来了不同的利益诉求和社会矛盾。

2.1.1.3 劳动在社会变革中的作用

劳动在社会变革中发挥着关键作用，历史上的工人运动就是生动的例证。在资本主义社会，工人阶级遭受着残酷的剥削和压迫，为了争取自身的权益，工人阶级发起了一系列可歌可泣的斗争运动。

在英国宪章运动中，工人阶级为争取普选权、改善工作和生活待遇，勇敢地进行大规模示威游行和罢工。在这一过程中，工人阶级逐渐认识到自身的力量，他们团结在一起，共同为一个目标奋斗。劳动成为工人阶级觉醒的催化剂，使他们深刻认识到自己在社会生产中的重要地位以及被剥削的现实。通过这次运动，工人阶级的斗争意识得到了极大的提高，为后来的社会变革奠定了基础。

在法国里昂的工人罢工中，工人们为了反对资本家的残酷剥削，喊出了"工作不能生活，毋宁战斗而死"的豪迈口号。他们通过罢工和武装斗争，表达了对不公正待遇的强烈反抗。虽然这次起义最终被镇压，但它激发了更多工人的觉醒，让他们看到了团结斗争的力量。这次起义为后来的工人运动树立了榜样，成为社会变革的重要推动力。

在德国西里西亚纺织工人起义中，工人们起义不仅是为了改善经济状况，更是为了争取自身的尊严和权利。他们的斗争反映了工人阶级意识的进一步觉醒和对资本主义制度的深刻批判。这次起义展示了工人阶级的坚定信念和不屈不挠的精神，为社会变革注入了强大的动力。

这些工人运动充分展示了劳动在社会变革中的推动作用。劳动不仅是物质生产的手段，更是社会进步的动力源泉。通过劳动，人们认识到自身的力量和价值，从而勇敢地站出来，推动社会制度的改革和完善。

在当今社会，马克思主义的劳动观依然具有重要的现实意义。尽管科技进步和经济发展使劳动的形式与内容发生了很大变化，但劳动创造价值的本质始终不变。我们仍然要尊重劳动、崇尚劳动，充分发挥劳动在社会发展中的作用。同时，我们要关注劳动中的公平正义问题，保障劳动者的合法权益，使劳动成果公平地分配给劳动者。只有这样，才能充分调动劳动者的积极性和创造性，推动社会的持续发展和进步。

2.1.2 现代教育思潮中的劳动教育理念

在现代教育思潮的浩瀚海洋中，后现代主义和建构主义等思潮如两股强劲的潮流，对劳动教育理念产生了深刻而持久的影响，为劳动教育的发展开辟了新的天地。

2.1.2.1 后现代主义教育思潮对劳动教育的影响

（1）强调多元性、不确定性和批判性思维

后现代主义教育思潮以其独特的视角和理念，为劳动教育指明了全新的思考方向。它强调多元性，使我们认识到劳动的形式和意义绝非单一，而是丰富多彩、充满无限可能的。在这个多元化的时代，劳动不再局限于传统的体力劳动或重复性工作，创意设计、自媒体创作等非传统劳动形式如雨后春笋般涌现。这些新兴的劳动形式不仅为个体提供了表达自我的渠道，更成为实现多元发展的重要途径。例如，一位年轻的设计师通过创意设计，将自己独特的审美理念融入作品中，为人们带来美的享受；一位自媒体创作者凭借自己的才华和努力，在网络平台上分享有价值的内容，影响着众多观众。后现代主义教育思潮促使我们摒弃传统观念的束缚，以更加开放和包容的心态看待这些非传统劳动形式，给予它们与传统劳动同等重要的地位。

同时，后现代主义教育思潮强调不确定性，认为劳动的未来充满变数和未知。在快速发展的科技和社会变革背景下，劳动力市场的需求不断变化，新的职业和劳动形式不断涌现。这要求我们培养学生具备适应不确定性的能力，使他们在面对未知的劳动挑战时能够灵活应对、勇于创新。例如，随着人工智能的发展，一些传统职业可能会逐渐被取代，而与人工智能相关的新职业则会应运而生。学生需要具备学习新技能、适应新环境的能力，才能在未来的劳动力市场中立于不败之地。

此外，后现代主义教育思潮注重培养批判性思维。它鼓励学生对劳动的定义、价值及劳动过程中的各种现象进行深入思考和质疑。学生不再盲目接受现有的劳动观念和模式，而是通过批判性思维，对不合理的劳动分工和劳动条件进行反思与质疑。这种批判性思维的培养有助于增强学生的社会责任感和公正意识。例如，学生可以思考为什么某些职业的劳动报酬较高，而另一些职业的劳动报酬却很低；为什么在一些劳动环境中存在性别歧视或不公平待遇等问题。通过对这些问题的思考和质疑，学生可以更加深入地了解劳动的本质和社会现实，为推动社会劳动制度的不断完善贡献自己的力量。

（2）关注对权力关系的批判

后现代主义教育思潮提醒我们关注劳动教育过程中可能存在的不平等和压迫现象。在现实社会中，劳动领域往往存在着各种权力关系的不平等，如雇主与员工的权力差异、不同职业的社会地位差异等。这些不平等现象可能会导致一些劳动者受到不公正的待遇，影响他们的劳动积极性和创造力。因此，后现代主义教育思潮鼓励培养学生的批判意识，让他们能够敏锐地察觉到这些不平等现象，并勇敢地进行反思和挑战。

通过关注权力关系，学生可以更好地理解劳动中的社会问题，培养自己的社会责任感和公正意识。他们可以思考如何通过自己的努力推动社会劳动制度的改革，为实现更加公平、合理的劳动环境而奋斗。例如，学生可以参与一些社会公益活动，关注弱势群体的劳动权益，为他们争取更好的劳动条件和待遇；他们也可以通过学习和研究，提出一些改善劳动制度的建议和方案，为社会的进步贡献自己的智慧。

2.1.2.2 建构主义教育思潮对劳动教育的影响

（1）倡导项目式学习模式

建构主义教育思潮认为学习是一个主动建构知识的过程。学习者在已有经验的基础上，通过与环境的交互作用构建新的理解和知识体系。在劳动教育中，建构主义倡导项目式学习模式，强调学生的主体地位。这种学习模式打破了传统劳动教育中教师传授、学生被动接受的局面，使学生成为劳动教育的积极参与者和主导者。

在项目式学习模式下，学生不再被动地接受知识和技能，而是主动参与真实的劳动项目。他们通过亲身实践，运用所学知识和技能解决实际问题，在这个过程中不断构建新的知识和技能体系。例如，在校园农场建设项目中，学生参与从规划设计、土壤改良、种植养殖到产品销售等各个环节。在这个过程中，他们需要运用数学、科学、地理等多学科知识，以及培养团队合作、沟通协调和问题解决等综合能力。通过这样的项目式学习，学生不仅学到了实用的劳动技能，还培养了创新精神和实践能力。

（2）注重情境创设

建构主义教育思潮强调情境创设在学习中的重要性。在劳动教育中，教师为学生提供真实而富有挑战性的劳动情境，让学生更好地理解劳动的意义和价值，提高他们的社会责任感和环保意识。

例如，组织学生参与社区环保项目，让他们在实际社区环境中思考如何减少垃圾排放和资源回收利用等问题。在这个过程中，学生需要与社区居民进行沟通交流，了解他们的需求和意见；他们还需要运用所学的环保知识，提出切实可行的解决方案。通过这样的情境创设，学生可以更加深刻地认识到劳动对社会的重要性，同时提高了他们的沟通能力、合作能力和问题解决能力。

又如，组织学生开展手工制作项目，如制作传统手工艺品。在这个过程中，学生需要研究传统文化背景、材料特性和制作工艺。通过对传统文化的深入了解，学生可以更好地传承和弘扬传统文化；通过对材料特性和制作工艺的探索，可以培养学生的创造力和动手能力。在这样的情境下，学生不仅学到了劳动技能，还增强了对传统文化的认同感和自豪感。

（3）鼓励自我评价和反思

建构主义教育思潮中的项目式学习模式鼓励学生在项目结束后进行自我评价和反思。自我评价和反思是学习过程中的重要环节，可以帮助学生总结经验教训，发现自身的不足，并思考如何在未来的劳动中改进和提高。

在项目式学习中，学生可以通过与同学的交流和讨论，分享自己的经验和感受；也可以通过教师的指导和反馈，了解自己的优点和不足。在此基础上，学生进行深入反思，思考自己在项目中的表现、学到的知识和技能、遇到的问题以及解决问题的方法等。通过自我评价和反思，学生可以不断完善自己的劳动知识和技能，促进自我成长和发展。

2.1.3 劳动教育与新时代人才需求的契合

在新时代，社会对人才的需求呈现出多元化、创新化和复合化的特点，劳动教育与这些需求紧密契合，对培养适应时代发展的高素质人才具有重要意义。

2.1.3.1 新时代对人才的需求特点

（1）创新型人才需求迫切

以人工智能产业为例，随着技术的迅速发展，该领域不仅需要具备专业技术知识的人才，更需要具有创新思维和能力的劳动者。在研发和应用过程中，面对复杂问题和挑战，劳动者需要突破传统思维，提出新颖的解决方案。例如，科技公司在开发智能语音助手时，研发团队需要创新算法和模型，以提高语音识别的准确率和响应速度。这要求团队成员具备扎实的计算机科学知识和敏锐的创新意识，能够从不同角度思考问题，尝试新方法和技术，改进和优化现有的工作方式。

（2）复合型人才受欢迎

以新能源汽车产业为例，该领域涉及多个学科和专业知识，包括电气工程、机械工程、材料科学和化学等。其研发、生产、销售和服务等环节需要不同专业背景的人才协同合作。例如，在研发过程中，电气工程师设计电池管理系统和电动驱动系统，机械工程师负责整车结构设计和优化，材料科学家研发性能更优的电池材料；在销售和服务环节，则需要既了解汽车技术又具备市场营销和服务能力的人才。

2.1.3.2 劳动教育对培养新时代人才的作用

（1）培养创新型人才

劳动教育通过参与各种劳动实践活动，培养学生的动手能力和实际问题的能力，从而激发创新思维。例如，在学校的劳动教育课程中，学生参与小型机器人制作项目，学习电子电路、编程等知识，亲自动手组装和调试机器人。在遇到问题时，他们主动思考，尝试不同的解决方法，从而锻炼创新能力，学会在实际操作中发现、分析和解决问题。

（2）培养复合型人才

劳动教育有助于培养学生的跨学科能力和综合素质，使其成为复合型人才。通过设置跨学科项目或任务，学生在解决问题的过程中能够整合不同学科的知识和技能。例如，可以组织学生开展新能源汽车的调研和实践活动。学生可以分组进行市场调研，了解消费者的需求和期望，研究相关技术，分析电池的优缺点，并设计宣传方案推广优势。在此过程中，学生能够深入了解产业的各个方面，锻炼团队协作、沟通和组织能力，学会与不同专业背景的人合作，发挥各自的优势共同完成任务。这样，他们能够打破学科界限，培养综合素养和解决复杂问题的能力，以适应社会对复合型人才的需求。

（3）培养学习和适应能力

现代社会的快速发展要求人才具备较强的学习能力和适应能力，劳动教育能够培养学生的这些能力。在劳动实践中，学生面临新任务和挑战，需要不断学习新知识、新技能以适应变化的环境。例如，通过参与学校与企业合作的实习项目，学生可以接触企业的业务流程和工作要求，迅速掌握工作方法和技能，学会与同事、上级沟通协作。在真实的工作场景中，他们提高了学习和适应能力，并培养了责

任心和敬业精神。在参与社区服务活动时,学生会遇到不同的情况和人群,他们需要灵活应对,调整服务方式和方法,从而提升其社会适应能力和人际交往能力。

2.1.3.3 实现劳动教育与新时代人才需求契合的措施

（1）优化劳动教育课程设置

在新时代,劳动教育课程的设置应紧密结合不同年龄段学生的特点和专业需求,以实现课程的针对性和实用性目标。对于小学生,可以设计充满趣味性的手工制作课程,如折纸、陶艺等,培养他们的动手能力和创造力;对于中学生,则可以增加科技创新类课程,如机器人编程、3D打印等,激发他们对科技的兴趣和创新思维;对于大学生,可设置与专业相关的社会实践课程,如金融专业的学生参与银行实习、工程专业的学生参与工程项目实践等。通过涵盖手工制作、科技创新、社会实践等多种劳动形式和领域的课程,让学生在各个阶段都能接触到丰富多样的劳动体验,为他们的未来发展奠定坚实基础。

（2）加强与企业和社区的合作

劳动教育不能仅限于校园内,而应积极与企业和社区合作,建立更多的实践基地。与企业合作可以为学生提供真实的工作环境,使他们了解企业的运作模式和职业需求。例如,与科技企业合作建立科技创新实践基地,学生可以参与企业的研发项目,学习前沿技术。与社区合作则能让学生参与社区服务活动,培养他们的社会责任感。在社区实践基地,学生可以参与环保活动、关爱老人等志愿服务,增强他们的团队合作能力和沟通能力。通过这些实践基地,学生能够在真实的工作和社会环境中锻炼能力,更好地适应未来的职业发展和社会生活。

（3）鼓励学生自主创新和实践

为了培养学生的自主探索和创新能力,学校应提供资源和平台,支持学生开展创新性劳动项目或研究。学校可以设立创新实验室,配备先进的设备和工具,让学生在其中进行科技发明、艺术创作等活动。同时,学校应组织各类创新比赛,鼓励学生积极参与,展示他们的创新成果。例如,可以举办科技创新比赛、创业计划比赛等,为学生提供展示自我的平台。通过这些活动,激发学生的创新热情,培养他们的实践能力和解决问题的能力。

(4)注重教师队伍建设

教师是劳动教育的重要实施者，提高教师的劳动教育专业素养至关重要。学校可以组织教师参加专业培训，学习先进的劳动教育理念和方法，并邀请企业专家、劳动模范等举办讲座，分享实际工作经验和劳动精神。教师也应不断学习和探索，将劳动教育融入日常教学中。例如，在学科教学中引导学生进行实践操作，培养学生的劳动技能。通过提高劳动教育专业素养，教师可以更好地指导学生进行劳动实践和创新活动，为学生的成长提供有力支持。

(5)建立科学的评价体系

科学的评价体系是推动劳动教育发展的重要保障。评价体系不应仅仅关注学生的劳动成果，还应注重对学生在劳动过程中表现出的创新思维、团队合作能力、问题解决能力等方面进行全面评价。学校可以采用多元化的评价方式，如将学生自评互评、教师评价和企业评价等相结合。应及时将评价结果反馈给学生，让他们了解自己的优点和不足，以便进一步改进和提高。通过建立科学的评价体系，可以激励学生积极参与劳动教育并提升自身素质，促进劳动教育的可持续发展。

2.1.3.4 实际案例分析

(1)高校与企业合作的创新实践平台

某高校与当地高科技企业合作，共同打造创新实践平台，组织相关专业的学生参与企业实际项目的研发，企业则派遣专业技术人员担任导师。在智能医疗设备研发项目中，来自不同专业的学生组成团队，各自负责设备的不同部分。遇到问题时，学生们创新性地提出解决方案并成功解决。这不仅提高了他们的专业技能，还培养了跨学科合作能力和创新思维，毕业后受到用人单位的高度认可。

(2)中学的"校园农场"项目

一所中学开展了"校园农场"项目，学生参与农场规划、种植、养护等环节，并结合地理、生物等学科知识选择合适的农作物进行种植，亲自动手进行各项农事操作，体验劳动的艰辛与乐趣。学校还组织相关活动，如农产品营销策划比赛，并邀请农业专家举办讲座，激发学生对农业创新的兴趣。部分学生开始尝试简单

的农业实验。通过该项目，学生学到了农业知识和劳动技能，培养了团队合作精神、创新意识和解决问题的能力，为未来发展奠定了坚实的基础。

可见，劳动教育与新时代人才需求的契合是时代发展的必然要求。通过以上案例可以看出，劳动教育能够为学生提供丰富的实践机会，培养创新能力、跨学科能力和综合素质。学校、社会和家庭应共同努力，加强劳动教育的实施，为培养适应新时代的优秀人才创造良好的环境和条件，使学生更好地适应社会发展变化，为实现个人价值和推动社会进步作出积极贡献。

2.2 国内外劳动教育的历史演进

2.2.1 中国劳动教育的变迁历程

中国劳动教育的发展历史悠久，经历了多个阶段的变迁，每个阶段都具有不同的特点和时代背景。

2.2.1.1 新中国成立初期

在新中国成立初期，劳动生产教育被置于重要地位。国家明确提出教育必须与生产劳动相结合，旨在培养具有社会主义觉悟和文化素养的劳动者。在农村地区，学校组织学生参与农业生产劳动，如播种、收割、灌溉等，使学生亲身体验农业生产过程，了解农作物生长规律，培养吃苦耐劳的精神和对劳动人民的深厚感情。在城市，学生可以参与工厂的简单生产劳动，学习基本生产技能，了解工业生产流程和要求。这一时期的劳动教育强调对实践和动手能力的培养，让学生在劳动中认识到劳动的价值和意义，树立正确的劳动观念。同时，劳动教育与国家的经济建设紧密结合，为国家的工农业生产培养了一批具有初步劳动技能和劳动意识的人才。

2.2.1.2 20世纪60、70年代

在20世纪60、70年代，"教育与生产劳动相结合"更多强调劳动至上。学生接受系统教育和培训的机会减少，这导致了教育质量的整体下滑。

2.2.1.3 20世纪80年代

随着改革开放的推进,党和国家开始重新审视与探索教育方针,劳动教育也进入了一个积极探索的时期。在这一时期,强调德、智、体全面发展,主张知识分子与工人、农民相结合,脑力劳动与体力劳动相结合。在这一背景下,教育界开始深入探讨如何在学校教育中更好地实现教育与生产劳动的结合,如何让学生在劳动中不仅提高实践能力,还能培养创新精神和综合素养。同时,也开始关注劳动教育与学科教育的融合,研究如何在学科教学中渗透劳动教育的理念和内容。尽管这一时期对于教育方针仍存在持续的讨论,但一些核心要素逐渐清晰,如"三个面向"(教育要面向现代化、面向世界、面向未来)和培养"四有"(有理想、有道德、有文化、有纪律)新人等,这些都为劳动教育的发展指明了方向。

2.2.1.4 20世纪90年代

20世纪90年代,劳动教育迎来了重大的发展机遇。党的教育方针逐步确立,强调教育与生产劳动相结合的重要性。1990年,国家提出继续贯彻教育必须为社会主义现代化服务,必须同生产劳动相结合,培养德、智、体全面发展的建设者和接班人。这一表述明确了劳动教育在培养社会主义建设者和接班人中的重要地位。1995年通过的《中华人民共和国教育法》也对教育与生产劳动相结合作出了相关规定,为劳动教育提供了法律保障。这使得劳动教育在学校教育中的地位更加稳固,实施更加有法可依。1999年,强调要加强和改进对学生的生产劳动和实践教育,进一步突出了实践在劳动教育中的重要性。党的十六大报告在强调教育与生产劳动相结合时增加了"社会实践",拓宽了劳动教育的内涵和形式。

2.2.1.5 进入21世纪后

进入21世纪后,相关政策继续强调教育与生产劳动和社会实践相结合,旨在培养德、智、体、美、劳全面发展的建设者和接班人。例如,在课程改革中,劳动教育被纳入综合实践活动课程,强调学生通过亲身参与实践活动,提高劳动技能和综合素质。在这一时期,劳动教育的内容和形式更加丰富多样,除了传统的工农业生产劳动，还包括服务性劳动、创新性劳动等。同时，劳动教育也更加注重与现代科技和社会发展的结合，培养学生适应新时代需求的劳动能力和创新精神。

2.2.2 国际劳动教育的经验与启示

在全球化的浪潮中，劳动教育已成为各国培养高素质人才的重要途径。了解和借鉴不同国家的劳动教育成功经验，对于推动我国劳动教育的发展具有重大而深远的意义。尤其是俄罗斯和北欧国家在劳动教育领域的独特模式，为我们提供了丰富的启示和借鉴。

2.2.2.1 俄罗斯的精细化劳动教育

（1）职业素养与坚韧精神的塑造

俄罗斯的劳动教育以塑造职业素养与坚韧精神为导向，在职业院校体系中展现出独特的魅力与成效。以航空航天专业为例，新生入学伊始便投身于高强度的基础技能特训之中。在理论学习方面，他们需深入钻研航空航天领域的基础科学知识，如空气动力学、材料力学等，为后续实践操作筑牢根基。实践环节里，学生们在专业导师的严格指导下，从最基本的金属加工、零部件组装开始，逐步熟悉航空航天器材的制造流程与工艺要求。这种初期的严格训练，不仅锤炼了学生们的专业技能，更考验与磨砺了他们在面对复杂、高难度任务时的坚韧毅力与不屈精神。

为传承与弘扬俄罗斯在航空航天等领域的卓越职业传统，学校邀请行业内资深专家与功勋工程师担任客座导师。这些导师凭借丰富的实践经验与深厚的专业造诣，将投身航空航天事业必备的职业操守、严谨态度及勇于攻坚克难的精神，通过言传身教传递给学生。例如，在飞行器零部件精密加工过程中，导师会要求学生严格遵循设计标准，对每一个加工环节进行反复校验与优化，容不得丝毫马虎与偏差。这种对工艺质量与精准度的极致追求，使学生们深刻领悟到职业素养与坚韧精神在航空航天事业中的核心地位与关键作用。

与此同时，学校还精心设置了一系列关于俄罗斯航空航天发展历程、工业文化及职业精神的专题课程。通过这些课程，学生们得以系统地追溯俄罗斯航空航天事业从起步到辉煌的伟大历程，深入了解在不同历史时期，无数科研人员与工程师们如何凭借坚定信念与顽强拼搏，攻克重重技术难关，推动行业不断向前发展。这种理论与实践相辅相成的教育模式，使学生们对职业素养与坚韧精神的内涵和价值有了全方位、深层次的理解与感悟，为他们未来投身航空航天事业奠定了坚实的思想与信念基础。

（2）实践与理论的有机融合

以能源工程专业为例，俄罗斯的劳动教育高度注重实践与理论的有机融合。在课程体系中，理论知识学习与实践操作训练并重且相互促进。学生们在课堂上系统学习能源转换原理、电力系统运行机制等专业理论知识的同时，还会在学校配备先进实验设备的能源实验室里，进行大量模拟实验与实际操作练习。他们亲手操作各类能源设备，深入探究能源的生产、传输与分配过程，将抽象的理论知识转化为实际的操作技能，有效提升了实践能力与问题解决能力。

俄罗斯的职业院校与国内众多知名能源企业建立了长期稳定且深度的合作关系，为学生创造了丰富多样、贴近实际的实习实训机会。学生们定期深入企业一线实习，参与真实的能源项目开发与运营，能够第一时间接触到行业内最前沿的技术与设备，了解能源市场的最新动态与发展趋势。在实习过程中，学生们不仅有机会向企业的技术骨干与专家学习先进的能源工程技术和管理经验，还能在实际项目中锻炼团队协作与沟通交流能力。例如，在大型火力发电站的实习项目里，学生们与企业工程师共同参与发电机组的维护和调试工作，面对实际运行中出现的各种复杂技术问题，他们在导师的指导下，通过团队协作进行深入分析与研究，共同制定解决方案并付诸实践。这种实践与理论紧密结合、学校与企业协同育人的教育模式，使学生们在掌握扎实专业技能的同时，培养了良好的职业素养与团队合作精神，为毕业后顺利融入能源行业并迅速成长为行业骨干力量奠定了坚实基础。

在建筑、机械制造等传统优势专业领域，教学内容的设计既充分吸纳现代工程技术与先进制造工艺的最新成果，又高度重视对传统工艺技法与行业文化底蕴的传承和弘扬。学生们在学习现代建筑设计软件、新型机械加工工艺等前沿技术的同时，也深入研究俄罗斯传统建筑风格与机械制造工艺的发展脉络和文化内涵。

例如，在建筑专业教学中，学生们在学习现代建筑结构设计与施工技术的基础上，还会深入探究俄罗斯传统建筑如东正教教堂的建筑特色与营造工艺，体会传统建筑蕴含的文化价值、审美理念，以及工匠们精湛的技艺与智慧。这种将现代技术与传统工艺深度融合的教学方式，使学生们在掌握专业技能的同时，拓宽了文化视野，提升了审美素养，从而能够在未来的职业生涯中更好地传承与创新俄罗斯的工业和文化遗产，推动行业的可持续发展。

2.2.2.2 北欧国家的实践导向劳动教育

（1）从小培养实践能力

在芬兰的教育体系中，劳动教育从小学阶段就开始融入学生的日常学习生活。通过制作小型木质家具、种植蔬菜、烘焙糕点等简单活动，培养学生的动手能力和对劳动的初步认识。这些活动不仅让学生们体验到了劳动的乐趣，还培养了他们的责任感和团队合作精神。

例如，在制作木质家具的过程中，学生们需要学会使用工具、测量尺寸、切割木材、组装家具。在这个过程中，他们不仅提高了动手能力，还学会了如何与同学合作，共同完成一个项目。在种植蔬菜的活动中，学生们了解了植物的生长过程，学会了如何照顾植物，培养了耐心和责任感。

（2）学校与企业深度合作

进入职业教育阶段，学校与企业的合作达到了新的高度。企业直接参与学校课程设计和教学过程，与教师共同制定教学大纲。根据市场需求和行业发展趋势，确定学生需掌握的知识和技能。这种深度合作使学生所学的知识和技能与实际工作需求紧密结合，提高了学生的就业竞争力。

以信息技术专业为例，学生在学习理论知识的同时，有机会参与企业的实际项目开发。他们接触到最新的技术和工具，掌握团队协作和沟通技巧。在项目开发过程中，学生们与企业的技术人员一起工作，了解企业的工作流程和管理模式。这种实践经验使学生在毕业后能够迅速适应工作岗位，为企业的发展作出贡献。

（3）注重自主学习和解决问题能力

教师在课堂教学中更多地扮演引导者和启发者的角色，通过项目式学习培养学生的自主学习和解决问题的能力。在项目式学习中，学生们分组合作，共同完成一个项目。他们需要自己制订计划，收集资料，分析问题，提出解决方案，并在实践中不断调整和完善方案。

例如，在环保项目中，学生分组对学校的能源使用情况进行监测和统计。他们通过实地考察，了解学校的能源消耗情况，分析能源浪费的原因。随后，学生们提出节能措施，并不断完善方案。在这个过程中，学生们培养了独立思考、创新探索和解决实际问题的能力，以及社会责任感和可持续发展意识。

北欧国家特别强调培养学生的社会责任感和可持续发展意识。在劳动教育中，引导学生思考劳动成果对社会和环境的影响。例如，在产品设计课程中，学生们需要考虑环保材料的使用、碳排放的减少和产品的回收再利用等因素。

这种培养方式使学生在未来的职业生涯中能够自觉遵循道德和环保原则，为社会和环境贡献力量。同时，也培养了学生的全球视野和社会责任感，使他们成长为有担当的公民。

2.2.2.3 国际经验带来的启示

（1）明确教育目标

将培养学生的专业技能、职业素养和创新精神作为劳动教育的核心目标。在劳动教育中，不仅让学生掌握劳动技能，还要培养他们的敬业态度、团队合作精神和创新思维。通过劳动教育，让学生们明白劳动的价值和意义，培养他们对劳动的热爱和尊重。

（2）加强校企合作

加强学校与企业的深度合作，是提高劳动教育质量的重要途径。学校可以通过与企业的合作，及时了解行业动态和最新技术，从而调整教学内容和方法。企业则可以为学生提供实习机会和实践项目，让学生在实际工作中锻炼能力。同时，校企合作还可以促进产学研结合，推动科技创新和产业发展。

（3）注重实践教学

注重实践教学，使学生在实际操作中体验劳动过程，将理论知识转化为实际技能。通过实践教学，提高学生解决实际问题的能力，培养他们的创新精神和实践能力。学校可以加强实践教学基地建设，为学生提供更好的实践环境和条件。

（4）培养社会责任感

培养学生的社会责任感和可持续发展意识，是劳动教育的重要任务。通过劳动教育，使学生认识到劳动不仅是为了个人成功，更是为了社会的和谐发展和环境保护。学校可以通过开展社会实践活动和志愿服务活动，让学生了解社会需求，关注社会问题，培养他们的社会责任感和奉献精神。

2.2.3 历史经验对当下的借鉴

在劳动教育的发展历程中，国内外的历史经验为我们当前的劳动教育提供了参考。从政策制定到教学方法的选择，这些经验都带来了重要的启示。

2.2.3.1 政策制定的启示

（1）政策应具有连贯性和稳定性

从历史来看，政策的连贯性和稳定性对劳动教育的发展具有深远的影响。在一些实际案例中，劳动教育政策的频繁变动给教育实践带来了诸多问题。例如，某个地区短时间内多次调整劳动教育政策。起初，政策强调劳动教育要与工业生产紧密结合，学校纷纷组织学生到工厂参观实习。然而，不久后，政策又转向注重农业劳动教育，要求学校开辟农田，让学生参与农事活动。这种突然的转变使学校和教师措手不及，教学计划被打乱，教学资源也无法得到有效利用。学生们在不同的劳动教育内容之间频繁切换，难以形成系统的知识和技能体系，学习体验也变得支离破碎，无法深入掌握劳动技能和价值观。

相反，那些长期坚持并逐步完善劳动教育政策的国家或地区，为劳动教育的发展营造了良好的环境。以德国为例，德国一直重视职业教育和劳动教育，其政策具有连贯性和稳定性。政府长期投入大量资金支持职业教育学校的建设和发展，制定了严格的职业教育标准和规范。在课程设置上，德国的职业教育注重理论与实践相结合，学生不仅要学习专业理论知识，还要在企业进行长时间的实习。这种稳定的政策环境使得德国的职业教育能够持续发展，培养出大量高素质的技术工人，为德国的制造业发展提供了有力的人才支持。

在当前制定劳动教育政策时，我们必须充分考虑社会发展的长期需求，使政策具有前瞻性和可持续性。政策不能只关注眼前的问题，而要为未来的发展预留空间。同时，政策应有明确的目标和可操作的措施。例如，政策可以明确规定不同年龄段学生应掌握的劳动技能和知识，以及学校和教师应采取的教学方法与评价方式。这样，劳动教育的实践才能得到有力的支持，劳动教育才能在稳定的政策环境中蓬勃发展。

（2）平衡生产价值与育人价值

回顾历史，我们发现，有些政策过于强调劳动教育的生产性，而忽视了其育人的价值。例如，在某些时期，一些学校将劳动教育简化为组织学生参加工厂的生产劳动，学生们被安排从事重复性的体力劳动，如组装零件、包装产品等。在这个过程中，学校没有注重培养学生的思维能力、创造力和价值观，学生们只是机械地完成任务，对劳动的意义和价值缺乏深入的理解。

如今，我们应当吸取这些教训，在政策中平衡劳动教育的生产价值和育人价值。例如，在农业劳动教育中，学校可以组织学生参与农作物的种植和养殖活动。在种植过程中，学生不仅需要学习播种、施肥、浇水等基本技能，还要了解土壤、气候、病虫害等方面的知识，学会运用科学的方法提高农作物的产量和质量。同时，教师可以引导学生思考农业与环境的关系，例如，过度使用化肥和农药对土壤和水源的危害，从而培养学生的环保意识。此外，学校还可以组织学生参观农村，了解农民的生活状况以及农业在社会发展中的重要性，以培养学生的社会责任感和使命感。通过这样的劳动教育，学生不仅能够掌握劳动技能，还能够促进思维发展、价值观塑造和社会责任感的形成。

2.2.3.2 教学方法的选择

（1）以学生为中心的教学方法

传统的劳动教育方法往往存在一些问题。在某些职业教育中，教师过于注重技能的传授，而忽视了学生的主动性和创造性。例如，在烹饪专业的教学中，教师只是按照固定的食谱和步骤演示如何做菜，学生则被动地模仿。学生没有机会提出自己的想法和进行创新，也无法根据不同的食材和口味进行调整。这种教学方法导致学生学习的积极性不高,创新能力也得不到培养。

以学生为中心的教育方法,如项目式学习法,能够更好地激发学生的积极性和创造力。以一个家具制作项目为例,学生们被分成几个小组,每个小组需要设计并制作一件家具。在项目开始前,学生需要进行市场调研,了解不同人群对家具的需求和喜好。随后,他们根据调研结果进行设计,绘制图纸,并选择合适的材料和工具。在制作过程中,学生需亲自动手切割、打磨、组装材料,遇到问题时通过小组讨论共同解决。最后,每个小组展示自己的作品,并进行自我评价和相互评价。通过这个项目,学生不仅学会了家具制作,还培养了团队合作、沟通交流和问题解决等能力。他们在项目中发挥了主动性和创造力,体验到了劳动的乐趣和成就感。

(2)情境教学法

情境教学法是一种有效的劳动教育方法。例如,在学校开设的模拟商店课程中,学生扮演不同的角色,如售货员、收银员和顾客等。教师会设置各种情境,如商品促销和顾客投诉等,让学生在实际情境中学习如何销售商品、处理顾客关系和进行财务管理等。通过这种方式,学生能够更好地理解商业劳动的实际需求和意义,提高自己的职业素养和综合能力。

再如,在社区服务项目中,学生们参与社区的垃圾分类工作。教师会先向学生们介绍垃圾分类的知识和方法,然后组织学生们到社区进行实地宣传和指导。学生们需要与社区居民沟通交流,帮助居民正确进行垃圾分类。在这个过程中,学生们不仅学会了垃圾分类的技能,还了解了社区的需求,培养了社会责任感和公民意识。情境教学法让学生们在真实的情境中学习,使劳动教育更加生动、有趣且富有意义。

2.2.3.3 常见误区

(1)形式主义

过去,有些地区在推行劳动教育时存在形式主义的问题。例如,一些学校组织学生参加校园清洁活动,但只是简单地分配任务,没有对学生进行劳动技能的指导和劳动意义的教育。学生在打扫卫生时,不知道如何正确使用清洁工具,也不明白为什么要保持校园环境整洁。活动结束后,学校没有对学生的劳动表现进行评价和反馈，学生也没从活动中获得实质性的收获。

劳动教育应注重实效，让学生在劳动中真正有所收获。学校和教师应认真设计劳动教育课程与活动，根据学生的年龄和能力特点，选择合适的劳动内容和方法。在劳动过程中，教师要耐心指导学生，帮助他们掌握劳动技能，培养良好的劳动习惯。同时，学校应建立科学的评价机制，对学生的劳动表现进行全面、客观的评价并及时给予反馈和鼓励，使学生感受到自己的劳动成果得到了认可。

（2）孤立化

劳动教育不能孤立于其他学科之外，而应与学科教育有机融合。例如，在语文教学中，可以选取与劳动相关的文学作品，让学生分析作品中人物的劳动形象和劳动精神，体会劳动的价值和意义。在数学教学中，可以通过实际的劳动问题，如计算建筑材料的用量、规划农田的面积等，让学生运用数学知识解决实际问题，感受数学在劳动中的应用。在科学教学中，可以让学生通过实验和观察，了解劳动中的科学原理，如植物的生长规律、机械的工作原理等。

通过将劳动教育与学科教育相结合，学生能够在不同学科中体会到劳动的重要性，从而提升自身的综合素养。同时，这种融合也能够丰富学科教学的内容和形式，提高学科教学的质量和效果。学校和教师应树立整体教育的观念，加强学科之间的沟通与协作，共同推动劳动教育与学科教育的有机结合。

2.3 新时代劳动教育的内涵与特质

2.3.1 新时代劳动教育的全新内涵

在新时代的宏伟画卷中，劳动教育被赋予了全新且丰富的内涵，如同一颗璀璨的明珠，散发着与时俱进的光芒。与传统劳动教育相比，新时代的劳动教育展现出更加多元、综合且充满活力的特点。

2.3.1.1 综合性与融合性

新时代的劳动教育高度强调综合性与融合性，它不再是一个孤立的学科

或单一的活动,而是与德、智、体、美等教育领域紧密交织、相互渗透、协同促进。

在科学课程中,学生进行实验操作和科学探究的过程,不仅是科学知识的获取,更是劳动教育与科学教育深度融合的生动体现。例如,当学生进行物理实验时,他们亲手操作仪器、精准记录数据、深入分析结果。在此过程中,学生的实践能力得到锻炼,科学思维得以培养,解决问题的能力也逐步提升。他们在操作中感受科学的魅力,在探索中领悟劳动的价值。

同样,在艺术创作领域,学生通过手工制作、精心设计等活动,将内心的创意转化为具体的作品。这一过程既提升了学生的艺术素养,又锤炼了他们的劳动技能。例如,学生在学习绘画时,不仅要熟练掌握绘画技巧,还需通过实际操作展现自己的创意。他们一笔一画地勾勒,用心感受色彩与线条的交融,这既是艺术教育的精彩呈现,也是劳动教育的深刻践行。

2.3.1.2 对创新能力和创造力的培养

在"互联网+"的宏大背景下,劳动形态发生了翻天覆地的变革。新兴产业如雨后春笋般蓬勃发展,电子商务、数字内容创作、在线教育等领域异军突起,催生出一系列全新的劳动形式和职业。

在这些充满活力的领域中,劳动者需要具备强大的创新思维和卓越的创造能力,能够巧妙运用新技术和新模式来解决问题、创造价值。例如,在"互联网+"背景下的电商行业,已不再是简单的线上买卖。它涉及大数据分析、精准营销、供应链优化等多个复杂环节。电商从业者必须熟练运用数据分析工具,精准洞察消费者需求和市场趋势,创新营销策略和销售模式,从而提高销售额和用户满意度。这就要求劳动者具备扎实的数据处理和分析能力,以及独具匠心的创新营销思维。

在数字内容创作领域,创作者需要运用各种先进的数字工具和技术,创作出富有吸引力和创新性的作品。例如,短视频、网络小说、数字绘画等,创作者不仅要有高超的艺术创作能力,还要能够紧密结合市场需求和用户反馈,不断创新内容和形式,以吸引更多的观众和读者。例如,一些短视频创作者凭借独特的创意和新颖的表现形式,在网络世界中迅速走红,吸引了大量用户关注。

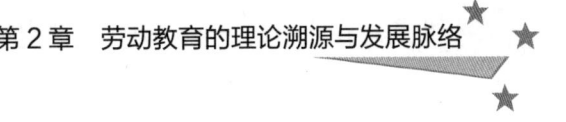

2.3.1.3 实践导向和体验式学习

新时代劳动教育突出实践导向和体验式学习，强调学生亲身参与劳动实践。通过实际操作和切身体验，学生能够深入理解劳动的价值和意义。

学校组织学生参与社区服务活动，如垃圾分类宣传、关爱孤寡老人等。在这些活动中，学生培养了社会责任感和团队合作精神。例如，在参与垃圾分类宣传活动时，学生们向居民宣传垃圾分类的知识和方法，耐心引导居民正确分类。这一过程不仅锻炼了学生的沟通能力和组织能力，还让他们深刻体会到环境保护的重要性，明白自己的行动对社会的积极影响。

在职业体验活动中，学生有机会走进不同的企业和工作场所，深入了解不同职业的工作内容和要求。这有助于学生明确自己的职业兴趣和发展方向。例如，学生在参观汽车制造工厂时，可以亲身体验汽车组装的过程，了解汽车制造的工艺流程和技术要求。他们在感受工人辛勤劳动和工匠精神的同时，也对未来的职业选择有了更清晰的认识。

通过这种实践导向和体验式学习，学生能够将理论知识与实际操作完美结合，极大地提高自己的实践能力和综合素质。

2.3.1.4 对价值观的塑造

新时代的劳动教育高度重视对价值观的塑造，不仅关注学生劳动技能的提升，更注重培养学生对劳动的尊重、热爱和正确认识。让学生深刻理解劳动是创造财富和推动社会进步的关键力量，是实现个人价值和社会价值的重要途径。例如，通过讲述劳动模范的感人故事，让学生了解他们在平凡岗位上作出的不凡贡献，学习他们的敬业精神和奉献精神。例如，劳动模范王进喜在艰苦的条件下，带领工人顽强拼搏，为我国的石油工业立下了不朽功勋。他的精神如同一座灯塔，指引着无数人奋勇前行。

同时，引导学生关注身边的普通劳动者，如快递员、清洁工、建筑工人等，尊重他们的劳动成果，体会他们为社会发展付出的辛勤努力。例如，快递员在风雨中穿梭忙碌，为人们及时送达包裹；清洁工默默打扫街道，为城市创造整洁的环境；建筑工人辛勤劳作，为城市建设添砖加瓦。这些普通劳动者的默默付出，为我们的生活带来了便利和美好，我们理应尊重他们的劳动成果。

2.3.1.5 新时代劳动教育的作用

（1）促进个人全面发展

在新时代，劳动教育对个人的全面发展具有不可替代的重要作用。劳动实践是学生锻炼动手能力的重要途径。当学生亲身参与各种劳动活动时，如手工制作、农业劳作或家务劳动，他们的手部精细动作得到锻炼，手眼协调能力也随之提高。这种动手能力的培养不仅有助于他们在日常生活中更好地照顾自己，还为他们未来从事各种职业打下坚实的基础。

同时，劳动教育在培养思维能力方面也具有重要意义。在解决劳动过程中遇到的问题时，学生需要进行思考、分析和判断。例如，在进行一项科技小制作时，学生需要考虑如何选择合适的材料、如何设计结构，以及如何运用科学原理来实现预期的功能。通过这样的过程，学生的逻辑思维、创造性思维和批判性思维都能得到锻炼和提升。他们学会从不同的角度看待问题，寻找多种解决方案。这种思维能力的培养将使他们在学习和生活中更加得心应手。

此外，劳动教育还能培养学生解决问题的能力。在劳动过程中，学生不可避免地会遇到各种困难和挑战，如工具损坏、材料不足、工艺难题等。面对这些问题，学生需要自行想办法解决。他们可能需要查阅资料、请教他人，或者通过多次尝试找到解决方案。这种解决问题的能力不仅在劳动中发挥作用，还会迁移到学生的学习和生活中，使他们在面对困难时能够保持冷静、积极应对，不断寻找解决问题的方法。

劳动教育对于培养创新精神和创造力至关重要。在劳动实践中，学生有机会接触各种材料和工具，他们可以根据自己的想法和创意进行设计与制作。例如，在美术手工课上，学生可以利用废旧物品制作富有创意的艺术品；在科技创新活动中，学生可以发挥想象力，设计出独特的科技作品。这种在实践中不断探索、勇于创新的过程，能够激发学生的创新潜能，培养他们的创新思维和创造力，为他们的未来发展开辟更广阔的空间。

（2）推动社会进步

劳动是人类社会发展的基础，是推动社会进步的核心力量。新时代的劳动教育能够培养学生的社会责任感和团队合作精神，使他们更好地为社会发展贡献力量。

社会责任感是每个公民应具备的品质。通过劳动教育，学生能够深刻认识到自己的劳动与社会的紧密联系。例如，通过参与社区服务活动，学生可以为社区居民提供帮助，如关爱孤寡老人、义务打扫社区卫生等。在这些活动中，学生能够亲身体验到自己的付出对他人和社会的积极影响，从而增强社会责任感。他们会意识到自己作为社会的一员，有责任为社会的和谐与发展贡献力量。

团队合作精神是社会发展所必需的。在许多工作项目中，团队成员之间的密切协作是完成任务的关键。例如，在学校组织的校园文化节活动中，学生们需要共同策划、组织和实施各项活动。他们需要分工合作，有的负责节目编排，有的负责舞台布置，还有的负责宣传推广。通过这样的团队合作，学生们学会了倾听他人的意见，尊重他人的想法，发挥各自的优势，共同完成任务。这种团队合作精神将使他们在未来的社会生活中更好地与他人合作，共同推动社会的进步。

此外，通过参与职业体验活动，学生能够更好地了解社会的职业需求和发展趋势。他们可以提前接触不同的职业，了解各种职业的工作内容和要求，从而为未来的职业规划做好准备。同时，学生在职业体验中还能发现社会存在的问题和需求，并通过自己的努力为解决这些问题贡献智慧和力量。

（3）适应经济发展需求

在当今科技飞速发展和经济结构深刻调整的时代，社会对劳动者的素质提出了更高的要求。新时代的劳动教育能够培养学生的创新能力和实践能力，使他们更好地适应经济发展的需求。

随着人工智能、大数据、生物技术等新兴技术的广泛应用，传统的劳动模式正在发生深刻变革。劳动者不仅需要具备扎实的专业知识和技能，还需要具备创新能力，能够在工作中不断提出新的想法和解决方案。劳动教育可以通过开展科技创新活动、项目式学习等方式，激发学生的创新思维，培养他们的创新能力。例如，学生在参与科技创新项目时，需要自主设计实验方案、进行实验操作、分析数据并得出结论。在这个过程中，他们不断尝试新的方法和思路，从而培养自

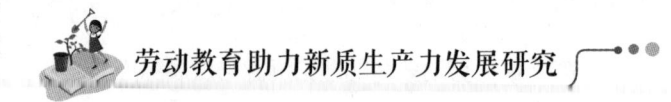

己的创新能力和实践能力。

同时，经济结构的调整也导致了就业市场的变化。一些传统行业逐渐衰落，而新兴产业如新能源、智能制造、互联网等迅速崛起。新时代的劳动教育能够让学生及时了解这些变化，调整自己的学习方向和职业规划，更好地适应就业市场的需求。例如，学校可以开设与新兴产业相关的劳动教育课程，邀请行业专家进行指导，组织学生到企业进行实习和参观。通过这些方式，学生能够了解新兴产业的发展动态和人才需求，为自己未来的职业发展做好准备。

此外，劳动教育还能培养学生的创业精神和创业能力。在"大众创业、万众创新"的时代背景下，创业已成为推动经济发展的重要力量。劳动教育可以通过开展创业教育课程、举办创业大赛等方式，培养学生的创业意识、创业思维和创业能力。在创业过程中，学生需要整合资源、制订商业计划、开拓市场等，这些都需要创新能力和实践能力的支持。

2.3.1.6 实施新时代劳动教育的策略

（1）完善课程体系

学校应高度重视劳动教育课程体系的完善，将劳动教育纳入学校整体教学计划的核心环节，确保学生能够接受系统、全面的劳动教育。在课程设置上，应涵盖不同类型的劳动内容，如日常生活劳动、生产劳动和服务性劳动等。例如，开设家政课程，教授学生烹饪、缝纫、家居整理等生活技能；设置农业劳动课程，让学生了解农作物种植、养殖等知识；开展志愿服务课程，培养学生的社会服务意识和能力。

同时，要加强劳动教育与其他学科的深度融合。在语文教学中，可以引导学生阅读与劳动相关的文学作品，分析其中蕴含的价值观和劳动精神，同时鼓励学生通过写作表达自己对劳动的理解和感悟。在数学教学中，可以引入实际劳动中的数学问题，如建筑施工中的测量计算、生产流程中的成本核算等，让学生在解决实际问题的过程中体会数学知识在劳动中的应用。在科学课程中，教师可以结合劳动实践，讲解科学原理在农业生产、工业制造等方面的应用，培养学生运用科学知识解决劳动问题的能力。

此外，学校还应根据学生的年龄特点和认知水平，合理安排劳动教育课程的难度和深度。对于低年级学生，可以侧重于培养他们的劳动意识和基本劳动习惯；对于高年级学生，则可以逐渐增加劳动技能的训练和劳动实践的难度，引导他们深入思考劳动的价值和意义。

加强实践教学是劳动教育的关键环节，学校应积极创造条件，为学生提供丰富多样的实践机会。组织学生参加社会实践活动是加强实践教学的重要途径之一。学校可以与社区、企业、公益组织等合作，开展各种形式的社会实践活动。例如，组织学生参与社区环境整治活动，让他们亲身感受劳动对改善社区环境的重要性；安排学生到企业参观学习，了解生产流程和劳动组织方式，体验劳动创造价值的过程。

职业体验活动是实践教学的重要组成部分。学校可以与职业院校、企业合作，为学生提供职业体验的机会。学生可以通过模拟职业场景和参与实际工作任务，了解不同职业的特点和要求，从而更好地规划自己的未来职业发展。例如，学校可以组织学生到医院、银行和工厂等单位进行职业体验，让他们在真实的工作环境中感受不同职业的魅力和挑战。

科技创新活动是培养学生创新能力和实践能力的有效途径。学校可以举办科技创新大赛和科技发明展览等活动，鼓励学生积极参与。在这些活动中，学生可以将自己的创意和想法转化为实际的作品或项目，以锻炼动手能力和创新思维。例如，学生可以设计并制作智能机器人或环保节能装置等科技作品，通过实践探索提升自己的科技素养和创新能力。

（2）培养师资队伍

教师是劳动教育的实施者，其素质和能力直接影响劳动教育的质量。学校应加强师资队伍建设，培养一支高素质的劳动教育教师队伍。

首先，要加强教师的专业培训。学校可以组织教师参加劳动教育培训课程、研讨会和学术讲座等活动，使教师系统地学习劳动教育的理论知识和实践方法。培训内容可以包括劳动教育的目标、内容、教学方法和评价方式等方面，以帮助教师提升劳动教育的专业素养。

其次，鼓励教师参与劳动实践。学校可以安排教师到企业、农场、社区等场

所进行实践锻炼,让教师亲身体验不同类型的劳动,积累丰富的劳动实践经验。这样,教师在教学中能够更加生动形象地向学生传授劳动知识和技能,提高教学效果。

最后,还可以引入具有丰富实践经验的专业人才作为兼职教师。这些兼职教师可以为学生带来不同领域的知识和技能,拓宽学生的视野。同时,他们与学校教师可以相互交流、学习,共同提高劳动教育的教学水平。

(3)营造良好氛围

学校应积极营造良好的劳动教育氛围,让学生在校园中充分感受到劳动的光荣和重要性。

开展劳动竞赛是营造积极氛围的有效方式之一。学校可以组织各种形式的劳动竞赛,如手工制作比赛、厨艺大赛、劳动技能挑战赛等。通过竞赛,激发学生的劳动热情和竞争意识,让他们在比赛中展示自己的劳动成果和技能水平。同时,对表现优秀的学生进行表彰和奖励,树立劳动榜样,激励更多学生积极参与劳动。

劳动技能展示活动也是营造良好氛围的重要手段。学校可以定期举办劳动技能展示活动,让学生展示自己在劳动教育课程中所学的技能和成果。例如,举办学生手工作品展览、农业劳动成果展示等活动,让学生感受到自己的劳动成果得到认可和尊重,增强他们的自信心和成就感。

此外,学校还可以通过校园文化建设宣传劳动教育的重要性。在校园宣传栏、黑板报、校园广播等平台上,展示劳动模范的事迹、劳动知识和劳动文化,让学生在潜移默化中受到劳动教育的熏陶。同时,学校可以组织开展劳动主题的班会、演讲比赛、征文活动等,引导学生深入思考劳动的价值和意义,形成热爱劳动的良好风尚。

2.3.1.7 案例分析

(1)科技创新活动

某学校积极开展科技创新活动,鼓励学生将所学知识和技能应用于劳动实践。在活动中,学生们热情高涨、积极参与,提出了许多创新的想法和解决方案。例如,有学生设计了一款智能垃圾分类机器人,能够自动识别垃圾的种类,并将其准确分类投放；还有学生设计了一款智能浇水系统，能够根据土壤的湿度自动浇水，有效节约水资源。通过这次活动，学生们不仅极大地提高了自己的创新能力和实践能力，还培养了团队合作精神和社会责任感。

（2）志愿服务活动

某社区精心组织了一次志愿服务活动，邀请学生参与社区劳动服务。在活动中，学生们积极参与，为社区居民提供了各种贴心的帮助。例如，学生们帮助社区居民打扫卫生、整理花园、照顾孤寡老人等。通过这次活动，学生们不仅锻炼了动手能力和沟通能力，还培养了社会责任感和爱心。

随着社会的不断发展和进步，新时代的劳动教育将持续完善和发展。未来，劳动教育将更加注重培养学生的创新能力和实践能力，并更紧密地与社会实际需求相结合，为学生的未来发展提供更加坚实的基础。同时，劳动教育也将得到社会更加广泛的关注和支持，成为培养高素质人才的重要途径。

2.3.2 劳动教育的内容体系架构

新时代的劳动教育需要构建一个涵盖知识、技能、价值观等多维度的内容体系，以全面培养学生的劳动素养和综合能力。这个内容体系具有清晰的内在逻辑，各部分相互关联、相互支持，共同促进学生的全面发展。

2.3.2.1 知识维度

（1）劳动科学知识

劳动教育应包括劳动科学知识，涵盖劳动的历史演变、不同类型劳动的特点和规律、现代劳动工具和技术的原理等。通过学习这些知识，学生能够理解劳动在人类社会发展中的重要作用，以及劳动形态的变化趋势。例如，学生可以了解到自工业革命以来，劳动方式从手工劳动向机械化、自动化转变的历程，以及未来可能向智能化发展的趋势。

（2）劳动法律法规知识

劳动法律法规的教育能让学生了解劳动者的权利和义务，增强他们的法律意

识，保障自身在劳动中的合法权益。学生应该知道关于劳动合同的签订、工资支付、工作时间和休息休假等方面的法律规定，以及在劳动中遇到问题时如何寻求法律帮助。

（3）劳动安全与卫生教育

劳动安全与卫生教育使学生能够了解劳动过程中的潜在风险和安全标准，增强他们的自我保护意识和能力。学生需要学习安全生产的基本知识、操作规程，以及如何正确使用劳动防护用品，并了解常见职业病的预防和治疗方法。

2.3.2.2 技能维度

（1）基本生活劳动技能

技能维度是劳动教育的重要组成部分，包括基本的生活劳动技能，如烹饪、洗衣、整理房间等。这些技能是学生独立生活的基础。学生通过学习这些技能，能够提高生活自理能力，养成良好的生活习惯。

（2）职业劳动技能

职业劳动技能的培养根据学生的兴趣和未来职业规划进行，如机械加工、电子技术、软件开发、医疗护理等。学校可以通过开设职业技能课程、组织实习实训等方式，让学生在实践中掌握相关的职业技能，为未来的职业发展做好准备。

（3）创新劳动技能

同时，还应注重培养学生的创新劳动技能，如设计思维、创新方法、创业能力等，以适应快速变化的社会和劳动市场需求。学生可以通过参与科技创新活动、创业实践等方式，培养自己的创新意识和创新能力。

2.3.2.3 价值观维度

（1）正确的价值观

价值观维度在劳动教育中起着引领和支撑的作用。要培养学生正确的价值观，使他们认识到劳动是光荣的、平等的，所有劳动者都应该得到尊重。学生应当明白，劳动是创造财富的源泉，是推动社会进步的重要力量，无论是体力劳动还是脑力劳动，都具有同等的价值。

（2）劳动责任感

要培养学生的劳动责任感，使他们明白自己作为劳动者的社会角色和责任。学生应该意识到，自己的劳动不仅是为了个人的生存和发展，也是为了社会的进步和繁荣。他们要对自己的工作负责，尽力做好每一项任务。

（3）勤劳节俭、艰苦奋斗精神

倡导勤劳节俭、艰苦奋斗的精神，让学生懂得珍惜劳动成果，不浪费资源。学生应该养成勤俭节约的习惯，珍惜粮食、水、电等资源，反对铺张浪费。

2.3.2.4 案例分析："手工陶艺制作"课程

以某中学的劳动教育课程"手工陶艺制作"为例，其内容模块及相互关系可以很好地说明劳动教育的多维度内容体系。

（1）知识模块

这门课程包含了陶艺历史和文化的知识模块。学生通过学习，了解陶艺在不同历史时期的发展特点，以及不同地区陶艺风格的差异，从而拓宽文化视野，认识到劳动创造的丰富文化内涵。

（2）技能模块

在技能方面，课程设置了陶艺制作的基本技法模块，如揉泥、拉坯、塑形、烧制等。学生通过亲手操作，逐渐掌握这些技能，提高动手能力和手眼协调能力。同时，课程还引入设计与创新模块，鼓励学生在传统技法的基础上进行创意设计，以培养学生的创新思维和创造力。

（3）价值观模块

在价值观层面，通过陶艺制作过程中的辛勤努力和专注投入，学生会体会到劳动的不易，更加珍惜自己的作品和他人的劳动成果。同时，团队合作完成大型陶艺作品的环节，让学生理解合作劳动的重要性，培养团队精神和协作能力。

2.3.2.5 构建内容体系的考虑因素

（1）学生年龄特点和认知水平

在构建劳动教育的内容体系时，应充分考虑学生的年龄特点和认知水平，设置分层递进的内容。对于小学低年级学生，可以侧重于简单的生活劳动和劳动意识的启蒙；随着年级的升高，逐渐增加职业劳动体验和创新劳动实践的内容。例如，小学低年级学生可以学习整理书包、打扫教室等简单的劳动技能，并了解农民、工人等不同职业的工作。小学高年级学生可以学习种植蔬菜、饲养小动物等，了解一些基本的农业知识和养殖技能。中学生可以参与社区服务、职业体验等活动，以了解社会的需求和职业的要求。

（2）学校实际条件和当地社会资源

结合学校的实际条件和当地的社会资源，开发具有特色的劳动教育课程，使劳动教育更加贴近学生的生活实际和社会需求。例如，学校可以利用校园内的空地建设校园农场，让学生参与种植和养殖活动；还可以与当地企业合作，组织学生参观企业，了解生产流程，并进行实习和培训。

（3）社会发展和科技进步

劳动教育的内容体系不是一成不变的，应随着社会的发展和科技的进步不断更新和完善。例如，随着人工智能、物联网等新技术在劳动领域的广泛应用，劳动教育应及时纳入相关的知识和技能内容，以培养学生适应未来劳动市场的能力。例如，学生可以学习编程、机器人操作等技能，了解智能家居、智能工厂等新兴事物。

2.3.3 新时代劳动教育的创新之处

在新时代的大背景下，劳动教育展现出诸多令人瞩目的创新。这些创新涵盖了教育理念、教学手段及评价方式等多个方面，为培养适应现代社会需求的劳动者开辟了全新的路径。

2.3.3.1 教育理念的创新

（1）注重创新精神和实践能力的培养

传统劳动教育的重心往往在于劳动技能的传授与劳动习惯的养成，新时代的劳动教育则以更广阔的视野，将重点聚焦于学生创新精神与实践能力的培养。它不再将劳动单纯地视为体力的付出，而将其升华为一种综合性的学习与发展过程。在这个过程中，学生能够在劳动中深刻体悟自我价值的实现，不断磨砺解决实际问题的能力，激发自身的创造力。

例如，当下的劳动教育鼓励学生参与创新型的劳动项目。在设计并制作智能环保设备的项目中，学生需要运用多学科知识，从问题的提出到方案的设计，再到实际的制作与调试，每一个环节都充满了挑战与机遇。在实践中，他们勇敢地探索未知领域，大胆尝试新的技术与方法，培养出敏锐的创新思维。再如，在开发农业新技术的项目中，学生们深入田间地头，结合现代科技与传统农业经验，探索高效、环保的农业生产方式。在这个过程中，学生们不仅学到了农业知识，还培养了敢于创新、勇于实践的精神。

（2）以学生为中心的教育理念

新时代的劳动教育大力倡导以学生为中心的教育理念，高度关注学生的兴趣与需求，充分激发学生的主动性与积极性。教师的角色也发生了重大转变，不再是单纯的知识传授者，而是成为引导学生自主学习、探究与实践的指导者。

在劳动教育课程中，教师巧妙地引导学生根据自己的兴趣和特长选择劳动项目。学生们在自主探索的过程中，能够主动发现问题，并积极寻求解决方案。例如，对机器人编程感兴趣的学生可以选择参与机器人组装与编程的劳动项目。在这个项目中，学生们从了解机器人的基本结构开始，逐步学习编程知识，通过不断尝试与调试，使机器人完成各种任务。在这个过程中，学生们不仅提高了创新能力和实践能力，还培养了独立思考和自主学习的习惯。

2.3.3.2 教学手段的创新

（1）虚拟现实技术的应用

随着科技的飞速发展，虚拟现实（Virtual Reality，VR）技术等现代化教学

手段如一股强劲的春风，为劳动教育注入了新的活力。在劳动安全教育方面，虚拟现实技术发挥了独特的优势，为学生创造了沉浸式的学习体验。

以建筑施工劳动安全教育为例，学生们通过佩戴 VR 设备，仿佛瞬间置身于真实的建筑工地中。他们能够直观地感受到高空作业的危险、施工现场的复杂及各种安全隐患。在这个虚拟的世界里，学生们可以与场景进行互动，模拟正确的安全操作流程。例如，佩戴安全帽、系好安全带、规范使用施工工具等操作都能在虚拟场景中得到真实的体验。这种身临其境的感受不仅极大地增强了学生的安全意识，还提高了他们在实际工作中的应对能力。当学生们在未来真正面对建筑施工场景时，就能够更加从容地应对各种安全问题。

（2）线上教学平台的广泛应用

线上教学平台的广泛应用也为劳动教育带来了诸多便利。线上教学平台能够整合丰富多样的劳动教育资源，包括精彩的视频教程、系统的在线课程、生动的案例分析等。学生们可以根据自己的兴趣与需求，自主选择学习内容，实现个性化的学习。

同时，线上平台为学生之间的交流与合作搭建了广阔的舞台。他们可以在线分享劳动经验、热烈讨论问题、共同完成项目。这种方式打破了时间和空间的限制，极大地拓展了劳动教育的范围和深度。例如，学生们可以通过线上平台参与远程劳动实践项目，与其他地区的学生携手合作完成劳动任务。在这个过程中，他们不仅提高了团队合作能力和沟通能力，还拓宽了自己的视野，了解了不同地区的劳动文化和特色。

2.3.3.3 评价方式的创新

（1）过程性评价和综合性评价相结合

新时代劳动教育的评价方式产生了显著的变化。传统的劳动教育评价往往过于依赖考试成绩和劳动成果，而现在则更加注重过程性评价和综合性评价的结合。

过程性评价将重点放在学生在劳动过程中的参与度、努力程度、团队合作能力、问题解决能力等多个方面的表现，不再仅仅关注最终的劳动成果。例如，在一个校园环保项目中，学生们积极参与垃圾分类宣传、环保设施制作等活动。评价时，不仅要看学生们最终制作的环保设施的质量和效果，还要关注他们在整个过程中的参与热情、付出的努力以及与团队成员的协作情况。

综合性评价结合了学生的自我评价、同伴评价、教师评价及社会评价等多方面的意见，形成了对学生劳动素养的全面评估。在一个校园园艺劳动项目中，评价学生的不仅是他们种植的植物的生长状况和产量，还包括他们在种植过程中的规划能力、对植物生长环境的调控能力、遇到问题时的解决策略，以及与团队成员的协作情况。学生也会对自己在项目中的表现进行反思和评价，总结经验教训。同伴之间相互评价，指出彼此的优点和不足，共同进步。教师则根据学生的整个劳动过程进行全面评估，并给予针对性的建议。此外，还可能引入社会力量，如邀请农业专家或社区居民对学生的劳动成果和表现进行评价，使评价更加客观和全面。

（2）多元化的评价主体和指标

新时代劳动教育的评价主体更加多元化，除了教师和学生，还包括同伴、家长、社会等。这种多元化的评价主体能够从不同的角度对学生的劳动表现进行评价，提供更加全面、客观的反馈。

评价指标也更加丰富多样，不仅包括劳动技能和知识，还涵盖了劳动态度、创新能力、团队合作能力、社会责任感等多个方面。例如，在评价学生的劳动成果时，可以考虑其创新性、实用性、环保性等因素。如果学生在劳动过程中积极创新，提出了独特的解决方案，或者关注社会问题，通过劳动为社会作出了贡献，都应该得到相应的肯定和鼓励。这样的评价方式能够引导学生在劳动中积极创新，关注社会问题，培养社会责任感。

2.3.3.4 与其他学科的融合教学创新

（1）跨学科融合的实践

新时代的劳动教育打破了传统的学科界限，不再孤立于其他学科之外，而是与数学、科学、艺术等学科相互渗透、有机融合。

在数学学科中，可以通过解决实际问题，让学生将数学知识应用于劳动实践。例如，计算建筑材料的用量、规划农田的种植面积等问题，都需要学生运用数学知识进行精确的计算和规划。在科学学科中，学生可以通过研究植物的生长规律、土壤的成分等，为农业劳动提供科学依据。在艺术学科中，学生可以通过设计劳动工具、美化劳动环境等活动，培养自己的审美能力和创造力。这种跨学科融合的教学方式能够让学生在劳动中更好地理解和运用各学科知识，提高综合素养。

（2）培养学生的综合素养

通过将劳动教育与其他学科的融合教学，能够培养学生跨学科思维能力、创新能力、实践能力及团队合作能力等综合素养。

例如，在一个跨学科的劳动项目中，学生需要运用数学知识进行计算和规划，运用科学知识了解植物的生长规律和土壤特性，运用艺术知识设计劳动工具和美化劳动环境，同时需要与团队成员密切合作，共同完成任务。在这个过程中，学生们不断地在不同学科之间转换思维，培养了跨学科思维能力。他们在解决问题的过程中，大胆创新，尝试新的方法和技术，提高了创新能力。通过实际操作，他们还锻炼了实践能力。与团队成员的合作则培养了他们的团队合作能力。通过这样的项目，学生能够在实践中提高综合素养，更好地适应未来社会的发展需求。

第3章 新质生产力的本质、特征与演进趋向

3.1 新质生产力的概念厘定

3.1.1 新质生产力的清晰界定

新质生产力作为当代经济社会发展中的关键概念，与传统生产力相比，在多个层面展现出本质性的差异。这些差异不仅反映了经济发展模式的转变，更会对未来社会的走向产生深远的影响。

3.1.1.1 生产要素的显著差异

（1）传统生产力的生产要素特征

传统生产力主要依赖物质资源、劳动力和资本等较为直观的要素。物质资源，如土地、各类原材料等，在生产过程中扮演着基础支撑的角色，是许多传统产业得以开展的必要条件。劳动力在传统生产中主要通过体力劳动和相对简单的技能操作来参与生产活动，其价值的体现往往局限于重复性的劳动付出。资本的投入通常用于购置设备、扩大生产规模，以追求规模经济效应。例如，在传统的制造业中，大量资金被用于建设大型工厂、购买机械设备，通过大规模生产标准化的产品来降低单位成本。

（2）新质生产力的关键生产要素变革

新质生产力的关键生产要素发生了重大转变。知识、技术、信息和创新能力成为推动其发展的核心要素。

①知识：新质生产力中的主要价值

在新质生产力中，专业领域的知识和跨学科的综合知识成为创造价值的关键源泉。以生物制药领域为例，该领域的发展需要生物学、化学和医学等多学科知识的深度融合。研发人员必须掌握复杂的基因工程、蛋白质结构与功能等生物学知识，同时了解药物化学合成的原理以及药物在人体内的代谢机制等医学和化学知识。只有具备这些丰富的专业知识，才能研发出创新的药物，满足人类对健康的需求。

②技术：新质生产力的驱动力

技术在新质生产力中的作用至关重要。先进的制造技术、信息技术、生物技术等不仅能够极大地提高生产效率，还能创造出全新的产品、提供更好的服务。例如，3D打印技术的出现改变了传统制造业的生产方式，使得复杂的零部件可以通过逐层打印的方式快速制造出来，大幅缩短了产品的开发周期。信息技术的飞速发展，如大数据、云计算和人工智能等，为企业提供了强大的数据分析和决策支持，帮助企业更好地了解市场需求、优化生产流程。生物技术的不断创新，如基因编辑技术，为农业、医疗等领域带来了革命性的变化，有望解决粮食短缺、疾病治疗等全球性问题。

③信息：新质生产力中的关键地位

信息在新质生产力中占据着举足轻重的地位。准确、及时的信息能够帮助企业做出更明智的决策，优化资源配置。在当今数字化时代，企业可以通过互联网和大数据等手段收集大量的市场信息、消费者需求信息及竞争对手信息。例如，电商企业通过分析消费者的购买行为数据，可以精准地推荐商品，提高销售转化率。金融企业利用大数据分析市场趋势和风险，制定更加科学的投资策略。信息的快速流通和共享，使企业能够更加灵活地应对市场变化，提高竞争力。

④创新能力：新质生产力的灵魂所在

创新能力是新质生产力的核心。它使企业能够不断推出新产品和新服务，开拓新市场。在激烈的市场竞争中，只有持续创新的企业才能生存和发展。例如，苹果公司凭借其卓越的创新能力，不断推出具有创新设计和强大功能的电子产品，引领了全球智能手机和移动互联网的发展潮流。创新能力不仅体现在产品和技术的创新上，还包括商业模式创新、管理创新等多个方面。通过创新，企业可以打破传统的竞争格局，创造新的市场需求，实现可持续发展。

3.1.1.2 生产方式的深刻变革

（1）传统生产力的生产方式特点

传统生产力通常采用大规模、标准化、集中式的生产方式。这种方式注重规模效应，通过大规模生产同一种产品来降低成本。例如，传统的汽车制造业在一条生产线上大量生产相同型号的汽车，以实现生产效率的最大化。这种生产方式在一定历史时期内满足了市场对标准化产品的大量需求，但随着消费者需求的日益多样化和个性化，其局限性也逐渐显现出来。

（2）新质生产力的生产方式转变

新质生产力倾向于灵活、定制化、分散式和智能化的生产方式。

①灵活生产：快速响应市场需求

灵活的生产方式能够快速响应市场需求的变化，及时调整生产策略和产品规格。在当今快速变化的市场环境中，消费者的需求变化迅速，企业必须具备快速调整生产的能力，以满足不同客户的个性化需求。例如，服装行业的快时尚品牌能够根据流行趋势的变化迅速推出新款服装，以满足消费者对时尚的追求。

②定制化生产：满足个性化需求

定制化生产满足了消费者的个性化需求。随着消费者生活水平的提高和消费观念的转变，越来越多的消费者希望拥有独一无二的产品。例如，一些高端服装品牌可以根据客户的身材和喜好定制服装，为客户提供个性化服务。在工业领域，一些企业也开始提供定制化的产品和解决方案，以满足不同客户的特殊需求。

③分散式生产：提高生产效率和灵活性

分散式生产利用网络和信息技术，将生产环节分布在不同地点，提高生产的效率和灵活性。通过分散式生产，企业可以更好地利用各地的资源和优势，降低生产成本。例如，一些跨国公司将生产环节分布在不同的国家和地区，根据各地的劳动力成本、原材料供应等因素进行优化配置。同时，分散式生产也可以降低企业对单一生产地点的依赖，提高企业的抗风险能力。

④智能化生产：实现自动化控制和优化

智能化生产借助人工智能、大数据和自动化技术，实现生产过程的自动化控制和优化，提高生产的精度和质量。例如，在智能制造领域，企业通过引入机器人、自动化生产线等设备，实现了生产过程的高度自动化。同时，通过大数据分析和人工智能算法，企业可以对生产过程进行实时监控和优化，从而提高生产效率和产品质量。

3.1.1.3 案例分析：以新能源产业为例的深度剖析

（1）生产要素方面

新能源产业的生产力具有明显的新质特点，高度依赖先进的科学技术和专业知识。

①知识的深度融合

研发新能源技术的科学家和工程师需要掌握复杂的物理学、化学与材料学等领域的知识。例如，在太阳能电池的研发中，研发人员必须了解半导体材料的特性和光电转换原理等专业知识。同时，新能源产业还涉及工程学、环境科学等多个学科领域的知识，需要跨学科的合作与创新。

②信息的关键作用

信息的收集与分析对新能源产业至关重要。企业需要及时了解全球能源市场的动态、政策法规的变化及技术发展的趋势，以便做出合理的战略决策。例如，新能源企业需关注各国政府对可再生能源的政策支持力度、能源市场的价格波动及新技术的研发进展等信息，以便及时调整企业的发展战略。

③创新能力的核心竞争力

创新能力是新能源产业中的核心竞争力，不断推动技术突破和产品更新换代。例如，新能源汽车企业通过不断创新电池技术，提高电池的能量密度和续航里程，以满足消费者对电动汽车的需求。同时，新能源产业还在不断探索新的商业模式和应用场景，如能源互联网、分布式能源等，为产业发展带来新的机遇。

（2）生产方式方面

生产方式方面，新能源产业在生产的监控与优化、能源利用，以及融合创新方面有所体现，为经济社会的可持续发展提供了新的动力。

①智能化的生产监控与优化

智能化体现在生产过程中的自动化监控和优化。例如，太阳能电站可以通过智能监控系统实时监测发电设备的运行状态，并自动调整参数以提高发电效率。同时，智能电网技术的应用使新能源的接入和分配更加高效、可靠。

②分散式的能源利用

分散式生产体现在太阳能、风能等能源的分布式利用上，不再依赖大型集中式的发电站，而是通过在各个区域建设小型的分布式发电设施，以满足当地的能源需求。这种分散式的能源利用方式可以提高能源的利用效率，降低能源传输过程中的损耗，同时也增强了能源系统的稳定性和可靠性。

③融合创新的发展机遇

新能源产业通过融合创新，不仅推动了自身技术和商业模式的发展，还为整个能源行业带来了新的发展机遇。例如，将新能源技术与电动汽车产业结合，可以推动电动汽车的发展，减少对传统燃油汽车的依赖，降低环境污染。与建筑行业结合，打造绿色节能建筑，利用太阳能、地热能等新能源为建筑提供能源，实现建筑的可持续发展。这种融合创新的生产方式创造了更多的价值和发展机遇，为经济社会的可持续发展提供了新的动力。

3.1.2 新质生产力的构成要素

新质生产力的形成和发展依赖于一系列关键要素的协同作用，其中知识、技术和创新等要素扮演着至关重要的角色。这些要素在新质生产力中的比重和作用机制虽各不相同，但相互关联、相互促进，共同推动着新质生产力的持续发展。

3.1.2.1 知识：新质生产力的基础构成要素

（1）知识在当今时代的重要性

在当今知识经济时代，知识已成为推动生产力发展的关键因素之一。丰富且专业的知识储备如同强大的引擎，为生产力的发展提供了源源不断的动力。不同领域的专业知识，如科学、技术、管理和人文等，相互交织、相互融合，为新质

生产力的发展提供了全方位的理论支撑和指导。

科学知识为新质生产力的发展奠定了基础。物理学、化学、生物学等基础科学的研究成果为技术创新和应用提供了原理与方法。例如，量子力学的发展推动了半导体技术和激光技术的诞生，从而改变了现代通信、计算和医疗等领域的面貌。数学作为一门基础学科，为各种科学研究和工程应用提供了精确的分析工具与模型。

技术知识则直接应用于生产实践，提高生产效率和产品质量。随着科技的不断进步，各种新技术层出不穷，如信息技术、生物技术和新能源技术等。这些技术知识的掌握和应用，使得企业能够生产出更具竞争力的产品，满足市场的多样化需求。例如，信息技术的发展使企业能够实现信息化管理，提高生产过程的自动化和智能化水平；生物技术的应用使农业生产能够实现基因改良和病虫害防治，从而提高农产品的产量和质量。

管理知识对于企业的运营和发展至关重要。有效的管理能够优化资源配置，提高组织效率，并激发员工的积极性和创造力。管理知识涵盖人力资源管理、财务管理、市场营销管理等多个方面。例如，人力资源管理知识可以帮助企业招聘、培训和留住优秀人才，提高员工的素质和能力；财务管理知识可以帮助企业合理规划资金、控制成本、防范风险，从而提高企业的经济效益。

人文知识在新质生产力的发展中也起着不可或缺的作用。人文知识包括哲学、历史、文学和艺术等领域，它能够培养人们的人文素养和价值观，提高人们的创新能力和思维能力。例如，哲学知识可以帮助人们思考问题的本质和解决方法，培养批判性思维和创新思维；历史知识可以让人们从过去的经验中吸取教训，为未来的发展提供借鉴；文学和艺术知识可以丰富人们的情感世界，激发人们的创造力和想象力。

知识在新质生产力中的比重日益增加，成为新质生产力不可或缺的基础要素。随着科技的飞速发展和社会的不断进步，知识的更新速度越来越快，人们对知识的需求也越来越高。只有不断学习和掌握新知识，才能适应新质生产力发展的要求。

（2）知识在不同领域的具体体现

以生物医药领域为例，深入掌握生物学、化学和医学知识是研发新型药物与治疗方法的基石。生物学知识为研究生物体内的生理过程、细胞结构和功能等提供了基础。科研人员通过深入研究生物学知识，了解疾病的发生机制和发展过程，为药物研发提供了靶点。化学知识在药物合成和筛选方面发挥着关键作用。科研人员利用化学合成方法制备各种化合物，并通过筛选和优化，找到具有治疗效果的药物分子。医学知识涵盖临床诊断、治疗和预防等方面，它将生物学、化学知识与临床实践相结合，为药物的临床试验和应用提供指导。例如，在研发抗癌药物的过程中，科研人员需要深入了解癌细胞的生物学特性，运用化学合成方法制备出具有抗癌活性的化合物，然后通过临床试验验证药物的安全性和有效性。

在工程技术领域，力学、材料学、电子学等专业知识为新型工程技术的研发和应用提供了理论基础。力学知识在结构设计和力学性能分析方面起着重要作用。工程师们利用力学原理，设计出具有高强度和高稳定性的结构，如桥梁、建筑物等。材料学知识为选择和开发新型材料提供了依据。不同的材料具有不同的性能和特点，工程师们根据工程需求选择合适的材料，并通过材料加工和改性技术提高材料的性能。电子学知识在电子设备和系统的设计与开发中至关重要。从集成电路的设计到通信系统的构建，都离不开电子学知识的支持。例如，在研发新能源汽车的过程中，工程师们需要运用力学知识设计车身结构，以确保车辆的安全性和稳定性；利用材料学知识选择高性能的电池材料，提高电池的能量密度和使用寿命；借助电子学知识设计汽车的电子控制系统，实现车辆的智能化驾驶和高效运行。

3.1.2.2 技术：新质生产力的关键驱动力量

（1）技术对生产力的推动作用

技术在新质生产力中起着关键的驱动作用，是提高生产效率、改善产品质量和创造新生产可能性的核心力量。先进的技术如同强大的杠杆，能够撬动生产力的快速发展。

以制造业为例，自动化生产技术的应用极大地提高了生产的精度和速度。传统的生产方式往往依赖人工操作，容易受到人为因素的影响，导致生产精度不稳定、生产效率低下。自动化生产技术则通过引入机器人、自动化生产线等设备，实现了生产过程的自动化控制，不仅减少了人为误差，还大大提高了生产效率。

例如，在汽车制造中，自动化焊接机器人能够精确地完成车身焊接工作，确保焊接质量的一致性和稳定性；自动化装配线能够快速地将各个零部件组装成完整的汽车，提高生产效率。

3D打印技术为制造业带来了全新的生产方式。与传统的减材制造不同，3D打印技术是一种增材制造技术，它可以根据设计模型，逐层堆积材料，直接制造出复杂形状的产品。这一技术的应用大幅缩短了产品的开发周期，降低了生产成本，同时为个性化定制生产提供了可能。例如，在航空航天领域，3D打印技术可以制造出轻量化、高强度的零部件，提高飞行器的性能；在医疗领域，3D打印技术可以根据患者的个体差异，定制化生产医疗器械和假体，提高治疗效果。

工业互联网技术实现了生产设备之间的互联互通和信息共享。通过传感器、物联网等技术，将生产设备、供应链、销售终端等各个环节连接起来，形成一个智能化的生产网络。企业可以实时监控生产过程中的各种数据，从而进行生产调度、质量控制和设备维护等管理决策，提高生产的灵活性和适应性。例如，一家制造企业可以通过工业互联网技术实时获取生产线上设备的运行状态和产品质量数据，及时发现并解决生产中的问题，确保生产的顺利进行。

（2）技术创新带来的变革

技术创新不仅改变了生产方式，还创造了新的产业和市场，为经济和社会的发展带来了深刻的变革。

智能手机的出现是一个典型的例子。它不仅改变了人们的通信方式，还催生了移动互联网、手机应用开发等新兴产业。智能手机集成了多种先进技术，如触摸屏技术、移动操作系统技术、通信技术等。通过触摸屏技术，用户可以更加直观、便捷地操作手机；移动操作系统技术为各种应用程序的开发和运行提供了平台；通信技术则实现了高速的数据传输，使用户可以随时随地访问互联网。随着智能手机的普及，移动互联网产业迅速崛起，各种手机应用如社交软件、购物软件、游戏软件等应运而生，满足了人们多样化的需求。同时，智能手机的发展也带动了相关产业链的发展，如芯片制造、显示屏生产、软件开发等，创造了大量的就业机会和经济价值。

新能源技术的发展，如太阳能、风能、氢能等，为解决能源危机和环境问题提供了新的途径。传统的化石能源不仅面临资源枯竭的问题，而且其开采和使用过程会对环境造成严重的污染。新能源技术的出现改变了能源的生产和消费方式。太阳能光伏发电技术通过将太阳能转化为电能，为家庭、企业和公共设施提供清洁的电力；风力发电技术利用风力驱动发电机发电，具有可再生、无污染的特点；氢能技术则通过电解水或其他方法制取氢气，将氢气作为能源载体，应用于燃料电池汽车、分布式能源等领域。新能源技术的发展不仅推动了能源产业的转型升级，还带动了相关设备制造、储能技术、能源管理等领域的发展，为经济的可持续发展注入了新的动力。

生物技术的进步，如基因编辑技术和合成生物学等，为农业、医疗、环保等领域带来了革命性的变化。在农业领域，基因编辑技术可以对农作物的基因进行精准修饰，提高农作物的产量、抗病虫害能力和品质。例如，通过基因编辑技术，可以培育出抗倒伏、耐旱、高产的农作物品种，从而保障粮食安全。在医疗领域，基因编辑技术和合成生物学为疾病的诊断和治疗提供了新的方法。例如，通过基因编辑技术可以修复患者体内的免疫细胞，治疗遗传性疾病；合成生物学可以开发出新型药物和疫苗，提高疾病的治疗效果。在环保领域，生物技术可以用于生物修复、生物降解等方面，以治理环境污染。例如，利用微生物的代谢作用，可以降解土壤和水中的污染物，恢复生态环境。

3.1.2.3 创新：新质生产力的核心动力源泉

（1）创新的多方面体现

创新是新质生产力的核心动力，它贯穿于经济社会发展的各个方面，体现在技术创新、管理创新、组织创新和营销创新等多个层面。

技术创新是创新的核心内容之一。它包括新产品的研发、新工艺的应用、新技术的突破等方面。例如，在电子信息领域，芯片技术的不断创新使得电子产品的性能不断提升，体积不断缩小，功能不断丰富。从早期的大型计算机芯片到如今的智能手机芯片，芯片的集成度和运算速度呈指数级增长，这得益于半导体工艺的不断创新和新材料的应用。在生物医药领域，基因测序技术的创新使得人们能够更加快速、准确地测定基因序列，为疾病的诊断和治疗提供了更加精确的依据。

管理创新对提高企业运营效率和竞争力具有重要意义。扁平化管理模式打破了传统的层级管理结构，减少了管理层级，提高了信息传递速度和决策效率。敏捷管理则强调快速响应市场变化，灵活调整企业的战略和运营策略。例如，一些互联网企业采用敏捷开发方法，迅速推出新产品和新功能，以满足用户不断变化的需求。此外，人力资源管理的创新也越来越受到重视，如弹性工作制度和员工激励机制，这些措施能够激发员工的积极性和创造力，提高员工的工作满意度和忠诚度。

组织创新是企业适应市场变化和技术发展的重要手段。虚拟团队的出现使得企业可以跨越地域和时间的限制，整合全球范围内的人才资源。跨部门合作打破了企业内部的部门壁垒，促进了知识和信息的流通，提高了创新效率。例如，在一些大型项目的开发中，企业会组建跨部门的项目团队，集合不同专业背景的人员，共同攻克技术难题，实现项目目标。此外，企业联盟和产学研合作等新型组织形式也为创新提供了更广阔的平台。

营销创新是企业开拓市场、提高产品销售额和市场份额的关键。随着互联网和社交媒体的发展，网络营销、社交媒体营销等新型营销方式应运而生。企业通过建立官方网站、社交媒体账号等渠道，与消费者进行直接沟通和互动，了解消费者的需求和反馈，精准地推送产品信息和营销活动。例如，一些电商平台利用大数据分析技术，对消费者的购买行为和偏好进行分析，实现个性化推荐，从而提高营销效果和转化率。此外，品牌创新也是营销创新的重要内容，企业通过塑造独特的品牌形象和品牌价值，吸引消费者的关注和认同。

（2）创新对知识和技术的推动

创新是知识和技术发展的重要驱动力，它促使知识更新和技术进步，为新质生产力的发展提供了持续的动力。

在创新的过程中，人们不断探索新的领域，发现新的问题，从而推动知识的拓展和深化。例如，人工智能技术的发展正是在人们对智能化生产、智能化服务等需求的推动下，不断创新和进步的结果。在人工智能的研究过程中，科学家们需要深入研究数学、计算机科学、神经科学等多个领域的知识，探索机器学习、深度学习等新的算法和模型。通过不断的实验和实践，人工智能技术取得了重大突破，不仅在图像识别、语音识别、自然语言处理等领域取得了优异的成绩，还在医疗、交通、金融等领域得到了广泛的应用。

创新为技术发展提供了方向和动力。随着社会经济的发展和人们生活水平的提高，人们对产品和服务的需求不断变化，这要求技术不断创新和升级。例如，在能源领域，人们对清洁能源的需求日益增长，这推动了新能源技术的研发和应用。为了提高太阳能电池的转换效率，科研人员不断探索新的材料和结构；为了降低风能发电的成本，工程师们不断改进风机的设计和制造工艺。在医疗领域，人们对疾病治疗效果和生活质量的要求越来越高，这促使生物技术和医疗技术不断创新。例如，通过创新药物研发方法，开发出更加安全、有效的药物；通过创新的医疗设备和治疗技术，提高疾病的诊断和治疗水平。

3.1.3 新质生产力的战略意义评估

新质生产力在当今时代具有极其重要的战略意义，对于国家竞争力的提升和经济的可持续发展发挥着关键作用，深刻影响着社会的各个方面。

3.1.3.1 国家竞争力的核心驱动力

（1）全球竞争优势的关键

从国家竞争力的角度来看，新质生产力是国家在全球舞台上占据优势地位的核心驱动力。在知识经济和科技创新主导的当今世界，拥有强大的新质生产力就意味着能够在前沿技术、高端制造、创新服务等领域取得领先地位。这不仅能够提升国家在国际贸易中的话语权和定价权，还能够增强国家在全球资源配置中的影响力。

德国在高端制造业领域的深厚底蕴和卓越成就，使其在全球范围内具备显著的竞争优势。从汽车工业的辉煌到精密机械制造业的进步，再到工业 4.0 战略下智能制造业的创新发展，德国凭借在机械工程技术、工业自动化、高端装备研发等方面的强大新质生产力，不仅孕育出了诸多全球知名的工业巨头，如宝马、奔驰、西门子等，还在全球高端制造产业中占据了领军地位。这种优势使得德国在全球经济格局中拥有举足轻重的影响力，吸引了世界各地的高端人才和雄厚资本，

进一步强化了其国家竞争力。

在汽车制造方面，德国长期秉持严谨的精神与先进的技术工艺。从汽车发动机的精密研发与高效制造，到车身设计与制造工艺的极致追求，每一个环节都彰显着德国制造的高品质与可靠性。德国汽车企业不断投入大量资源用于研发新型节能发动机技术、轻量化材料应用及智能驾驶辅助系统开发等，始终引领着全球汽车行业的技术潮流。

在工业自动化领域，德国率先提出工业 4.0 理念并积极付诸实践。通过将物联网、大数据、人工智能等前沿技术深度融入制造业生产流程，实现了生产设备之间的互联互通、智能化协作及生产过程的实时监控与优化。德国企业在工业机器人研发、自动化生产线设计与集成等方面拥有世界领先的技术水平，大幅提高了生产效率、产品质量稳定性及企业的市场应变能力。

此外，德国在高端装备制造如机床、医疗器械等领域同样具有不可替代的优势。德国制造的高精度机床为全球众多制造业企业提供了关键的加工设备，能够满足航空航天、汽车、船舶等行业对零部件超高精度加工的严苛要求；德国的医疗器械产品以其先进的技术、可靠的质量在全球医疗市场占据重要份额，为人类健康事业贡献着卓越力量。德国凭借在高端制造业的强大实力与持续创新能力，在全球经济舞台上始终保持着强劲的竞争力与独特的魅力。

（2）技术创新与国家竞争力的关系

新质生产力的核心在于知识、技术和创新，技术创新是提升国家竞争力的关键因素。一个国家只有不断进行技术创新，才能在全球竞争中脱颖而出。技术创新可以带来新产品、新服务和新的商业模式，创造新的市场需求，推动经济增长。同时，技术创新也可以提高生产效率，降低生产成本，增强企业的竞争力。

例如，中国在高铁技术、5G 通信技术等领域的创新，不仅提升了中国在全球基础设施建设和通信领域的竞争力，也为中国经济的持续发展提供了强大动力。

3.1.3.2 经济可持续发展的关键

（1）绿色发展的推动力量

在经济可持续发展方面，新质生产力是实现经济增长与环境保护双赢的关键。

传统的以资源消耗和环境污染为代价的发展模式已经难以为继。新质生产力强调依靠知识、技术和创新提高资源利用效率，减少对环境的负面影响，推动经济向绿色、低碳、循环的方向转型。

以德国为例，其在可再生能源领域的积极发展是新质生产力推动经济可持续发展的典型案例。通过在太阳能、风能、生物能等可再生能源技术方面的研发和应用，德国不仅大幅提高了能源自给率，降低了对传统化石能源的依赖，还创造了大量就业机会，带动了相关产业的发展。同时，可再生能源的广泛应用也有效减少了温室气体排放，为应对全球气候变化作出了积极贡献。

（2）资源高效利用与经济可持续发展

新质生产力可以通过提高资源利用效率，实现经济的可持续发展。例如，在工业生产中，采用先进的制造技术和工艺，可以减少原材料的浪费，降低能源消耗，提高产品质量。在农业领域，应用精准农业技术，可以实现水资源和肥料的精准施用，提高农作物的产量和质量，同时减少对环境的污染。在服务业领域，利用大数据、人工智能等技术，可以提高服务效率，优化服务质量，满足消费者的个性化需求。

3.1.3.3 产业结构优化升级的推动力量

（1）传统产业的改造提升

新质生产力能够促进产业结构的优化升级。通过引入新技术、新模式和新业态，传统产业能够实现改造和提升。例如，在制造业中，应用工业互联网、智能制造等技术，可以实现生产过程的智能化、自动化和数字化，提高生产效率，降低生产成本，提升产品质量。在农业领域，应用物联网、大数据等技术，可以实现农业生产的精准化、智能化和信息化，提高农业生产的效益和质量。在服务业领域，应用互联网、移动支付等技术，可以实现服务的便捷化、高效化和个性化，提升服务质量和消费者满意度。

（2）新兴产业的崛起

新质生产力能够推动新兴产业的迅速崛起。例如，在人工智能、大数据、云计算、区块链等新兴技术领域，不断涌现出一批创新型企业和创业项目，为经济发展注入新的活力。这些新兴产业具有高附加值、高成长性和高创新性的特点，能够带动相关产业的发展，促进产业结构的优化升级。同时，新兴产业的发展也能够创造大量就业机会，提高经济的整体质量和效益。

3.1.3.4 就业结构改善的重要因素

（1）高技能人才需求的增加

随着新质生产力的发展，对高技能、创新型人才的需求不断增加，这将促使劳动力素质的整体提升，推动就业结构从低技能、劳动密集型向高技能、知识密集型转变。例如，在人工智能、大数据、云计算等新兴技术领域，需要大量的专业技术人才和创新型人才。这些人才不仅具备扎实的专业知识和技能，还具有创新思维和团队合作精神，能够为企业的发展提供强大的智力支持。

（2）就业结构改善与经济发展的关系

就业结构的改善可以促进经济的可持续发展。高技能和知识密集型的就业结构能够提高劳动生产率，增加经济产出，也能提高劳动者的收入水平，推动消费升级。此外，就业结构的改善还可以增强经济的抗风险能力，减少经济波动对就业的影响。例如，在经济不景气时期，高技能和知识密集型的产业与企业受到的冲击相对较小，能够保持相对稳定的就业水平。

3.1.3.5 社会发展与人民生活质量的提升

（1）公共服务的改善

在社会发展方面，新质生产力能够提高人民的生活质量。新技术的应用可以带来更便捷的交通、更高效的医疗和更优质的教育等公共服务，满足人民日益增长的美好生活需要。例如，在交通领域，应用智能交通技术可以实现交通流量的实时监测和调控，提高交通效率，减少交通拥堵。在医疗领域，应用远程医疗和智能医疗设备等技术可以实现医疗资源的共享，提高医疗服务的可及性和质量。在教育领域，应用在线教育和虚拟现实等技术可以实现教育资源的均衡分配，提高教育教学的效果和质量。

（2）生活质量提升与社会稳定的关系

人民生活质量的提升可以促进社会的稳定与和谐。当人们的生活需求得到满足时，他们会更加关注社会的发展和进步，积极参与社会事务，为社会的稳定与和谐作出贡献。同时，生活质量的提升也可以减少社会矛盾和冲突，增强社会的团结与凝聚力。

3.2 新质生产力的特性剖析

3.2.1 创新的核心驱动作用

在当今时代，新质生产力的蓬勃发展与创新的核心驱动作用紧密相连。创新如同强大的引擎，全方位引领着新质生产力不断前行，成为推动其持续进步与变革的关键力量。

3.2.1.1 技术创新的直接推动

（1）通信技术领域的创新变革

在通信技术的发展历程中，技术创新的足迹清晰可见。从早期模拟通信到数字通信的转变，极大地提升了通信的质量和稳定性。无线通信技术的出现更是彻底打破了通信对线缆的依赖，使人们摆脱了地理空间的束缚，实现了随时随地的沟通。

当 5G 技术横空出世时，其超高的数据传输速度、超低的延迟和海量的连接能力为众多领域带来了革命性的变化。智能物联网得以迅速发展，万物互联成为现实，各种设备能够实时、高效地交换信息，实现智能化的控制和管理。远程医疗不再是遥不可及的梦想，医生可以通过高清视频和实时数据传输为患者进行远程诊断和治疗，大大提高了医疗资源的覆盖范围和利用效率。工业互联网的兴起使工厂的生产设备与管理系统实现了无缝连接，生产过程实现了智能化监控和优化，大幅提高了生产效率和产品质量。

（2）制造业中的技术创新突破

制造业中的技术创新更是不胜枚举。3D 打印技术的诞生是一项具有划时代意义的突破。它颠覆了传统的制造工艺，不再依赖于模具和大规模生产线，可以直接根据数字模型逐层构建物体。这使得复杂零部件的制造变得轻而易举，而且能够满足个性化定制的需求。消费者可以根据自己的独特需求设计和制造产品，从定制化的珠宝首饰到个性化的医疗器械，3D打印技术正在重塑制造业的生产模式和消费观念。

3.2.1.2 管理创新的关键支撑

（1）敏捷管理方法的兴起

管理创新在新质生产力的发展中扮演着不可或缺的角色。敏捷管理方法的兴起就是管理创新的一个典型代表。在快速变化的市场环境中，企业需要迅速响应客户需求和市场变化。敏捷管理强调团队的快速决策、持续迭代和灵活应变。通过短周期的迭代开发，产品能够更快地推向市场，并根据用户反馈及时调整和优化。这种方法使企业能够在竞争激烈的市场中迅速抓住机会，推出更符合市场需求的产品和服务。

（2）扁平化组织架构的优势

扁平化的组织架构也是管理创新的重要成果之一。传统的多层级组织架构容易导致信息传递不畅、决策缓慢。扁平化的架构减少了中间管理层级，缩短了信息传递的路径，使得决策能够更快地制定和执行。员工能够更直接地与高层沟通，提高了工作的自主性和积极性，增强了企业的创新活力和市场响应速度。

（3）人力资源管理的创新举措

在人力资源管理方面，创新举措不断涌现。弹性工作制度的推行使员工能够根据自己的生活节奏和工作习惯安排工作时间与地点，提高了工作满意度和效率。股权激励将员工的利益与企业的长期发展紧密结合，激励员工为企业创造更大的价值。

3.2.1.3 案例分析

（1）知名电商企业的创新之路

以某知名电商企业为例，其崛起和成功的背后体现了创新商业模式的关键作用。在传统零售模式主导的时代，实体店铺面临诸多限制，如地域限制导致的客户覆盖范围有限、高昂的店铺租金和库存管理成本等。然而，该电商企业敏锐地捕捉到了互联网带来的机遇，创新性地构建了一个线上购物平台。

① 技术创新的成果

在技术创新方面，该企业投入了大量资源进行研发。其先进的搜索引擎和推荐算法成为吸引消费者的重要工具。搜索引擎能够快速而准确地帮助消费者找到所需商品，而推荐算法则根据消费者的浏览历史、购买行为和偏好等数据，为其精准推荐相关商品。这不仅提高了消费者的购物效率，还增加了他们发现新商品的机会，从而提升了购物的满意度和乐趣。同时，高效的物流配送系统是该企业的另一项技术创新成果。通过建立先进的仓储管理系统和物流网络，该企业实现了快速送货上门的服务承诺。消费者能够在短时间内收到购买的商品，这种便捷的购物体验进一步增强了消费者对该平台的依赖和信任。

② 管理创新的举措

在管理创新方面，该企业采用了数据驱动的决策模式。通过深入分析海量用户数据，企业能够精准把握市场动态和消费者需求的细微变化。基于这些洞察，企业可以及时调整商品种类、优化价格策略、改进营销策略，确保始终提供符合市场需求的商品和服务。此外，开放的平台策略也是其管理创新的重要举措之一。该企业积极吸引众多商家入驻平台，大大丰富了商品种类和选择。这种生态系统的构建不仅为消费者提供了更多选择，也为商家提供了广阔的销售渠道，实现了多方共赢的局面。

正是由于技术创新和管理创新的完美结合，该电商企业在竞争激烈的市场中脱颖而出，迅速成为行业的领军者，并不断巩固和扩大其市场份额。其成功不仅改变了人们的购物方式和消费习惯，还对整个零售行业产生了深远的影响，推动了行业的数字化转型和创新发展。

（2）共享出行企业的创新突破

在传统出租车行业面临诸多问题的背景下，某共享出行企业凭借创新的商业模式实现了突破。

① 技术创新的关键作用

技术创新是该企业成功的关键因素之一。基于移动互联网开发的叫车软件，利用定位技术和智能算法，实现了乘客与司机的快速、精准匹配。这不仅提高了出行效率，减少了乘客的等待时间，还提升了司机的运营效率，降低了空驶率。

②管理创新的创新之处

在管理创新方面，该企业采用了灵活的司机合作模式。与传统出租车公司的雇佣模式不同，这种合作模式为司机提供了更多的自主性和灵活性，也降低了企业的运营成本。此外，利用大数据进行风险管理和服务质量监控是该企业的另一创新之处。通过对大量出行数据的分析，企业能够评估风险，制定合理的保险政策和安全措施。同时，实时监控和评估司机的服务质量，使乘客能够享受优质、安全的出行服务。

这种创新的商业模式不仅为企业创造了巨大的商业价值，也为城市交通出行提供了新的解决方案。它在一定程度上缓解了城市交通拥堵，提高了车辆资源的利用效率，同时为社会创造了更加便捷、高效的出行环境。

3.2.2 智能化与数字化的显著特征

在当今新质生产力的蓬勃发展中，智能化与数字化无疑是最显著的特征。它们以前所未有的深度和广度重塑着生产流程与劳动方式，引领着各个领域发生深刻的变革。

3.2.2.1 智能化技术的崛起与影响

（1）赋予生产过程高度自主性

智能化技术的崛起犹如一场智慧的革命，赋予了生产过程高度的自主性和自我优化能力。通过深度学习、人工智能算法及强大的机器学习模型，生产设备不再是简单的机械工具，而成为具有"思考"和"决策"能力的智能体。以工业机器人为例，它们不仅能够精确无误地执行重复且烦琐的任务，如零部件的组装、产品的包装等，还能够通过对自身运行数据的实时分析，预测可能出现的故障和问题，并提前发出警报，安排维护工作。这种自我诊断和预防的能力极大地减少了生产中的意外停机时间，提高了生产效率的稳定性和可靠性。

（2）芯片制造工厂的智能化体现

例如，在一家现代化的芯片制造工厂中，智能化的光刻机能够根据晶圆的材质、厚度及光刻图案的复杂程度，自动调整曝光参数和焦距，使每一片晶圆上的电路图案都达到极高的精度和一致性。这种自主优化的能力不仅提高了芯片的良品率，还降低了生产成本，因为不再需要频繁的人工干预和调整。

（3）生产管理系统的智能优化

智能化技术还体现在生产管理系统的智能优化上。这些系统能够根据市场需求的波动、原材料价格的变化及供应链的动态情况，自动调整生产计划和资源分配策略。例如，当市场对某种产品的需求突然增加时，系统可以迅速评估现有生产线的产能，决定是否需要增加班次、调配更多的原材料或者启动备用生产线，以满足市场的紧急需求。同时，智能化的库存管理系统能够实时监控库存水平，根据销售数据和生产进度，自动下达补货或调整库存的指令，确保既不会因为库存过剩而造成浪费，也不会因为存货短缺而影响生产和销售。

3.2.2.2 数字化技术的连接与变革

（1）打破信息孤岛和部门壁垒

数字化技术如同一张无形的信息网络，将生产的各个环节紧密连接在一起，打破了过去存在的信息孤岛和部门壁垒。从产品的最初设计构思，到原材料的采购，再到生产制造、质量检测、销售和售后服务，数字化技术实现了全流程的数据采集、传输、存储和分析。

（2）产品设计阶段的数字化应用

在产品设计阶段，数字化设计软件如计算机辅助设计（Computer Aided Design，CAD）、计算机辅助制造（Computer Aided Manufacturing，CAM）和计算机辅助工程（Computer Aided Engineering，CAE）等工具，使设计师能够以三维模型的形式直观地展现产品的外观和内部结构，并进行各种性能模拟和优化。这些软件不仅提高了设计效率，还使设计方案更加精确和完善。通过与客户需求管理系统的集成，设计师可以直接获取市场反馈和客户的个性化需求，从而实现定制化设计，以满足不同客户的特殊要求。

（3）生产制造环节的数字化监控

在生产制造环节，数字化技术实现了对生产设备的精确控制和生产过程的实时监控。每台设备的运行参数、每道工序的完成情况、每个零部件的质量数据都被实时采集并上传到云端数据库。通过大数据分析和数据挖掘技术，企业可以发现生产过程中的潜在问题，如工艺参数设置不合理、设备存在隐性故障等，并及时进行调整和优化。

3.2.2.3 案例分析：汽车制造工厂的智能化与数字化改造

以某汽工制造工厂为例，其转型的背后体现了智能化与数字化的关键作用。

（1）传统生产方式的困境与转型需求

过去，这家工厂的生产线主要依赖大量的人工操作和传统的机械设备。这些设备和方法导致生产效率低下，难以在短时间内完成大量生产任务。同时，由于人工操作不稳定，产品质量参差不齐，无法保证每件产品都能达到一致的标准。这种情况使得工厂难以满足日益增长的市场需求，也无法适应市场对高质量产品越来越严格的要求。

（2）大规模引入智能机器人和自动化设备

为了实现转型升级，工厂首先大规模引入了智能机器人和自动化生产设备。这些机器人配备了先进的视觉识别系统和力传感器，能够准确识别零部件的位置和形状，完成复杂的焊接、喷漆和装配任务。例如，在车身焊接环节，机器人能够根据预设的程序和实时的焊缝检测数据，自动调整焊接电流、电压和焊接速度，从而确保每个焊点的质量达到最佳状态。

（3）全面部署传感器实现数字化监控

工厂在整个生产流程中广泛部署了传感器和数据采集设备，实现了生产过程的全面数字化监控。这些设备能够实时采集温度、压力、速度和位置等关键参数，并将这些数据传输到中央控制平台。控制平台上运行的大数据分析和人工智能算法对这些数据进行实时处理与分析。一旦发现数据异常，系统会立即向相关设备和人员发送警报与调整指令。例如，在发动机组装线上，如果某个零部件的安装扭矩超出设定范围，系统会自动停止该工序，并提示工人进行检查和纠正。

（4）数字化协同设计平台的应用

在产品设计方面，工厂采用了数字化协同设计平台。设计团队、工程团队、生产团队和供应商可以在这个平台上实时共享与交流设计方案、技术要求与零部件信息。通过虚拟装配和仿真分析技术，设计团队能够在产品实际制造之前发现潜在的设计缺陷和装配问题，并进行优化改进。这大幅缩短了产品的研发周期，降低了开发成本。

（5）供应链管理中的数字化作用

在供应链管理中，数字化技术发挥了至关重要的作用。工厂与供应商建立了基于云平台的数据共享机制，能够实时获取原材料的库存、价格和质量信息。根据生产计划和销售预测，系统自动生成原材料采购订单，并跟踪订单的执行情况。通过这种方式，工厂实现了原材料的精准供应，减少了库存积压和资金占用。

（6）智能检测系统提升质量水平

在质量检测环节，工厂引入了基于机器视觉和深度学习的智能检测系统。该系统能够对零部件和整车进行快速、全面且高精度的检测，识别出微小的缺陷和瑕疵。与传统的人工检测相比，智能检测系统不仅效率更高，而且准确性和一致性更好，有效地提升了产品的质量水平。

经过这一系列的智能化和数字化改造，该汽车制造工厂实现了生产效率的大幅提升、产品质量的显著改善及市场响应速度的快速提高。工厂能够在更短的时间内生产出更多高质量且符合市场需求的汽车产品，从而在激烈的市场竞争中占据了有利地位。

3.2.2.4 案例分析：电子产品制造企业的智能化与数字化实践

（1）生产流程的全面可视化管理

某电子产品制造企业通过数字化技术实现了生产流程的全面可视化管理。在生产车间，每个工位都配备了数字化终端设备，工人可以通过这些设备实时获取工作指令、工艺文件和质量标准等信息。同时，生产进度、设备状态、物料库存等数据也实时显示在大屏幕上，管理人员可以一目了然地掌握整个生产现场的情况。

（2）智能排程系统的应用

在智能化方面，该企业引入了智能排程系统。该系统能够根据订单需求、设备产能、人员配置等因素，自动生成最优的生产排程计划。当订单发生变化或出现紧急情况时，系统能够快速重新计算和调整排程，确保生产任务按时完成。

（3）大数据分析支持决策

该企业利用大数据分析技术对市场销售数据进行深入挖掘，预测产品的市场需求趋势，为产品研发和生产决策提供有力支持。通过与客户建立数字化的沟通渠道，企业能够及时获取客户的反馈和需求，不断改进产品和服务，提高客户满意度。

3.2.2.5 智能化与数字化对产业生态的影响

（1）产业链协同合作更加紧密高效

智能化和数字化技术的融合应用，不仅改变了单个企业的生产方式和运营模式，还对整个产业生态产生了深远的影响。在产业链中，企业之间的信息共享和协同合作变得更加紧密与高效。上下游企业可以通过数字化平台实时交换生产计划、库存信息和质量数据，实现精准对接和协同生产。这种协同效应有助于提高整个产业链的运作效率，降低成本，增强产业的整体竞争力。

（2）催生新的商业模式和服务形态

智能化和数字化催生了新的商业模式与服务形态。例如，基于物联网和大数据的设备远程运维服务、个性化定制的智能制造服务等新兴业态不断涌现，为企业创造了新的价值增长点。

智能化和数字化作为新质生产力的显著特征，正以不可阻挡的趋势重塑生产流程和劳动方式。它们为企业带来了更高的生产效率、更优的产品质量、更强的市场竞争力和更广阔的发展空间。未来，随着技术的不断创新和应用场景的不断拓展，智能化和数字化的影响将进一步深化与扩大，推动经济社会向更加智能、高效和可持续的方向发展。

未来，智能化和数字化的发展将持续推动各行业的创新与变革。在制造业领域，随着人工智能、机器学习和大数据分析技术的不断进步，生产设备将变得更加智能和自主，能够实现自我优化和故障预测，进一步提高生产效率和质量稳定性。同时，数字化设计和仿真技术将更加成熟，使产品研发周期更短，创新速度更快。

在服务业领域，智能化和数字化也将带来巨大的变革。例如，金融服务行业将更加依赖大数据分析和人工智能算法进行风险评估与投资决策。医疗服务行业将通过远程医疗、智能医疗设备和大数据分析，提高医疗服务的可及性和质量。教育服务行业将利用在线教育平台、虚拟现实和人工智能技术，实现个性化的教育服务，满足不同学生的学习需求。

此外，智能化和数字化还将推动城市的智能建设。智能交通系统将通过实时交通数据的采集和分析，实现交通流量的优化和智能调度，从而缓解交通拥堵。智能能源管理系统将实现能源的高效利用和智能分配，降低能源消耗和碳排放。智能城市管理系统将通过大数据分析和人工智能技术，提高城市的安全管理、环境监测和公共服务水平。

3.2.3 绿色低碳与可持续发展的追求

在新质生产力的发展格局中，绿色低碳与可持续发展已成为核心追求。这一理念的践行不仅是对全球环境挑战的积极回应，更是塑造未来经济模式和社会形态的必然选择。新质生产力在资源利用和环境保护方面展现出显著优势，并通过一系列创新且有效的策略，为经济与环境的协调发展开辟了新路径。

3.2.3.1 资源利用的高效循环模式

（1）精益生产与资源精准计算

在资源利用方面，新质生产力注重资源的高效循环利用。通过先进的技术和管理手段，减少资源的浪费和损耗，提高资源的利用效率。例如，采用精益生产方法，精确计算生产过程中所需的原材料和能源，避免过度采购和消耗。这种精准的资源规划有助于降低企业成本，减少对自然资源的消耗压力。企业可以通过数据分析和优化算法，准确预测生产需求，合理安排采购计划，从而实现资源的高效利用。

（2）资源回收与再利用产业的发展

发展资源回收和再利用产业，将废弃物转化为有价值的资源，实现"从摇篮到摇篮"的资源循环模式。新质生产力推动了资源回收技术的不断创新，使各种废弃物能够得到有效的处理和再利用。例如，废旧电子产品中的金属和塑料可以通过先进的回收工艺进行分离与提纯，用于制造新的电子产品或其他产品。资源回收和再利用产业的发展不仅减少了对原生资源的依赖，还降低了废弃物对环境的污染。

3.2.3.2 能源结构的优化与转型

（1）可再生能源的开发与利用

新质生产力推动了能源结构的优化和转型。通过加大对可再生能源的开发和利用，逐步减少对传统化石能源的依赖。太阳能、风能、水能、生物质能等可再生能源在新质生产力的框架下得到更广泛的应用和技术创新，提高了能源供应的稳定性和清洁度。可再生能源的发展不仅有助于减少温室气体排放，应对气候变化，还能为经济的可持续发展提供稳定的能源支持。例如，太阳能光伏发电技术的不断进步，使太阳能电池板的转换效率不断提高，成本不断降低，越来越多的家庭和企业开始采用太阳能发电系统，实现了能源的自给自足。

（2）能源技术创新与供应稳定性提升

在可再生能源的应用过程中，新质生产力注重技术创新，提高了能源供应的稳定性和可靠性。例如，储能技术的发展使太阳能和风能等间歇性可再生能源可以得到有效地储存和利用，解决了能源供应的不稳定性问题。同时，智能电网技术的应用使能源的分配更加高效和智能化，能够根据用户需求和能源供应情况进行实时调整，提高了能源的利用效率。

3.2.3.3 环境保护的源头治理与全过程控制

（1）先进环保技术与工艺应用

在环境保护方面，新质生产力强调源头治理和全过程控制。通过运用先进的环保技术和工艺，减少污染物的产生和排放。例如，采用清洁生产技术，在生产过程中减少废水、废气和废渣的排放。清洁生产技术包括采用环保材料、优化生产工艺、加强废弃物管理等，从源头上减少污染物的产生。同时，新质生产力还注重生产过程中的环境监测和管理，及时发现和处理可能出现的环境问题，确保生产过程的环境友好性。

（2）环境风险监测与预警机制

加强对环境风险的监测和预警，及时发现和处理可能出现的环境问题。新质生产力利用先进的传感器技术和数据分析方法，建立了完善的环境风险监测和预警体系。通过实时监测环境参数，如空气质量、水质、土壤污染等，能够及时发现环境问题的苗头，并采取相应的措施进行处理。同时，预警机制还能够为政府和企业提供决策支持，提前制定应对环境风险的预案，降低环境风险对经济和社会的影响。

3.2.3.4 案例分析

（1）可再生能源企业的可持续发展实践

某可再生能源企业在可持续发展方面作出了显著的贡献。该企业专注于太阳能光伏发电领域，通过不断地技术研发和创新，提高了太阳能电池板的转换效率，并降低了生产成本。

①绿色制造工艺与资源节约

在生产环节，该企业采用了绿色制造工艺，减少了能源消耗和污染物排放量。例如，通过优化生产流程，降低了生产过程中的水资源消耗；采用环保材料，减少了电池板生产对环境的影响。绿色制造工艺的应用不仅提高了企业的环境绩效，还增强了企业的竞争力。在市场竞争日益激烈的今天，消费者越来越关注企业的环保表现，采用绿色制造工艺的企业更容易获得消费者的认可和支持。

②资源利用与回收体系建设

在资源利用方面,该企业致力于提高太阳能组件的使用寿命和回收利用率。通过研发先进技术,延长了太阳能电池板的有效发电时间,减少了废旧组件的产生。同时,企业建立了完善的回收体系,对退役的太阳能组件进行回收和再利用,提取其中的有价值材料,减少了对自然资源的需求。资源回收体系的建设不仅有助于减少废弃物的产生,还能够为企业带来新的经济收益。通过回收和再利用废旧太阳能组件,企业可以降低原材料采购成本,提高资源利用效率。

③能源供应与技术创新

在能源供应方面,该企业建设了大规模的太阳能发电站,为当地提供了大量清洁、可再生的电力。这不仅减少了对传统火力发电的依赖,降低了碳排放,还为当地的能源结构转型和环境保护作出了重要贡献。此外,企业还积极参与能源存储和智能电网技术的研发与应用。通过储能技术,解决了太阳能发电的间歇性问题,提高了电力供应的稳定性和可靠性。与智能电网的融合,使能源的分配更加高效和智能化,进一步提升了能源的利用效率。

这家可再生能源企业的发展,不仅为自身创造了经济价值,还带动了相关产业链的发展,促进了技术创新。同时,其在可持续发展方面的积极实践为其他企业树立了榜样,推动了整个行业向绿色低碳方向转型。

(2)水资源管理企业的创新实践

某水资源管理企业利用新质生产力的理念和技术,开发了先进的污水处理和回用系统。通过生物处理、膜过滤等技术,将污水净化为可再次利用的水资源,用于工业生产、城市绿化和景观用水等领域,有效缓解了水资源短缺的压力。

①智能化监测与控制

在运营过程中,企业采用智能化的监测和控制系统,实时掌握污水处理设施的运行状况,优化处理工艺,降低能耗和药耗。智能化监测和控制系统的应用使企业能够更加精准地控制污水处理过程,提高处理效率,降低运行成本。同时,通过数据分析和优化算法,企业可以不断改进处理工艺,提高水资源的回收利用率。

②合作推广与环保意识提升

政府、企业和社区共同推广水资源节约和循环利用的理念,提升公众的环保意识。政府部门与水资源管理企业合作，制定水资源管理政策和法规，加强对水资源的保护和管理，推广污水处理和回用技术，提高水资源利用效率。企业还与社区合作，开展水资源节约宣传活动，增强公众的环保意识和水资源节约意识。这种合作推广的模式不仅有助于提升水资源的管理水平，还能够促进社会的可持续发展。

新质生产力在绿色低碳与可持续发展方面具有巨大的潜力和优势。通过技术创新、管理优化和理念转变，可以实现经济发展与环境保护的良性互动，为人类创造一个更加美好的未来。在未来的发展中，我们应进一步加大对新质生产力的支持和引导，推动更多企业和行业走上绿色、低碳、可持续的发展道路。政府可以通过制定相关政策和法规，鼓励企业加大对绿色技术的研发和应用，提高资源利用效率，减少污染物排放。同时，政府还可以加大对可再生能源和资源回收产业的支持力度，促进能源结构的优化和转型。

企业应积极承担社会责任，将绿色低碳与可持续发展的理念融入企业的战略规划和日常运营中。通过技术创新和管理优化，提高企业的环境绩效和经济效益。同时，企业还应加强与社会各界的合作，共同推动绿色低碳与可持续发展的实践。社会公众也应增强环保意识，积极参与绿色低碳与可持续发展的行动。通过节约资源、减少浪费、支持环保产品等方式，为实现经济与环境的协调发展贡献自己的力量。

新质生产力的绿色低碳与可持续发展是实现经济、社会和环境协调发展的必然选择。我们应充分认识新质生产力在绿色低碳与可持续发展方面的重要性和潜力，积极采取措施，推动新质生产力的发展和应用，为建设美丽中国和实现人类的可持续发展作出贡献。

3.3 新质生产力的发展趋向预测

3.3.1 关键技术的突破方向与影响

在新质生产力不断演进的过程中，一系列关键技术正处于突破的前沿，这些技术的突破将对新质生产力产生深远且广泛的影响。生物技术、量子计算等前沿技术无疑是其中的璀璨明星，它们为未来的发展勾勒出了令人充满期待的蓝图。

3.3.1.1 生物技术的巨大潜力与影响

生物技术，特别是基因编辑技术，正展现出巨大的潜力，有望彻底改变农业、医疗等多个领域的生产方式和发展格局。

（1）农业领域的变革

在农业领域，基因编辑技术的应用前景令人瞩目。通过精确修改农作物的基因，我们能够培育出具有更高产量、更强抗病虫害能力及更好适应气候变化的新品种。展望未来，基因编辑技术可能使农作物在极端气候条件下依然茁壮成长。例如，通过增强农作物对干旱、洪涝、高温或低温等恶劣环境的耐受性，确保在气候变化日益严峻的情况下，粮食产量依然稳定甚至增加。同时，基因编辑技术还可以让农作物自身具备抵抗病虫害的能力，减少化学农药的使用，从而降低环境污染，生产出更加绿色、安全的农产品。

（2）医疗领域的创新

在医疗领域，生物技术的突破将带来前所未有的治疗手段和疾病预防方法。例如，细胞治疗和基因治疗技术有望为癌症、遗传疾病等疑难病症提供治愈的可能。通过对患者自身的细胞进行基因改造或体外培养后再回输体内，可以精准地攻击肿瘤细胞或修复遗传缺陷，达到治疗疾病的目的。此外，生物技术在生物制药方面的发展也将为新质生产力注入强大动力。利用生物技术合成新型药物，不仅能够提高药物的疗效，还能降低生产成本，使更多患者受益。例如，通过生物发酵技术生产的胰岛素，为糖尿病患者提供了更经济有效的治疗选择。

3.3.1.2 量子计算的颠覆性影响

（1）材料科学领域的突破

量子计算是一项具有颠覆性潜力的关键技术。一旦取得重大突破，将对新质生产力带来革命性的影响。在材料科学领域，量子计算能够加速新材料的研发进程。通过模拟原子和分子的行为，可以快速筛选和设计具有特定性能的材料，如高强度、高导电性、高耐热性的新型材料，从而推动制造业的升级换代。

（2）优化算法与复杂系统模拟

在优化算法和复杂系统模拟方面，量子计算的优势将得以充分发挥。例如，在物流和供应链管理中，量子计算可以迅速处理海量数据，找到最优的运输路线、库存管理策略和生产计划，大大提高资源利用效率和企业运营效益。在金融领域，量子计算能够对金融市场进行更精确的建模和风险预测，快速分析大量金融交易数据，预测市场趋势和风险，为投资决策提供更准确的依据，从而增强金融市场的稳定性和抗风险能力。

3.3.1.3 人工智能和机器学习的机遇与挑战

（1）智能制造领域的发展

人工智能和机器学习技术的持续发展将为智能制造领域带来新的机遇与挑战。在智能制造领域，通过深度学习算法，工业机器人能够更加智能地感知和适应复杂的生产环境，实现更高精度的操作和更灵活的生产流程。例如，在汽车制造过程中，机器人可以通过视觉识别系统准确识别零部件的位置和形状，进行自适应的装配操作，从而提高生产效率和产品质量。在服务行业，智能客服系统能够通过自然语言处理技术理解并回答客户的问题，提供 24 小时不间断服务，提高客户满意度。

（2）带来的问题与挑战

这些关键技术也带来了一系列问题和挑战。生物技术的发展可能引发伦理和法律方面的争议，如基因编辑技术在人类生殖细胞中的应用边界问题。量子计算的发展需要解决硬件稳定性、算法优化和纠错等技术难题，同时也面临数据安全和加密方面的挑战。人工智能和机器学习技术的广泛应用可能导致部分工作岗位的消失，因此需要加强对劳动者的再培训和技能提升。

3.3.1.4 案例分析与思考

（1）基因编辑技术在农业领域的应用

以基因编辑技术在农业领域的应用为例，虽然它有望解决全球粮食安全问题，但也引发了人们对生态平衡、基因污染和食品安全等方面的担忧。如果没有严格的监管和规范，基因编辑农作物可能会对生态系统造成不可预测的影响。此外，公众对基因编辑食品的接受程度也是一个需要考虑的问题，这需要加强科普宣传，制定公众参与决策的机制。

（2）应对策略的思考

生物技术、量子计算、人工智能等关键技术的突破将为新质生产力开辟广阔的发展空间，也需要我们谨慎应对其带来的各种问题和挑战。通过合理的政策引导、法律规范和社会伦理的约束，充分发挥这些技术的优势，实现新质生产力的可持续发展和人类社会的共同进步。

政府应加强对关键技术的研发投入，同时制定完善的法律法规和伦理准则，确保技术的发展符合人类的利益和价值观。企业应积极探索技术创新的应用场景，同时承担社会责任，关注技术发展带来的社会影响。社会公众也应提高对新技术的认知和理解，积极参与技术发展的决策过程，共同推动新质生产力的健康发展。

3.3.2 产业结构调整的大趋势

在新质生产力的有力推动下，产业结构正经历着深刻且广泛的变革，制造业、服务业等产业呈现出显著的融合与升级趋势。这一趋势不仅重新塑造了各个产业的发展模式，还为经济的持续增长和创新发展注入了强大动力。

3.3.2.1 制造业的智能化升级

（1）重构产业链的设计环节

制造业作为实体经济的核心，在新质生产力的驱动下，正朝着智能制造的方向迅速发展。智能制造的兴起对传统制造业产业链的设计环节产生了深远影响。数字化设计工具和模拟技术的应用为产品研发带来了革命性的变化。

数字化设计工具如CAD、CAE等，能够使设计师更加高效地进行产品设计。这些工具具备强大的功能，能够精确绘制产品的三维模型，模拟产品的各种性能，如力学性能、热学性能等。通过在虚拟环境中进行设计，设计师可以直观地看到产品的外观和内部结构，及时发现潜在的问题并进行优化。

模拟技术进一步提升了设计的准确性和创新性。以汽车制造业为例，借助 VR 和增强现实（Augmented Reality，AR）技术，设计师可以在虚拟环境中全方位地模拟车辆的外观、内饰和性能等方面。在车辆外观设计上，设计师可以通过 VR 技术从不同角度观察车辆的造型，感受光线在车身上的反射效果，从而设计出更加美观且符合空气动力学的外形。在内饰设计方面，AR 技术可以让设计师将虚拟的内饰部件叠加在真实的驾驶舱环境中，更好地评估其舒适性和人机工程学性能。在性能模拟方面，通过 CAE 软件可以模拟车辆在不同行驶条件下的动力性能、制动性能、悬挂系统的响应等，从而优化车辆的结构和参数。

这种在虚拟环境中进行反复验证和优化的设计方式，大幅缩短了产品的研发周期。过去，从设计概念到最终制造产品可能需要数年时间，而现在通过数字化设计和模拟技术，许多设计问题可以在早期阶段被发现和解决，减少了后期的修改和调整成本，提高了产品的市场竞争力。

（2）变革显著的生产环节

生产环节是智能制造带来的变革中最为显著的部分。自动化生产线、工业机器人、智能传感器等先进技术的广泛应用，彻底改变了传统制造业的生产模式。

自动化生产线的出现，实现了生产过程的连续化和自动化。传统生产线往往需要大量人工干预，生产效率低下，产品质量不稳定。自动化生产线通过集成各种自动化设备和控制系统，能够按照预设的程序和参数自动完成生产任务。例如，在食品加工行业，自动化生产线可以实现从原材料的清洗、切割、包装到成品输送等一系列工序的自动化操作，不仅提高了生产效率，还保证了产品的卫生和质量标准。

工业机器人在生产中的应用，进一步提高了生产的智能化和精确化水平。工业机器人具有高精度、高速度、高可靠性等优点，可以完成一些复杂、危险和重复性高的工作。在汽车制造中，工业机器人可以精确地完成车身焊接、涂装和零部件装配等工作。它们能够按照预设的程序和轨迹进行操作，确保每个零部件的安装精度和质量的一致性。与人工操作相比，工业机器人不仅提高了生产效率，还降低了生产成本和劳动强度。

智能传感器的应用为生产过程提供了实时监测和反馈。智能传感器可以安装

在生产设备、产品和生产环境中，实时采集温度、压力、湿度和振动等各种数据。这些数据通过网络传输到控制系统，控制系统根据数据分析结果对生产过程进行实时调整和优化。例如，在机械加工中，智能传感器可以实时监测刀具的磨损情况和加工精度。当刀具磨损到一定程度时，系统会自动发出警报并安排更换刀具，从而保证加工质量的稳定性。

（3）精准服务在销售和服务环节

在销售和服务环节，智能制造为企业带来了新的机遇和挑战。通过物联网技术，产品在使用过程中的数据可以实时回传至企业，使企业能够更加精准地了解市场需求和客户反馈。

物联网技术使得产品具备智能化和联网化的功能。例如，在智能家居领域，智能家电产品可以通过物联网连接到家庭网络，将使用状态、能耗数据等信息传输到企业的服务器。企业可以根据这些数据为客户提供个性化的增值服务。

远程诊断是一项重要的服务。当产品出现故障时，企业可以通过远程连接到产品，对其进行诊断和分析。技术人员无须亲临现场，就能够快速确定故障原因并提供解决方案。这种服务方式不仅节省了时间和成本，还提高了客户的满意度。

预测性维护是另一项重要服务。通过分析产品运行数据，企业可以预测产品可能出现的故障，并提前安排维护计划。例如，在工业设备领域，企业可以根据设备的运行时间、负载情况、温度变化等数据，预测设备的关键零部件何时需要更换或维修。这样可以避免由于设备突发故障导致的生产中断，提高设备的可用性和生产效率。

产品升级也是企业通过物联网技术为客户提供的增值服务之一。企业可以根据客户的使用习惯和需求，通过软件升级或硬件改进，为产品增加新的功能和性能。例如，智能手机厂商可以通过在线升级，为用户提供新的操作系统版本，增加新的应用功能并优化性能。

这些个性化的增值服务不仅提升了客户的满意度和忠诚度，还为企业创造了新的利润增长点。企业可以通过收取服务费用、提供增值服务套餐等方式，实现从单纯的产品销售向产品与服务相结合的商业模式转变。

第 3 章 新质生产力的本质、特征与演进趋向

3.3.2.2 以传统机械制造业为例的产业链重构与延伸

（1）设计方面的创新

在传统机械制造业的产业链重构和延伸中，设计环节的创新尤为突出。过去，机械制造业的设计主要依赖经验和传统设计方法，产品开发周期长，难以满足市场快速变化的需求。然而，在智能制造的推动下，设计方面发生了深刻的变革。

基于人工智能的优化算法的引入，为机械产品设计带来了全新的思路和方法。这种算法能够根据大量的历史数据和设计要求，快速生成最优的设计方案。例如，在设计一款新型数控机床时，人工智能算法可以综合考虑机床的加工精度、速度、稳定性等多个因素，对机床的结构、传动系统、控制系统等进行优化设计。通过对不同参数的组合和模拟分析，算法能够找到最佳的设计方案，大大提高了设计效率和质量。

3D 打印技术的应用，为复杂零部件的快速原型制作提供了可能。传统的制造方法在生产复杂零部件时，往往需要经过多道工序，加工周期长，成本高。3D 打印技术可以根据设计模型，直接将材料逐层堆积成所需的零部件形状。这不仅大幅缩短了产品的开发周期，还降低了生产成本。例如，在航空航天领域，一些复杂的零部件如发动机叶片、叶轮等，可以通过 3D 打印技术快速制造出原型，进行性能测试和优化，然后进行批量生产。

（2）生产过程的智能化管理

在生产过程中，智能化生产管理系统已成为传统机械制造业提升竞争力的关键。传统的生产管理主要依赖人工经验和纸质文档，信息传递不及时，导致生产效率低下，库存成本高。智能化生产管理系统则改变了这一局面。

智能化生产管理系统能够实时监控设备的运行状态。通过在设备上安装传感器和数据采集装置，系统可以实时获取设备的运行参数，如转速、温度、压力等。一旦设备出现异常，系统会立即发出警报，通知维修人员进行处理。这样可以避免因设备故障导致的生产中断，提高设备的利用率和生产效率。

同时，系统还可以优化生产排程。根据订单需求、设备状态、原材料供应等

因素，系统可以自动制订最优的生产计划，合理安排生产任务，确保生产过程的连续性和高效性。例如，在面对多个订单时，系统可以根据订单的交货期、产品工艺要求等因素，智能分配生产资源，优先生产紧急订单，提高订单的按时交付率。

此外，智能化生产管理系统还可以降低库存成本。通过对生产过程和市场需求的精准预测，系统能够合理控制原材料和成品的库存水平，避免库存积压或缺货现象的发生，减少资金占用和库存损耗。

（3）销售和服务端的升级

在销售和服务端，传统机械制造业也在不断升级和创新。通过在产品中嵌入传感器和物联网模块，企业可以实现对产品的远程监控和管理。

在销售方面，企业可以利用物联网技术为客户提供更加个性化的产品和服务。例如，根据客户的生产需求和工艺特点，为客户定制专属的机械设备，并通过物联网实现设备的远程调试和参数设置。这不仅提高了客户的购买体验，还增强了客户对企业的信任度和忠诚度。

在售后服务方面，远程故障诊断和预防性维护服务已成为企业的核心竞争力之一。传感器和物联网模块能够实时采集设备的运行数据，企业的售后服务团队可以通过数据分析提前发现潜在的故障隐患，并及时采取措施进行维护。例如，通过对设备振动数据的分析，可以预测轴承的磨损情况，提前安排更换轴承，避免设备突发故障。这种服务模式不仅提高了客户的满意度，还降低了企业的售后维护成本，增强了企业的市场竞争力。

3.3.2.3 制造业与服务业的融合趋势

（1）制造业服务化的发展模式

制造业服务化已成为当前产业发展的重要趋势。在新质生产力的推动下，企业不再仅仅将产品生产作为核心业务，而是更加注重服务环节，提供全生命周期服务。

以大型设备制造商为例，他们不再仅仅满足于销售设备，而是将服务延伸到设备的整个生命周期。在产品设计阶段，企业会与客户进行深入沟通，了解客户的生产流程、工艺要求和特殊需求，为客户定制个性化的设备解决方案。在生产制造过程中，企业严格控制产品质量，确保设备符合客户的要求。

在售后维护阶段，企业为客户提供设备租赁、运营维护、技术培训等服务解决方案。设备租赁服务可以帮助客户降低设备投资成本，灵活调整生产规模；运营维护服务确保设备的稳定运行，提高设备的利用率和生产效率；技术培训服务可以帮助客户的操作人员掌握设备的操作技能和维护方法，提高客户的自主维护能力。

通过提供全生命周期服务，企业可以与客户建立长期稳定的合作关系，增强客户的黏性和忠诚度。同时，服务业务也为企业带来了新的利润增长点，提高了企业的综合竞争力。

（2）服务业的升级与新兴业态

服务业在新质生产力的影响下不断升级，信息技术的发展催生了众多新兴服务业态。

云计算服务作为一种新兴的服务业态，为企业提供了强大的计算和存储能力。企业无须自行建设和维护数据中心，只需通过网络接入云计算平台，就可以根据自身需求灵活地获取计算资源。这不仅降低了企业的信息化建设成本，还提高了资源的利用效率。例如，中小企业可以利用云计算服务快速搭建自己的电子商务平台，开展线上业务，而无须投入大量资金购买服务器和软件。

大数据分析服务帮助企业从海量数据中挖掘出有价值的信息。通过分析市场数据、客户数据、生产数据等，企业可以更好地了解市场需求、客户偏好和生产运营情况，为决策提供有力支持。例如，零售企业可以通过大数据分析预测消费者的购买行为，优化商品库存和陈列，从而提高销售业绩。

数字营销服务是新兴服务业态的重要组成部分。随着互联网和社交媒体的普及，数字营销服务为企业提供了更加精准、高效的营销渠道。通过SEO、社交媒体营销、内容营销等手段，企业可以将产品和服务信息准确地传递给目标客户，提高品牌知名度和产品销售额。例如，企业可以利用社交媒体平台开展互动营销活动，吸引用户参与，增加品牌曝光度。

（3）人工智能推动的服务模式创新

人工智能技术的发展为服务模式创新提供了强大动力。智能客服、智能物流、

智能金融等服务模式不断涌现，提高了服务的质量和效率。

智能客服通过自然语言处理技术和机器学习算法，能够理解客户的问题并提供准确的答案。与传统客服相比，智能客服可以实现 24 小时不间断服务，快速响应客户咨询，提高客户满意度。例如，在电商平台上，智能客服可以自动回答客户关于商品信息、订单状态、物流配送等方面的问题，减轻人工客服的工作压力。

智能物流系统通过优化配送路线和实时跟踪货物状态，大大提高了物流配送的速度和准确性。利用物联网技术和大数据分析技术，智能物流系统能够根据货物的起点、终点、重量、体积等因素，自动规划最优的配送路线。同时，通过货物上的传感器和定位装置，客户可以实时跟踪货物的位置和状态，提高物流服务的透明度和可靠性。

智能金融则利用人工智能技术进行风险评估、投资决策和客户服务。通过对大量金融数据的分析，智能金融系统可以准确评估客户的信用风险，为客户提供个性化的金融产品和服务。例如，在信贷业务中，智能金融系统可以根据客户的信用记录、收入情况、消费行为等因素，快速审批贷款申请，提高贷款发放效率。

在新质生产力推动下的产业结构调整，使得制造业与服务业的界限日益模糊，产业融合不断深化，各产业内部也在不断升级。这种调整趋势为经济的持续增长和创新发展提供了强大动力，也对企业的战略规划、技术创新和人才培养提出了更高的要求。

企业需要注重技术创新，加大在智能制造、信息技术等领域的研发投入。例如，企业可以设立专门的研发机构，吸引高端技术人才，加强与高校和科研机构的合作，共同开展技术研发项目。通过不断提升自身的技术水平，企业可以开发出更具竞争力的产品和服务，以满足市场需求。

同时，企业还需要加强人才培养，培养具备跨学科知识和技能的复合型人才。随着产业融合的加深，企业所需的人才不仅要具备专业的技术知识，还要了解市场、管理和营销等方面的知识。因此，企业可以通过内部培训、外部进修和实践锻炼等方式，提高员工的综合素质和能力。

政府也应发挥引导作用,制定相关政策,促进制造业与服务业的融合发展,推动产业结构的优化升级。政府可以出台财政政策,对企业的技术创新和产业融合项目给予资金支持;制定税收优惠政策,减轻企业负担;加强知识产权保护,鼓励企业创新;完善人才培养和引进政策,为产业发展提供人才保障。

第 4 章 劳动教育对新质生产力发展的赋能机制

4.1 劳动教育对人力资本的优化

4.1.1 技能培育与创新能力激发

4.1.1.1 实践项目：知识转化与技能提升的关键平台

实践项目作为劳动教育的关键环节，为个体提供了将理论知识转化为实际行动的绝佳机会，在新质生产力的发展中起着至关重要的作用。

（1）建筑设计实践项目的深度剖析

在建筑设计实践项目中，学生需要综合运用力学原理、建筑美学知识及材料特性等多方面的理论。在绘制设计图纸时，他们必须将力学知识融入结构设计，以确保建筑的稳固性。同时，运用建筑美学原则，使设计既美观又实用。在选择建筑材料时，需考虑材料的性能、成本和可持续性。在实际施工过程中，学生亲手操作，从基础的测量放线到复杂的结构搭建，每个环节都考验着他们的实际技能。通过这一过程，学生对建筑设计的理解不再局限于书本上的抽象概念，而是在实际操作中深刻领悟每个设计决策带来的真实影响和效果。这种从理论到实践的转变，不仅让学生能够熟练掌握精确测量和精细施工工艺等相关技能，还显著提高了他们在实际操作中的精准度和效率。

例如，在一个校园建筑的设计项目中，学生们先进行了大量的实地勘察和调研，了解校园的功能需求和环境特点。在设计过程中，他们运用所学的空间规划知识，合理布局教室、图书馆、活动区域等。在施工阶段，学生们参与到基础的砌墙工作中，亲身感受砖块的堆砌方式和砂浆的使用技巧。通过这样的实践，他们不仅学会了如何将设计图纸转化为实际建筑，还在过程中不断优化设计，如根据施工的实际情况调整门窗的位置和尺寸，以达到更好的采光和通风效果。

（2）实践项目对个体技能提升的重要意义

实践项目为学生提供了一个真实的场景，使他们能够将所学的理论知识应用到实际工作中，实现知识的转化和技能的提升。在这个过程中，个体不仅能够掌握具体的技能，如测量、施工、材料选择等，还能够培养解决实际问题的能力和创新思维。通过亲身体验每个环节的操作，个体能够更加深入地理解理论知识的实际应用，提高对知识的掌握程度和运用能力。同时，实践项目也能培养个体的团队合作精神和沟通能力，因为在实际操作中，个体需要与他人协作完成任务，这就要求他们具备良好的沟通和协调能力。

4.1.1.2 实践项目：创新思维激发的重要源泉

实践项目通常具有一定的复杂性和不确定性，这要求个体充分发挥主观能动性，不断探索新的方法和途径，从而激发创新思维。

（1）农业种植实践项目的创新探索

在农业种植实践项目中，学生们面临着许多不可预见的挑战。例如，天气的突然变化可能导致作物生长环境的改变，病虫害的侵袭可能影响农作物的产量和质量。为解决这些问题，他们必须尝试不同的种植方法、病虫害防治策略及灌溉方式。这种不断试错和探索的过程极大地激发了他们的创新思维。学生会思考如何利用现代科技手段改进传统种植技术，以提高农作物的产量和质量。例如，引入智能化灌溉系统，根据土壤湿度和作物需水量自动进行精准灌溉，既节约水资源又提高灌溉效率；利用生物防治技术替代化学农药，减少对环境的污染，实现绿色环保的种植目标。

以某高校的农业实践基地为例，学生们在种植一种新型蔬菜品种时，遇到了土壤适应性的问题。传统的施肥和改良土壤方法效果不佳。于是，他们组成研究小组，查阅大量的农业科研资料，尝试采用微生物菌肥改善土壤结构和肥力。经过多次试验和调整，最终成功解决了问题，不仅提高了蔬菜的产量和品质，还为当地的农业种植提供了新的思路和方法。

（2）实践项目对创新思维激发的重要作用

实践项目的复杂性和不确定性为个体提供了一个创新的平台，使他们能够在面对实际问题时，不断尝试新的方法和途径，从而激发创新思维。在这个过程中，个体需要充分发挥主观能动性，积极探索解决问题的方法，这要求他们具备创新思维和实践能力。通过不断地尝试和探索，个体能够培养自己的创新意识和解决问题的能力，为新质生产力的发展提供创新动力。同时，实践项目还能够培养个体的风险意识和应对能力，因为在创新的过程中，个体需要面对各种风险和挑战，这需要他们具备良好的风险意识和应对能力。

4.1.1.3 竞赛活动：创新潜能激发的独特形式

竞赛活动作为劳动教育的重要形式，在激发个体创新能力方面发挥着独特作用。

（1）机器人设计竞赛的创新挑战

竞赛通常设定了明确且具有挑战性的目标，并附加严格的规则和时间限制。在这种高压环境下，参赛者必须充分运用自己的知识和技能，以独特的视角和创新的方法应对挑战。以机器人设计竞赛为例，参赛选手需要在规定时间内设计并制作出能够完成特定任务的机器人。为了在竞争中脱颖而出，他们必须突破常规，运用前沿技术和创新算法，优化机器人的结构和控制系统。这种竞争压力和时间紧迫感能够激发参赛者的潜能，促使他们在短时间内迅速整合资源，发挥创意，提出独特的设计方案。例如，在一次以救援为主题的机器人设计竞赛中，参赛团队需要设计能够在复杂环境中执行救援任务的机器人。有的团队利用无人机技术，实现了对救援区域的快速侦察；有的团队则研发了具有灵活机械臂的机器人，能够在狭小空间内进行搜救操作。在竞赛过程中，各团队不仅展示了技术创新，还在应对各种突发情况时，展现出了快速应变和创新解决问题的能力。

（2）竞赛活动对激发创新潜能的重要意义

竞赛活动为学生提供了一个竞争的平台，使他们能够在高压环境下充分发挥

第 4 章 劳动教育对新质生产力发展的赋能机制

自己的创新潜能。在这个过程中，学生需要不断挑战自我，突破常规，提出创新的设计方案和解决问题的方法。通过竞赛活动，学生能够培养自己的竞争意识和创新能力，为新质生产力的发展提供创新人才。同时，竞赛活动也能够促进学生之间的交流与合作，因为在竞赛中，学生需要与他人协作完成任务，这需要他们具备良好的沟通和协调能力。通过与他人的交流与合作，学生能够学习他人的创新思路和方法，拓宽自己的视野，提高自己的创新能力。

4.1.1.4 竞赛活动：方案完善与思维拓展的重要途径

在诸如智能交通解决方案的竞赛中，参赛团队需要针对城市交通拥堵这一难题提出创新性方案。

（1）智能交通竞赛中的创新方案与思维拓展

在此次竞赛中，有些团队提出了基于大数据分析的智能交通信号灯控制系统，通过实时监测交通流量来动态调整信号灯时长，从而提高道路通行效率；有些团队构想了新型的共享交通模式，结合自动驾驶技术和按需分配原则，减少私人车辆使用次数，降低道路拥堵率。在竞赛过程中，参赛团队不仅需要展示方案的创新性，还需综合考虑其可行性、经济性和社会影响等多方面因素。通过与其他团队的激烈竞争及评委的专业点评，参赛者能够不断完善自己的方案，拓展创新思维的边界。

例如，在某城市的智能交通规划竞赛中，有个团队最初提出了一种基于车路协同技术的交通优化方案。在竞赛过程中，通过与其他团队的交流和评委的建议，他们发现方案在成本和实施难度方面存在不足。于是，他们对方案进行了改进，引入了人工智能算法进行交通流量预测，进一步优化了信号灯控制策略，并结合公共交通优先发展的理念，提出了一套更加全面且可行的智能交通解决方案。

（2）竞赛活动对方案完善与思维拓展的重要作用

竞赛活动为学生提供了展示和交流的平台，使他们能够在与他人的竞争和互动中不断完善自己的方案，拓展创新思维的边界。在这个过程中，学生需要综合考虑方案的多方面因素，这要求他们具备全面的思维能力和创新能力。通过参加竞赛活动，个体能够培养综合分析能力和创新思维，为新质生产力的发展提供创新方案。同时，竞赛活动也促进了技术的交流与合作，通过技术的交流与合作，学生能够学习到他人的先进技术和经验，提高自身的技术水平和创新能力。

4.1.1.5 某职业院校创新创业大赛的成功实践与启示

以某职业院校举办的创新创业大赛为例，此活动成为培养学生创新能力的生动范例。

（1）大赛筹备阶段的积极准备与资源支持

在大赛筹备阶段，学生们积极组队，充分发挥专业优势和兴趣特长，深入挖掘市场需求和行业痛点。学校提供丰富的资源和指导，包括专业教师辅导、行业专家讲座及市场调研数据等，帮助学生拓宽视野，了解前沿技术动态和市场趋势。

有些团队关注环保领域，提出了新型可降解材料的研发方案。他们深入研究材料的化学成分和降解机制，同时考虑不同应用场景下的性能和成本。为实现这一创新方案，团队成员进行了大量实验和测试，不断调整配方和工艺参数。

有的团队瞄准智能家居市场，设计基于物联网技术的智能控制系统。在方案实施中，团队成员攻克了技术难题，如设备兼容性、信号稳定性和数据安全性等，并通过优化硬件设计和软件开发来完善系统功能与性能。

（2）方案实施阶段的困难、挑战与应对策略

在方案实施阶段，学生们面临诸多困难和挑战。例如，在研发可降解材料时，可能会遇到实验结果不理想、原材料供应不稳定的问题；在开发智能控制系统时，可能会遭遇技术瓶颈、资金不足和团队协作问题。然而，这些挫折促使学生们不断反思并改进方案，他们通过查阅文献、请教专家、与企业合作等方式寻求解决办法。

（3）竞赛评审阶段的交流学习与能力提升

在竞赛评审阶段，评委由行业专家、企业家和学者组成，他们从多个维度评

估参赛作品。学生通过与评委的交流互动，获得了宝贵的建议，从而明确了自己方案的优势与不足。同时，学生通过观摩其他优秀作品，拓宽了视野，学习到了创新的思路和方法。

（4）大赛对学生创新能力培养的重要意义

通过此次大赛，学生们收获的不仅是荣誉，更重要的是培养了创新能力、实践能力、团队合作精神和坚韧的毅力。许多参赛学生在赛后表示，这次经历让他们对创新创业有了全新的认知，学会了从市场需求出发提出可行的创新方案，在团队中有效沟通协作，并在面对挫折时保持积极心态。这些经验和能力对他们未来的职业生涯影响深远，增强了他们创新创业的信心和决心。

此外，劳动教育中的实践项目和竞赛活动还培养了个体的挫折承受能力与持续学习意识。在实践和竞赛中，个体难免遭遇失败，如实验结果不如预期、竞赛成绩不佳等。但这些挫折为个体提供了反思和成长的契机，促使他们分析原因、总结教训、调整策略，以免重蹈覆辙。同时，面对不断变化的技术和市场需求，个体在实践和竞赛中接触到最新的技术理念，发现自身的不足，激发了他们主动学习新知识、新技能的热情，以适应新的挑战和机遇。

劳动教育通过实践项目和竞赛等方式，为个体营造了充满挑战与机遇的学习环境。在这样的环境中，个体能够实现理论与实践的结合，培养解决实际问题的能力；在竞争与合作中激发创新思维，提出独特的方案；在面对挫折时磨炼意志，持续反思与进步；通过持续学习更新知识技能，适应时代的发展。这些方式有效地优化了人力资本，为个体和社会发展注入了强大的动力，并为新质生产力发展提供了坚实的人才支撑。劳动教育在新质生产力的发展中具有不可替代的重要作用，我们应充分重视劳动教育，不断创新劳动教育的方式和方法，为培养适应新质生产力发展的创新人才作出更大的贡献。

4.1.2 劳动精神与职业素养的塑造

劳动教育在塑造学生的劳动精神和职业素养方面具有不可替代的作用，能够有效地培养学生的敬业精神、团队合作能力及责任感。这些品质不仅对学生的个人成长至关重要，也为他们未来的职业生涯奠定了坚实的基础。

4.1.2.1 敬业精神的培育之旅

（1）敬业精神的内涵与价值

敬业精神是指对工作全身心投入，以及对职业的尊重与热爱。在当今社会，敬业精神是一种宝贵的品质，不仅能够提高工作效率和质量，还能为个人带来职业成就感和满足感。对于学生而言，培养敬业精神有助于他们树立正确的职业观和价值观，为未来的职业生涯做好准备。

（2）校园农场劳动实践中的敬业精神培养

劳动教育通过让学生亲身参与实际劳动过程，使他们深刻感受到工作的价值和意义。在校园农场的劳动实践中，学生从播种、施肥到收获，全程参与农作物的种植过程。他们经历风吹日晒，辛勤付出。例如，在播种时节，学生们需要仔细挑选优质种子，并按照合适的间距和深度进行播种，这需要他们的耐心和细心。施肥时，他们要准确掌握肥料的种类和用量，避免过度施肥或施肥不足。在收获季节，即使天气炎热，他们也要及时采摘，以确保农作物的新鲜和品质。这个过程漫长而艰辛，使学生明白只有全情投入和专注努力，才能迎来丰硕的成果，从而培养出严谨、专注和负责的工作态度，塑造敬业精神。

4.1.2.2 团队合作能力的养成之路

（1）团队合作能力在现代职业发展中的重要性

团队合作能力在现代职业发展中至关重要。在当今社会，许多工作都需要通过团队协作才能完成，因此，具备良好的团队合作能力是成功的关键之一。对于学生而言，培养团队合作能力有助于他们更好地适应未来的职业环境，提高工作效率和质量。

（2）校园义卖活动中的团队合作培养

劳动教育通常设置需要团队协作完成的任务，以促使学生在合作中学会沟通、协调和相互支持。组织校园义卖活动就是一个典型的例子。学生们分工负责物品收集、场地布置、宣传推广、销售服务等不同环节。在物品收集阶段，学生需要到各个班级和办公室进行募集，这要求他们具备良好的沟通技巧和说服能力。场地布置时，需共同商议布局，发挥创意，将场地布置得吸引人。在宣传推广中，需制作精美的海报、撰写吸引人的文案，并利用各种渠道进行宣传。在销售服务时，要热情接待顾客，解答疑问，促成交易。在这个过程中，他们密切配合，及时沟通解决问题，共同为活动的成功而努力。通过这样的经历，学生能深刻领会团队合作的重要性，并提升团队合作能力。

4.1.2.3 责任感的塑造之道

（1）责任感的体现与意义

责任感体现为对自身行为和所承担任务的负责态度。在工作和生活中，责任感是一种重要的品质，它能够促使人们认真履行自己的职责，为他人和社会作出贡献。对于学生来说，培养责任感有助于他们树立正确的人生观和价值观，成为有担当的人。

（2）社区服务活动中的责任感培养

劳动教育赋予学生具体的工作任务和责任，要求他们按时、保质地完成任务。在学校组织的社区服务活动中，学生为孤寡老人打扫卫生和购买生活用品。例如，在打扫卫生时，学生们要仔细清洁每一个角落，包括窗户和家具底部等易被忽视的地方。购买生活用品时，学生要根据老人的需求和身体状况精心挑选。他们深知自己的行动直接关系到老人的生活质量和幸福感，因此增强了责任感。

4.1.2.4 企业实习中的职业素养形成

（1）企业实习对学生职业素养形成的重要性

以某电子制造企业与学校合作开展的实习项目为例，我们可以清晰地看到学生职业素养的形成过程。企业实习是劳动教育的重要组成部分，它能够让学生在真实的工作环境中体验职业生活，提高专业技能，培养职业素养。通过企业实习，学生能够更好地了解自己所学专业的实际应用，还能明确未来的职业规划。

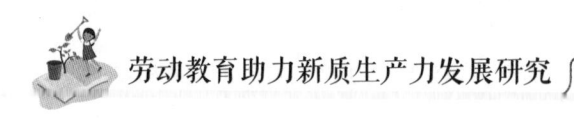

（2）实习项目中的职业素养培养过程

①实习初期的纪律性和规范性培养

在实习初期，学生们被分配到不同的生产线，跟随师傅学习基本操作技能。他们按时到岗、遵守企业规章制度，初步感受到工作的纪律性和规范性。这就像步入一个新的课堂，规则和纪律是首要的学习内容。

②实习深入阶段的团队合作与问题解决能力培养

随着实习的深入，学生们参与了小型生产项目。在电路板组装项目中，他们分组合作，各司其职。擅长精细操作的学生专注于焊接关键部件，确保每个焊点牢固可靠；善于沟通协调的学生与其他小组和主管保持紧密联系，及时汇报进度和问题；思维严谨的学生严格检查组装质量，不放过任何瑕疵。在项目执行过程中，问题不断出现。当原材料供应不足时，负责沟通的学生迅速与采购部门协调，展现出出色的应急处理能力；当组装工艺出现偏差时，负责操作的学生与技术人员共同研究改进，体现了勇于面对困难、积极解决问题的精神。

③实习结束后的收获与成长

通过这次实习，学生不仅提高了专业技能，更重要的是培养了良好的职业素养。他们能够按时完成任务，保证工作质量，对所负责的环节一丝不苟，体现了对工作的尊重和责任感。在团队合作中，他们倾听他人意见，尊重他人的劳动成果，为项目的成功齐心协力，展现了团结协作的力量。同时，他们深刻理解了责任感的内涵，认识到自身工作对生产线和企业的影响，这是职业成长的重要一步。实习结束后，学生们纷纷表示收获颇丰，对未来的职业发展有了更清晰的规划，明确了自身提升的方向。他们深知，敬业精神不仅是按时上下班，更是对工作的热情投入和专注；团队合作不仅是简单的分工，更是相互信任与支持；责任感不是空洞的口号，而是落实在每一个行动中的担当。

4.1.3 终身学习理念的扎根

在当今快速发展的时代，劳动教育在培养个体终身学习能力方面发挥着至关重要的作用。它不仅让个体在实践中深刻认识到知识技能更新的紧迫性，还培养了个体的问题解决与自主学习能力。同时，在线学习平台提供了便捷的学习途径，职业规划指导为个体树立了终身学习的目标。

4.1.3.1 知识技能更新的紧迫感

（1）科技进步引发的职业挑战

劳动教育使个体在实践中认识到知识和技能的更新换代是一个永恒的主题。随着科技的进步和社会的发展，工作中的技术和方法不断演进。在传统制造业中，手工操作曾经占据主导地位，但随着自动化和智能化技术的引入，工人面临着巨大的挑战。例如，在汽车生产线上，工人过去主要依靠手工组装零部件，但如今自动化机器人逐渐承担了大部分重复性工作。为了适应这一变化，工人需要学习编程、操作机器人等新技能。在这个过程中，他们深刻体会到只有不断学习，才能跟上行业的发展步伐，避免被淘汰。

（2）行业变革带来的压力

在印刷行业，传统的印刷技术正逐渐被数字化印刷取代。曾经熟练掌握传统印刷工艺的工人，如果不学习新的数字印刷技术，就可能失去工作机会。为了在行业中立足，他们不得不积极参加培训，学习新的设备操作和工艺流程，以适应行业的变革。这种亲身经历让个体真切感受到旧有的知识和技能可能无法应对新的工作需求，从而激发他们主动追求新知识和新技能的欲望。

4.1.3.2 问题解决与自主学习能力的培养

（1）创新设计项目中的能力锻炼

劳动教育培养了个体的问题解决能力和自主学习能力。在劳动实践中，个体常常会遇到各种问题和挑战。在一个创新设计的劳动项目中，学生需要设计一款新型的环保产品。他们不仅要了解环保材料的特性，还要掌握设计软件的使用方法。在这个过程中，学生们需要通过查阅资料、观看教学视频、请教专家等方式，不断学习和尝试，最终完成设计任务。例如，学生们在选择环保材料时，可能会发现市场上的材料种类繁多，性能各异。为了找到最适合的材料，他们需要查阅大量的技术资料，对比不同材料的优缺点。在使用设计软件时，他们可能会遇到操作上的困难，需要观看教学视频或向老师请教，通过不断摸索和实践，提高自己的设计能力。

（2）农业劳动中的自主探索

在农业劳动实践中，学生可能会遇到农作物病虫害的问题。为了解决这些问题，他们需要自主学习相关的农业知识，了解病虫害的发生规律和防治方法。他们可能会通过阅读农业书籍、上网搜索资料、参加农业技术培训等途径，获取解决问题的知识和技能。这种自主探索的过程锻炼了个体的学习能力和思维能力，使他们养成了主动学习的习惯。

4.1.3.3 在线学习平台的助力

（1）丰富课程资源与便捷学习

在线学习平台为促进终身学习提供了便捷的途径。一方面，在线学习平台提供了丰富多样的课程资源。个体可以根据自己的兴趣和工作需求，随时随地选择学习内容。例如，一名从事机械维修工作的工人发现自己在电子控制系统方面的知识不足，他可以通过在线学习平台报名参加相关课程，系统地学习电子控制的原理和维修技术。无论是在白天的工作间隙，还是在晚上的休息时间，只要有网络和设备，他就能随时开启学习之旅。另一方面，平台上的课程通常由专业教师录制，教学质量有保障。

（2）互动功能促进交流与合作

在线学习平台的互动功能促进了学习者之间的交流与合作。在一门关于人工智能在工业领域应用的在线课程中，学习者来自不同的行业和地区。他们在课程讨论区分享各自企业的应用案例，互相启发，共同探讨如何将人工智能技术更好地应用到实际工作中。这种跨地域、跨行业的交流拓宽了学习者的视野，使他们能够从不同的角度思考问题。此外，通过与其他学习者的互动，个体能够获得及时的反馈和支持，增强学习的动力和信心。

4.1.3.4 职业规划指导的引领

（1）明确职业目标与学习方向

职业规划指导有助于在劳动教育中帮助个体树立终身学习的目标。一名刚刚踏入职场的大学生在接受职业规划指导后，了解到自己所在行业的未来发展趋势，以及晋升所需的能力和证书。例如，他所在的软件开发行业未来对云计算和大数据技术的需求将不断增加。为了在职业上有所发展，他需要学习相关的技术知识，并考取相关的专业证书。基于此，他可以制订一个详细的学习计划，在未来的职业生涯中持续学习，逐步实现自己的职业目标。

（2）提供动力与方向保障

明确的目标和规划为个体的终身学习提供了方向与动力。通过职业规划指导，个体能够更加清晰地认识到自己的职业发展路径，以及在不同阶段所需具备的知识和技能。这使得他们能够有针对性地进行学习，提高学习的效率和效果。

4.2 劳动教育对技术创新的推动

4.2.1 创新思维的启发与培养

4.2.1.1 实验活动：创新火花的迸发之地

劳动教育中的实验活动为学生提供了亲身体验和探索的机会，在激发学生创新思维方面发挥着重要作用。

（1）化学实验中的创新启示

在化学实验中，学生亲手操作各种试剂，观察它们混合后的颜色变化、气体产生等现象。例如，在探究不同金属与酸反应的实验中，学生通过改变金属的种类、酸的浓度和实验条件，观察反应速率和产物的差异。这不仅让他们深入理解化学反应的原理，还能激发他们思考如何优化反应条件以提高反应效率，或者开发新的化学合成方法。这种探索过程培养了学生的观察力和思考力，为他们的创新思维提供了源源不断的灵感。

（2）物理实验中的创新培养

物理实验是培养学生创新思维的重要领域。在电学实验中，学生需要组装电路、测量电阻和电流。当遇到电路故障时，他们必须自行排查问题并思考可能的原因。这促使学生尝试不同的连接方式、更换元件，从而培养解决实际问题的能力和创新思维。例如，在研究电磁感应现象的实验中，学生可能会尝试改变磁场强度、线圈匝数等因素，观察感应电流的变化，进而思考如何提高能量转换效率，为新型发电机的设计提供思路。物理实验的实践性和探索性为学生的创新思维提供了广阔的空间。

（3）生物实验中的创新启发

生物实验同样具有启发创新思维的作用。在观察细胞结构的实验中，学生使用显微镜观察不同生物细胞的形态和结构，这可能会引发他们思考如何改进观察方法以获得更清晰的图像，或者如何利用细胞的特性开发新的生物材料。生物实验让学生接触到生命的奥秘，激发他们对生命科学的探索欲望，从而培养创新思维。

4.2.1.2 设计活动：创意涌现的舞台

设计活动是劳动教育中培养创新思维的一个重要途径。

（1）产品设计中的创新挑战

在产品设计中，学生需要考虑用户需求、功能实现、外观美学和成本控制等多方面因素。例如，设计一款学生用的智能书包时，需要考虑书包的减重功能、内部合理布局、外观的时尚性，以及材料的耐用性和成本。学生可能会想出独特的背负系统设计、智能化的物品分类提醒功能或者环保材料的应用，这些创意都是在综合考虑各种因素的基础上产生的。产品设计活动让学生学会从用户角度出发，运用创新思维解决实际问题。

（2）建筑设计中的创新思考

在建筑设计活动中，学生要为学校设计一个小型花园景观。他们需要考虑空间利用、植物搭配、景观美学和可持续性等问题。有的学生可能会提出搭建垂直花园以节省空间，采用雨水收集系统进行灌溉，或者设计独特的休闲区域，这些想法都体现了创新思维在解决实际设计问题中的应用。建筑设计活动培养了学生的空间想象力和创造力，让他们在设计中不断探索创新的可能性。

（3）服装设计中的创新尝试

在服装设计活动中，学生为特定场合设计服装，如运动会开幕式的表演服装。他们会从服装的款式、色彩、面料和功能性等方面进行创新。可能会采用新型的可穿戴技术，融入发光元素以增加表演效果，或者使用环保面料以体现可持续发展的理念。服装设计活动激发了学生的审美意识和创新能力，让他们在时尚的舞台上展现创新思维。

4.2.1.3 某学校科技社团：小发明之旅的生动实践

以某学校的科技社团为例，其丰富多彩的小发明活动为学生创新思维的培养提供了生动的实践平台。

在一次"智能家居小助手"的发明活动中，学生们的目标是设计一款能够提升家庭生活便利性的智能设备。

一个小组关注到了家庭能源管理的问题，他们设计了一款智能插座。这个插座不仅可以远程控制电器的开关，还能实时监测电器的能耗情况。为了实现这一设计，学生们需要学习电路知识、编程技术及传感器的应用。在制作过程中，他们遇到了信号不稳定、能耗计算不准确等问题。但通过不断地调试和改进，最终成功地完成了智能插座的制作。他们还进一步思考如何将这款插座与家庭能源管理系统整合，实现更智能化的能源控制。

另一个小组则关注家庭安全领域，他们设计了一款能够自动检测烟雾和燃气泄漏的报警器。为了提高报警器的灵敏度和准确性，学生们研究了不同类型的传感器，并通过算法优化了报警机制。在外观设计上，他们采用了简洁美观的造型，使其能够与家庭装饰相融合。

还有一个小组关注家庭成员之间的沟通问题，设计了一款具有语音留言和视频通话功能的智能相框。在研发过程中，他们克服了语音识别准确性、视频传输流畅性等技术难题，不断优化软件和硬件配置，使智能相框更加实用和便捷。

在整个小发明活动中，学生们从提出创意、制定方案到实际制作和测试改进，经历了一个完整的创新过程。他们不仅学会了运用所学知识解决实际问题，还培养了团队合作精神和坚持不懈的品质。这些小发明活动为学生的创新思维提供了实践的机会，让他们在实践中不断成长和进步。

4.2.1.4 分享交流与专家指导：创新思维的助推器

科技社团还定期举办分享会，让学生们展示自己的小发明成果，并分享设计思路和制作过程中的经验教训。

（1）分享会中的相互学习

在分享会上，学生们相互学习和启发。例如，一个小组展示了他们设计的智能浇花系统，该系统能够通过传感器检测土壤湿度并自动进行浇水。其他小组受到启发，提出可以增加远程控制功能，或结合天气预报数据来优化浇水策略。分享会为学生提供了一个交流和学习的平台，使他们在交流中不断拓展创新思维。

（2）专家指导的价值

学校可以邀请专业的工程师和设计师到校进行指导或演讲。工程师们分享了自己在实际工程项目中遇到的技术难题和创新解决方案，使学生了解到创新思维在解决复杂工程问题中的应用。设计师则通过展示自己的设计作品，讲解如何从用户需求出发，运用创新思维进行设计，以及如何将创意转化为实际产品。专家的指导为学生提供了专业的视角和经验，进一步激发了他们的创新思维。

4.2.2 产学研合作机制的搭建

4.2.2.1 资源共享的优势与途径

劳动教育在促进学校、企业和科研机构的资源共享方面展现出了显著的优势，为各方提供了丰富的发展机遇和创新可能。这种资源共享不仅有助于提高教育质量、推动企业发展和促进科研进步，还能为经济社会的可持续发展注入强大动力。

（1）学校资源的丰富性与价值

①师资力量与知识传承

学校作为传授知识和培养人才的摇篮，拥有雄厚的师资力量。这些教师不仅具备深厚的学术造诣，还积累了丰富的教学经验，能够为学生传授系统的理论知识和前沿的学术动态。以清华大学为例，其在计算机科学领域拥有一批知名教授，他们的研究成果在国际上具有重要影响力。这些教师通过课堂教学和学术讲座，将最新的研究思路和方法传递给学生，为学生打下坚实的理论基础。教师不仅是知识的传播者，更是学生成长道路上的引路人。他们以严谨的治学态度和专业的学术素养，激发学生的学习兴趣和创新思维，培养学生的独立思考能力和解决问题的能力。

②教学设施与实践支持

学校的教学设施也是重要的资源之一，包括先进的实验室、图书馆和教学设备。例如，上海交通大学的先进制造实验室配备了高精度的加工设备和检测仪器，为学生进行实践操作和科研创新提供了有力支持。这些实验室不仅为学生提供了实践的场所，还为教师的科研工作提供了硬件保障。图书馆则是知识的宝库，拥有丰富的图书、期刊和电子资源，为师生的学习和研究提供了丰富的资料。教学设备的不断更新和升级，也为教学质量的提高提供了有力支持。学校可以利用这些教学设施，开展各种实践教学活动，培养学生的实践能力和创新精神。

③学术研究成果与理论支撑

学校在学术研究方面取得的成果为产学研合作提供了理论支撑。科研团队在各个领域进行深入研究，取得了一系列重要成果。这些成果不仅为学科的发展作出了贡献，还为企业的技术创新和产业升级提供了理论指导。例如，某高校在新能源材料领域的研究成果为企业的新能源产品研发提供了技术支持。学校可以将这些研究成果转化为实际应用，通过与企业的合作，实现产学研的深度融合。

（2）企业资源的实用性与价值

①市场信息与需求导向

企业凭借其在市场中的实践经验，掌握第一手的市场信息和需求动态。以华为公司为例，其在通信领域的市场拓展过程中，深刻了解到用户对于高速、稳定通信网络的迫切需求。这使得企业能够准确把握市场趋势，为产品研发和技术创新指明方向。企业通过市场调研和用户反馈，了解用户的需求和痛点，从而开发

出符合市场需求的产品和服务。企业的市场信息和需求动态为学校的教学与科研提供了现实导向，使学校的教育更加贴近实际需求。

②生产设备与实践平台

企业拥有先进的生产设备和成熟的生产工艺。例如，富士康的生产线采用了高度自动化的生产设备，能够实现大规模、高效率的产品制造。这些实践经验和生产资源为学校的教学与科研提供了真实的案例和实践平台。学校可以组织学生到企业参观实习，使学生了解企业的生产流程和管理模式，提高他们的实践能力和职业素养。企业也可以与学校合作，开展实践教学活动，为学生提供实习岗位和实践机会，培养他们的实际操作能力和创新精神。

③实践经验与案例资源

企业在长期的生产经营过程中，积累了丰富的实践经验和案例资源。这些经验和案例不仅为企业的发展提供了宝贵的财富，也为学校的教学和科研提供了生动的教材。学校可以邀请企业的技术专家和管理人员到校举办讲座和培训，分享企业的实践经验和案例，使学生了解企业的实际运作和管理模式。企业也可以与学校合作，开展案例教学和项目教学活动，让学生通过实际案例和项目，提高他们分析问题和解决问题的能力。

（3）科研机构资源的前沿性与价值

①前沿技术研究与创新源泉

科研机构在前沿技术研究和创新方法上具有独特的优势。中国科学院的众多研究所长期致力于基础科学和前沿技术的研究，在量子通信、人工智能等领域取得了一系列突破性成果。这些研究成果为产业的技术升级与创新提供了理论支持和技术储备。科研机构的研究人员具备深厚的学术背景和创新能力，他们在前沿技术领域进行深入研究，探索新的理论和方法。科研机构的研究成果不仅为产业发展提供了技术支持，还为高校的教育和科研提供了前沿的知识与方法。

②检测设备与技术支持

科研机构拥有先进的检测设备和技术支持。这些设备和技术可以为企业的产品研发和质量检测提供高精度的测试手段与专业的技术支持。例如，某科研机构的材料检测中心配备了先进的材料分析设备，可以为企业的新材料研发提供准确的性能测试和分析服务。科研机构的技术支持能够帮助企业解决技术难题，提高产品质量和竞争力。同时，科研机构也可以与高校合作，为学生的实验教学和科研创新提供设备与技术支持，提高学生的实践能力和创新精神。

③创新方法与合作平台

科研机构在创新方法和合作平台方面具有独特的优势。其研究人员在长期的科研工作中积累了丰富的创新方法和经验。他们可以通过举办学术讲座、研讨会等方式，与学校和企业分享这些创新方法及经验，促进产学研的深度融合。科研机构还可以搭建合作平台，为学校、企业、科研机构的合作提供桥梁和纽带。例如，某科研机构搭建了一个产学研合作平台，吸引了众多学校、企业和科研机构参与。通过这个平台，各方可以共享资源、开展合作项目、交流创新经验，实现互利共赢。

（4）产学研合作平台的搭建与资源整合

①学校邀请企业技术专家进课堂

通过产学研合作平台，各方资源得以充分整合和优化配置。学校可以邀请企业的技术专家走进课堂，为学生传授实际工作中的技能和经验。例如，比亚迪公司的电池技术专家定期到相关高校开展讲座，分享电池生产过程中的工艺优化和质量控制方法，使学生了解到行业的最新实践。企业技术专家的讲座不仅可以丰富学生的知识结构，还可以提高学生的实践能力和职业素养。学校可以根据企业的需求和学生的兴趣，邀请不同领域的技术专家进课堂，为学生提供多元化的学习资源。

②企业借助学校科研力量解决技术难题

企业可以借助学校的科研力量解决生产过程中的技术难题。例如，某汽车制造企业在生产过程中遇到发动机节能减排的技术瓶颈，于是与某高校的动力工程研究团队合作。高校团队通过理论分析和模拟实验，为企业提供了优化燃烧过程和尾气处理的技术方案，有效提升了发动机的性能和环保指标。学校的科研力量能够为企业提供技术支持和解决方案，帮助企业提高产品质量和竞争力。企业可以与学校建立长期合作关系，共同开展科研项目，实现互利共赢。

③科研机构将研究成果引入学校和企业

科研机构可以通过实践项目将最新的研究成果引入学校和企业。在新材料领域，中国科学院金属研究所研发出一种高强度、高韧性的新型合金材料。通过与高校合作开展实验课程，学生参与材料的性能测试和应用探索，同时与相关企业合作，将该材料应用于航空航天零部件的制造，实现了从科研成果到实际应用的快速转化。科研机构的研究成果能够为学校的教学和科研提供前沿的知识与方法，并为企业的产品研发和技术创新提供技术支持与解决方案。科研机构通过与学校和企业的合作，将研究成果转化为实际应用，实现产学研的深度融合。

4.2.2.2 协同创新的模式与案例

产学研合作中的协同创新模式丰富多样，为推动技术进步和产业发展发挥了重要作用。协同创新是指学校、企业和科研机构通过合作，共同开展技术创新和产业发展的活动。协同创新模式能够充分发挥各方的优势资源，实现优势互补、资源共享、互利共赢。

（1）项目合作模式

①新能源汽车电池研发项目的协同创新

项目合作是一种常见且成效显著的协同创新模式。以某新能源汽车电池的研发项目为例，学校的科研团队利用其在材料科学和电化学领域的研究优势，负责电池材料的基础研究和性能优化。例如，某大学的化学工程系团队深入研究了新型正极材料的晶体结构和电化学性能，提出了优化材料性能的理论模型。在项目合作中，学校的科研团队可以为企业提供技术支持和解决方案，帮助企业提高产品质量和竞争力。

②企业工程师的实践经验与生产工艺优化

企业工程师凭借在生产工艺和工程实践方面的丰富经验，专注于电池生产工艺和成本控制。他们对生产线进行优化设计，提高生产效率，降低生产成本。同时，他们能够根据市场需求和成本限制，对电池的结构和组件进行合理调整。企业工程师在项目合作中，可以为学校科研团队提供实践经验和案例资源，帮助科

第4章 劳动教育对新质生产力发展的赋能机制

研团队更好地理解实际生产中的问题和需求。

③科研机构的检测设备与技术咨询支持

科研机构在项目中提供最新的检测设备和技术咨询。专业的检测机构为电池性能评估提供高精度的测试手段，确保电池各项指标符合标准。技术咨询团队在项目遇到困难时，提供专业建议和解决方案。科研机构的检测设备和技术咨询为项目的顺利进行提供保障，提高项目的成功率和效益。

④三方合作的成效与核心竞争力提升

三方紧密合作，充分发挥各自的优势，共同攻克了电池续航里程短、充电时间长等关键技术问题。最终成功推出了具有市场竞争力的新能源汽车电池产品，提升了我国在新能源汽车领域的核心竞争力。项目合作模式可以充分发挥各方的优势资源，实现优势互补、资源共享、互利共赢。通过项目合作，学校、企业和科研机构可以共同开展技术创新和产业发展活动，提高项目的成功率和效益。

（2）共建研发中心模式

①生物医药领域的共建研发中心案例

共建研发中心是另一种深入且长效的协同创新模式。在某生物医药领域，一所知名高校、一家大型制药企业和一家专业科研机构共同投入资金、设备和人员，建立了一个药物研发中心。共建研发中心可以整合各方的优势资源，共同开展技术创新和产业发展活动。它为学校、企业、科研机构的长期合作提供了平台和保障，以实现互利共赢。

②高校专家团队的药物筛选与作用机制研究

高校的生物学和药学专家团队负责药物筛选与作用机制的研究，运用先进的生物技术和高通量筛选方法，从大量化合物中筛选出具有潜在药效的分子。在共建研发中心中，高校专家团队为企业提供技术支持和解决方案，帮助企业提高产品质量和竞争力。同时，通过与企业和科研机构的合作，高校专家团队将研究成果转化为实际应用，实现产学研的深度融合。

③企业研发人员的临床试验与产业化生产

企业的研发人员专注于临床试验和产业化生产。他们按照严格的临床标准组

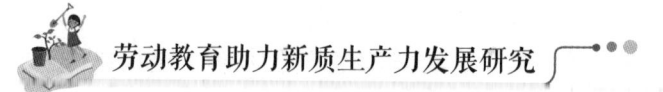

织药物的临床试验，收集数据，评估药效和安全性。同时，规划和建设大规模生产线，确保药物能够高效、稳定地生产。在共建研发中心中，企业研发人员为高校专家团队提供实践经验和案例资源，帮助高校专家团队更好地理解实际生产中的问题和需求。通过与高校和科研机构的合作，企业研发人员可以提高自身的技术水平和创新能力。

④科研机构的前沿技术支持与创新方法应用

科研机构在这一过程中提供了前沿的技术支持和创新方法。例如，运用基因编辑技术优化药物靶点，以提高药物的特异性和疗效。科研机构的技术支持和创新方法可以为共建研发中心的技术创新和产业发展提供保障，提高共建研发中心的成功率和效益。同时，通过与高校和企业的合作，科研机构能够将研究成果转化为实际应用，实现产学研的深度融合。

4.2.2.3 某地区产学研合作示范区的成功实践

以长三角地区的某产学研合作示范区为例，该示范区通过创新的运作模式取得了显著成效，为区域经济的发展和产业升级注入了强大动力。该产学研合作示范区是指由政府、学校、企业和科研机构共同合作建立的一个以产学研合作为核心的区域创新体系。产学研合作示范区可以整合各方的优势资源，共同开展技术创新和产业发展活动，提高区域的创新能力和竞争力。

（1）运作模式

①协调机构的组成与作用

在运作模式上，该示范区成立了专门的协调机构，由政府相关部门、高校代表、企业负责人和科研机构专家组成。该协调机构定期召开会议，共同商讨合作规划和政策支持，确保各方利益得到平衡和保障。协调机构的成立为产学研合作示范区的运作提供了组织保障和政策支持，确保产学研合作示范区的顺利进行。

②信息共享平台的建设与功能

示范区建立了功能强大的信息共享平台。该平台不仅实时更新学校的科研成果、企业的技术需求和科研机构的研究动态，还提供在线交流和项目对接的功能。

信息共享平台的建设为产学研合作示范区的运作具备了信息保障和交流平台，促进了各方之间的信息交流和项目对接。

③成功案例的示范与引领

例如，区内一所高校在纳米材料研究方面取得了重要突破，并通过信息共享平台发布了相关成果。一家电子企业正在寻求提升产品性能的新材料，看到这一信息后迅速与高校取得联系。双方通过进一步沟通，确定了合作意向，并开展了针对纳米材料在电子元件中的应用研发合作。高校的研究团队为企业提供了详细的技术方案和理论依据，企业则为高校提供了充足的实验场地和资金支持。信息共享平台为产学研合作示范区的运作提供了示范和引领，促进了各方之间的合作与创新。

（2）成效

①关键技术突破与创新产品诞生

在成效方面，该示范区通过产学研合作，推动了众多关键技术的突破和创新产品的诞生。区内的一家科技企业在与高校和科研机构的深度合作中，成功研发出了一款具有自主知识产权的智能传感器。这款传感器在精度、稳定性和响应速度等方面达到了国际领先水平，打破了国外技术在该领域的长期垄断。企业因此获得了大量订单，提升了在全球市场的核心竞争力。产学研合作为企业提供技术支持和解决方案，帮助企业提高产品质量和竞争力。同时，产学研合作也为学校和科研机构提供了实践平台与研究课题，提高了学校和科研机构的教学与科研水平。

②人才培养与流动

产学研合作极大地促进了人才的培养与流动。高校学生通过参与企业的实际研发项目，将理论知识与实践相结合，提高了实践能力和解决问题的能力。这些学生在毕业后受到企业的热烈欢迎，就业竞争力显著提升。企业的技术人员也有机会到高校进修学习，系统地更新知识体系，提升理论水平。这种人才的双向流动为区域的创新发展提供了源源不断的动力。产学研合作为人才的培养与流动提供了平台和机会，促进了人才的成长与发展。同时，人才的培养与流动也为产学研合作提供了人才保障和智力支持，推动了产学研合作的深入发展。

③区域经济发展与产业升级

产学研合作还带动了区域经济的快速发展。示范区内形成了以高新技术产业为核心的产业集群，吸引了更多的上下游企业和相关配套服务机构入驻。良好的产业生态不仅创造了大量的就业机会，还促进了区域基础设施的完善和生活品质的提升。产学研合作为区域经济的发展与产业升级提供了动力和支撑，促进了区域经济的可持续发展。同时，区域经济的发展与产业升级也为产学研合作提供了良好的环境和条件，进一步推动了产学研合作的深入发展。

4.2.3 科技成果转化能力的增强

4.2.3.1 实践操作中的科技成果应用体验

劳动教育为学生提供了通过实践操作亲身体验科技成果应用的宝贵机会。这种体验不仅能够加深个体对科技成果的理解，还能够提高他们在实际生产生活中的应用能力。

（1）农业领域的科技成果应用

在农业领域，劳动教育使学生能够直接接触和运用先进的农业技术与设备。例如，精准灌溉系统利用传感器和智能控制技术，根据土壤湿度和作物需水情况精确供水，既节约水资源又提高灌溉效率。学生在操作这一系统的过程中，能够深入理解其工作原理和优势，学会根据不同的土壤条件和作物生长阶段进行参数设置与调整，从而将这一科技成果有效地应用于实际农业生产，提升农作物的产量和质量。

又如无人机植保技术，通过搭载高清摄像头和喷雾装置，实现对农田的快速巡查和精准施药。学生在操作无人机进行植保作业时，不仅掌握了飞行控制技巧，还了解了如何根据病虫害的类型和分布合理配置农药剂量，从而提高防治效果。通过这些实践操作，学生们能够亲身体验到科技成果在农业生产中的巨大作用，激发他们对农业科技创新的兴趣和热情。

（2）工业制造领域的科技成果应用

在工业制造领域，3D打印技术为产品设计和制造带来了革命性的变化。在劳动教育中，学生可以亲自操作3D打印机，将自己设计的模型快速转化为实体产品。通过这个过程，他们深刻体会到3D打印在缩短产品开发周期、降低成本以及实现复杂结构制造方面的巨大潜力，为将来在工业生产中应用这一技术打下基础。

通过在劳动教育中操作科技成果，学生能够更加直观地了解科技的力量，提高对科技成果的认知和应用能力。同时，这种实践操作也能够培养个体的动手能力和解决实际问题的能力，为他们未来的职业发展和科技创新奠定坚实的基础。

4.2.3.2 创新意识培养与科技成果优化

劳动教育有助于培养个体的创新意识和能力，从而推动对现有科技成果的改进和优化。创新是科技进步的灵魂，而劳动教育为个体提供了一个培养创新意识和能力的平台。

（1）劳动中的创新需求

在参与劳动的过程中，个体常常会遇到各种问题和挑战，这促使他们积极思考创新解决方案。例如，在传统的机械加工工艺中，工人可能发现生产效率低下的问题。为了提高效率，他们可能会提出引入自动化生产线的创新想法，通过机器人手臂和智能控制系统实现零部件的自动化加工与组装，减少人工操作的误差和疲劳，从而大幅提高生产效率和产品质量。

在软件开发领域，用户可能对现有软件的功能和用户体验提出更高的要求。通过劳动教育培养的创新思维，个体能够尝试对软件进行重新架构和优化算法，增加新的功能模块，提升软件的性能和易用性，以更好地满足用户需求。

（2）企业创新案例分析

以一家电子制造企业为例，其生产线工人在长期的劳动实践中发现，某一型号电路板的焊接工艺存在缺陷，导致产品合格率较低。经过反复观察和实验，工人提出了改进焊接温度和时间的参数设置，并采用新型助焊剂的创新方案。经过实施该方案，产品合格率得到了显著提高，生产成本得以降低，企业的市场竞争力因此得到了显著提升。

这个案例充分说明了劳动教育能够激发个体的创新意识，推动现有科技成果的优化和改进。通过不断创新，科技成果能够更好地适应实际生产生活的需求，提高生产效率和产品质量，为企业和社会创造更大的价值。

4.2.3.3 跨学科知识融合与科技成果转化的新思路

劳动教育促进了个体跨学科知识的融合与应用，为科技成果的转化开辟了更广阔的空间。在当今科技快速发展的时代，跨学科知识的融合已经成为科技创新的重要趋势。

（1）医疗设备研发中的跨学科融合

在现代科技创新中，往往需要综合多个学科的知识来解决复杂的实际问题。例如，在医疗设备的研发中，需要融合机械工程、电子信息技术、生物医学等多学科的知识。在这一过程中，个体参与医疗设备的研发和制造，将不同学科的科技成果进行整合与创新，以实现技术突破。

例如，通过将先进的传感器技术、微型化电子元件与生物相容性材料相结合，可以开发出更精准、便携和舒适的医疗检测设备。通过跨学科知识的融合，个体能够开拓创新思路，为科技成果的转化提供新的方向和方法。

（2）新能源开发领域的跨学科融合

新能源开发领域涉及物理学、化学、材料科学等多个学科。通过参与太阳能电池板的制造，个体可以将材料科学中新型半导体材料的研发成果与物理学中的光电转换原理相结合，优化电池板的结构和制造工艺，从而提高光电转换效率，降低成本，推动新能源技术的广泛应用。

跨学科知识的融合为科技成果的转化带来了新的机遇和挑战。通过劳动教育，个体能够培养跨学科思维能力，将不同学科的知识和技术有机结合，为科技成果的转化开辟更广阔的空间，推动科技创新和产业升级。

4.2.3.4 某科技企业与高校合作的成果转化培训项目

以某科技企业与高校合作的成果转化培训项目为例，该项目充分展示了劳动教育在提高科技成果转化能力方面的显著成效。这种合作模式为企业和高校搭建了一座桥梁，促进了科技成果的转化和应用。

第4章 劳动教育对新质生产力发展的赋能机制

（1）培训项目的启动阶段

在培训项目的启动阶段，高校的科研团队精心准备，向企业员工全面展示了一系列前沿的科研成果。这些成果涵盖了多个领域，如新型材料的突破性研发、先进算法在大数据处理中的创新应用等。企业员工在初步接触这些成果时，充满好奇和期待，为后续的深入学习奠定了良好的基础。

高校科研成果的展示为企业员工打开了一扇科技创新的大门，激发了他们对科技成果转化的兴趣和热情。同时，这也让他们了解到高校在科技创新方面的实力和优势，为企业与高校的合作提供了动力和信心。

（2）系统的理论学习环节

项目进入系统的理论学习环节后，高校教师为企业员工详细讲解了各项科研成果背后的深厚理论知识和技术原理。这不仅包括基础科学知识，如物理、化学、生物学等，还涉及工程技术方面的专业知识，如制造工艺、系统设计、软件开发等。

通过这一环节，企业员工建立起了扎实的知识体系，为后续的实践操作提供了有力的理论支撑。理论学习是科技成果转化的重要基础，只有掌握扎实的理论知识，才能更好地理解和应用科技成果，实现科技成果的转化和创新。

（3）关键的实践环节

项目进入关键的实践环节后，企业员工被分成多个小组，每个小组针对特定的科研成果，结合企业的实际需求和市场状况，精心制定成果转化方案。在这个过程中，他们需要充分考虑企业的生产能力、市场定位、成本预算及竞争态势等多方面因素。

例如，针对高校研发的一种高性能超导材料，小组经过深入的市场调研和技术分析，提出将其应用于企业正在研发的新一代磁悬浮列车的核心部件制造中。他们详细规划了从材料加工、部件设计到系统集成的全过程，并对可能遇到的技术难题和风险进行了充分的预估，同时制定了相应的应对策略。

（4）项目推进中的挑战与解决

在项目的推进过程中，各个小组不可避免地遇到了一系列技术难题和市场挑战。例如，在新材料的大规模生产过程中，如何确保材料性能的一致性和稳定性成为棘手的问题；面对市场对产品性能和价格的双重严格要求，如何在保证质量的前提下降低成本，提高产品的性价比，也是需要攻克的难关。

面对这些难题，小组成员充分发挥了团队协作的精神。他们与高校的科研团队保持密切沟通，及时获取最新的技术支持和理论指导。在企业内部，他们组建了跨部门的技术攻关小组，集中优势资源解决关键技术问题。同时，积极开展市场调研，深入了解客户需求和竞争对手的动态，以便及时调整产品策略和技术方案。

（5）项目的成果与合作机制的建立

经过艰苦的努力和不懈的探索，许多小组都取得了显著的成果。例如，前文提到的小组将高性能超导材料应用于磁悬浮列车核心部件，成功解决了材料生产和应用中的一系列技术难题，实现了部件性能的大幅提升。新产品在市场上推出后，受到了广泛的关注和好评，显著提高了企业在轨道交通领域的竞争力。

此外，通过这个培训项目，企业与高校建立了长期稳定的合作机制。双方定期开展交流活动，分享最新的科研进展和市场动态，共同挖掘新的合作机会和应用场景。这种紧密的合作关系为未来持续的科技成果转化提供了坚实的保障和强大的动力。

4.3 劳动教育对产业升级的助力

4.3.1 适应新兴产业的人才培育

4.3.1.1 新兴产业的人才需求特点

随着科技的飞速发展，新兴产业如人工智能、大数据等领域正以惊人的速度崛起，对人才的需求也呈现出独特而显著的特点。

（1）人工智能领域的人才需求

在人工智能领域，不仅需要具备扎实的数学基础、计算机编程能力和算法理

第4章 劳动教育对新质生产力发展的赋能机制

论知识的人才,还要求他们能够将这些知识应用于实际场景,解决诸如图像识别、语音处理、智能决策等复杂问题。数学基础为人工智能算法的设计和优化提供了理论支持,而计算机编程能力是实现算法的工具。算法理论知识是人工智能的核心,包括机器学习、深度学习、自然语言处理等领域的理论。例如,自动驾驶技术的研发需要人才综合运用深度学习算法、传感器数据融合和实时决策等多方面的能力,以确保车辆在各种复杂环境下的安全行驶。这就要求人才不仅要掌握各个领域的专业知识,还要能够将这些知识融合在一起,解决实际问题。

人工智能领域的发展非常迅速,新的技术和应用不断涌现。因此,人才需要具备较强的实践能力,能够快速掌握新技术和工具,并将其应用于实际项目中。例如,在图像识别领域,新的算法和模型不断出现,人才需要快速学习和掌握这些新算法和模型,并将其应用于实际的图像识别项目中。同时,人才还需要具备良好的工程实践能力,能够将算法和模型转化为实际的软件系统,并进行优化和维护。

(2)大数据产业的人才需求

大数据产业对数据处理、分析和可视化的能力有很高的要求。人才需要掌握数据采集的方法和技术,能够从海量、多样的数据中提取有价值的信息,并通过清晰直观的方式进行展示,为企业决策提供支持。数据采集是大数据处理的第一步,人才需要掌握各种数据采集技术,如网络爬虫、传感器数据收集等。数据处理和分析是大数据产业的核心,人才需要掌握各种数据分析技术,如统计学方法、数据挖掘算法等,能够从海量的数据中提取有价值的信息。数据可视化是大数据产业的重要环节,人才需要掌握各种数据可视化技术,如 Tableau、Power BI 等,能够将复杂的数据转化为生动、易懂的图表和故事。例如,电商平台的大数据分析需要人才能够分析用户的购买行为、消费偏好等数据,为精准营销和个性化推荐提供依据。

大数据人才不仅需要具备数据处理和分析的能力,还需要具备对业务的理解和应用能力。他们需要了解企业的业务流程和需求,能够将数据分析的结果应用于实际业务中,为企业决策提供支持。例如,在电商平台的大数据分析中,人才需要了解电商平台的业务流程和用户需求,能够将用户的购买行为、消费偏好等数据分析结果应用于精准营销和个性化推荐中，从而提高电商平台的销售额和用户满意度。

4.3.1.2 劳动教育课程的针对性调整

为了适应新兴产业的人才需求，劳动教育对课程进行了精心的设计和调整，以培养出具备专业知识和实践能力的人才。

（1）人工智能课程设置

在人工智能课程设置方面，不仅涵盖了基础的编程语言如 Python，还包括机器学习、深度学习、自然语言处理等核心课程。Python 是一种广泛应用于人工智能领域的编程语言，具有简单易学、功能强大等特点。机器学习是人工智能的重要分支，通过对数据的学习和分析，实现对未知数据的预测和分类。深度学习是机器学习的一个重要分支，通过构建深度神经网络，实现对复杂数据的学习和分析。自然语言处理是人工智能的重要应用领域，通过对自然语言的理解和生成，实现人机交互和信息处理。例如，在机器学习课程中，学生将学习监督学习、无监督学习等算法，并通过实际案例理解如何应用这些算法进行数据预测和分类。深度学习课程则深入探讨神经网络的架构和训练方法，学生将亲手搭建和训练深度神经网络，以解决图像识别、文本生成等实际问题。

人工智能课程的设置旨在培养学生的人工智能理论知识和实践能力，使他们能够在人工智能领域中从事研发、应用和管理等工作。通过学习这些课程，学生将掌握人工智能的基本概念、算法和技术，了解人工智能的发展趋势和应用前景。同时，学生还将通过实际项目实践，提高自己的编程能力、问题解决能力和团队合作能力，为未来的职业发展打下坚实的基础。

（2）大数据课程设置

大数据课程注重数据的全生命周期管理。数据采集课程教授学生如何从各种来源中获取数据，包括网络爬虫、传感器数据收集等技术。数据存储与管理课程介绍了关系型数据库、NoSQL 数据库等不同的数据存储方式，以及如何进行高效的数据存储和检索。在数据分析课程中，学生将学习使用统计学方法和数据挖掘算法对数据进行深入分析，挖掘潜在的模式和趋势。数据可视化课程教授学生如何将复杂的数据转化为生动、易懂的图表和故事，为企业的决策提供支持。

大数据课程的设置旨在培养学生的数据处理、分析和可视化能力，使他们能够在大数据领域中从事数据分析师、数据工程师、数据科学家等工作。通过学习这些课程，学生将掌握大数据的基本概念、技术和方法，了解大数据的应用场景和发展趋势。同时，学生还将通过项目实践，提高自己的数据处理、分析和可视化能力，为未来的职业发展打下坚实的基础。

4.3.1.3 实践内容的优化与创新

劳动教育中的实践环节是培养学生实际操作能力的关键。通过与企业的合作项目，学生能够将所学知识应用于实际场景，提高自己的实践能力和职业素养。

（1）与企业合作的实践项目

在与企业的合作项目中，学生有机会参与真实的业务场景。例如，在与一家互联网金融企业合作开展的风险评估项目中，学生利用大数据技术分析用户的信用数据、消费行为等，构建风险评估模型，为企业的贷款决策提供支持。在这一过程中，学生不仅学会了如何处理大规模的数据，还了解了金融行业的业务逻辑和风险控制要求。通过与企业的合作，学生能够将所学的大数据知识应用于实际的金融业务中，提高自己的实践能力和职业素养。

在与一家智能制造企业合作的生产优化项目中，学生运用人工智能技术对生产线上的设备进行监测和预测性维护。通过传感器收集设备的运行数据，并利用机器学习算法进行分析，预测设备可能出现的故障，从而减少停机时间，提高生产效率。在这个项目中，学生不仅学会了如何运用人工智能技术解决实际的生产问题，还了解了智能制造行业的发展趋势和技术需求。通过与企业的合作，学生能够将所学的人工智能知识应用于实际的智能制造业务中，提升自己的实践能力和职业素养。

（2）实践内容优化与创新的意义

实践内容的优化与创新能够提升学生的实践能力，使他们更好地适应未

来的职业发展。通过参与实际项目，学生可以将所学的理论知识应用于实际场景，增强问题解决能力和团队合作能力。同时，实践内容的优化与创新还能帮助学生了解行业的最新发展动态和技术需求，为未来的职业发展做好准备。

实践内容的优化与创新还可以促进产业升级，为企业发展提供人才支持。通过与企业的合作项目，学生能够将所学知识和技能应用于实际业务场景，为企业发展提供创新思路和解决方案。同时，企业也可以通过与学校的合作，了解学校的教育教学情况和学生的能力水平，为企业的人才招聘和培养提供参考。

4.3.1.4 某高校的特色专业与课程案例

某高校积极响应新兴产业的发展需求，开设了一系列特色专业和课程，为学生提供了丰富的学习资源和实践机会。

（1）人工智能专业的特色课程

在人工智能专业中，"人工智能伦理与法律"课程备受关注。这门课程通过分析人工智能技术在医疗、交通、金融等领域的应用案例，探讨其中涉及的伦理问题，如算法偏见、数据隐私保护等，以及相关的法律法规。例如，在医疗领域，智能诊断系统的决策是否公正、患者数据的使用是否合法等问题成为讨论的焦点。通过这样的课程，学生能够在人工智能研发和应用时培养道德意识与法律合规意识。

"人工智能创新实践"课程为学生提供了一个将理论知识转化为实际项目的平台。学生分组完成具有实际应用价值的人工智能项目，如开发智能农业灌溉系统，通过传感器收集土壤湿度、气象数据等，利用人工智能算法实现精准灌溉，提高水资源利用效率和农作物产量。通过这门课程，学生能够将所学的人工智能知识应用于实际的农业生产中，提升实践能力和创新能力。

（2）大数据专业的特色课程

在大数据专业中，"数据可视化与故事讲述"课程独具特色。课程中，学生学习使用各种数据可视化工具，如 Tableau、Power BI 等，将复杂的数据转化为生动、易懂的图表和故事。以城市交通流量数据为例，学生通过可视化展示不同时间段、不同区域的交通状况，为交通管理部门提供直观的决策依据。通过这门课程，学生能够将所学的大数据知识应用于实际的交通管理中，提高数据可视化能力和故事讲述能力。

"大数据商业应用案例分析"课程通过对实际企业案例的深入剖析，使学生了解大数据在市场营销、供应链管理、客户关系管理等方面的具体应用和效果。例如，分析某零售企业如何利用大数据进行精准营销，以提高客户满意度和销售额。通过这门课程，学生能够将所学的大数据知识应用于实际的商业领域中，提高数据分析能力和商业洞察力。

（3）跨学科实践项目

在"人工智能与生物医学"的联合项目中，学生需要综合运用计算机科学、生物学和医学知识，开发智能医疗诊断系统。他们利用人工智能算法对医学影像进行分析，辅助医生进行疾病诊断，提高诊断的准确性和效率。通过这个项目，学生能够将所学的人工智能知识和生物医学知识应用于实际的医疗领域，提高跨学科思维能力和实践能力。

通过特色专业和课程的设置，以及丰富的实践项目，该校培养的学生在毕业后能够迅速适应新兴产业的工作环境和要求，成为推动产业发展的重要力量。同时，学校不断根据产业的最新发展和企业的反馈，对课程和实践内容进行优化和更新，确保教育与产业需求的紧密对接。这些特色专业和课程的设置能够提高学校的教育教学质量，培养出具有创新精神和实践能力的高素质人才，为新兴产业的发展提供人才支持。

4.3.1.5 持续优化与适应产业发展

劳动教育需要不断关注新兴产业的动态变化，持续优化课程和实践内容，以适应产业发展的需求。

（1）关注新兴产业动态

随着技术的不断创新和应用场景的拓展，新兴产业的需求也在不断演变。例如，人工智能与物联网的融合、大数据与区块链的结合等新兴趋势，都要求劳动教育及时调整教学内容，引入新的知识和技能。人工智能与物联网的融合能够实现智能设备的互联互通和协同工作，为人们的生活和工作带来更多便利。大数据与区块链的结合能够提高数据的安全性和可信度，为企业的决策提供更加准确的数据支持。

劳动教育需要关注新兴产业的动态变化，及时调整课程内容，引入新的知识和技能。例如，在人工智能课程中，可以加入人工智能与物联网融合的相关知识和技术，如智能传感器、物联网平台等。在大数据课程中，可以涵盖大数据与区块链结合的相关知识和技术，如区块链数据存储、数据加密等。通过持续优化课程内容，劳动教育能够培养出适应新兴产业发展需求的高素质人才。

（2）加强与企业的深度合作

加强与企业的深度合作，建立产学研一体化的教育模式也是至关重要的。通过企业的实际项目和反馈，能够更准确地把握产业需求，为学生提供更具针对性的培养方案，进一步提高人才培养的质量和适应性。产学研一体化教育模式能够将学校的教育教学与企业的实际需求紧密结合，实现教育与产业的无缝对接。通过与企业的合作，学校能够了解企业的技术需求和人才需求，为企业提供技术支持和人才培养服务。企业也可以为学校提供实践教学基地和实习就业机会，为学生的职业发展提供支持。

加强与企业的深度合作能够提高劳动教育的质量和适应性，为新兴产业的发展提供人才支持。通过与企业的合作，学校能够了解产业的最新发展动态和技术需求，为课程设置和教学内容的优化提供参考。同时，企业也可以为学生提供实践教学基地和实习就业机会，提高学生的实践能力和职业素养。通过产学研一体化的教育模式，学校和企业能够共同培养出适应新兴产业发展需求的高素质人才，为产业升级和创新发展提供动力。

4.3.2 传统产业转型的人才支撑

4.3.2.1 传统产业转型的人才需求变化

在当今数字化、智能化飞速发展的时代，传统产业面临着巨大的变革挑战，其对人才的需求也发生了深刻的转变。

第4章　劳动教育对新质生产力发展的赋能机制

（1）传统产业转型的背景与挑战

当今世界，科技发展日新月异，数字化和智能化技术正以前所未有的速度渗透到各个产业领域。面对这一浪潮的冲击，传统产业必须转型，以适应新的市场环境和竞争格局。从制造业到能源行业，再到农业领域，传统产业的生产方式、管理模式和商业模式都在发生着根本性的变化。

随着全球经济一体化的加速，市场竞争日益激烈。传统产业要在这样的环境中生存和发展，必须提高自身的竞争力。这不仅需要技术的改造和升级，还需要一批高素质的人才来推动这一进程。同时，社会对可持续发展的要求也越来越高，传统产业必须在环保和资源利用等方面做出积极的改变，这也对人才提出了新的要求。

（2）传统制造业的人才需求变化

以传统制造业为例，我国工业机器人市场规模在2020年以来的五年间以年均30%以上的速度增长，这表明制造业对自动化生产的需求日益旺盛。然而，具备工业机器人操作与维护技能的人才缺口却高达数百万。这一巨大的人才缺口严重影响了制造业的转型升级，使得企业在引入自动化生产线后，由于缺乏相关技术人才，生产线的开机率一度不足70%，生产效率和产品质量都受到了严重影响。

在汽车制造行业，自动化焊接生产线的普及使得企业对掌握机器人编程和焊接工艺的人才需求猛增。汽车制造企业需要的不再是单纯的机械操作工，而是能够熟练操作和维护自动化设备的技术人才。这些人才不仅需要具备扎实的机械、电子等专业知识，还要掌握先进的编程技术和工艺优化方法，以确保生产线的高效运行。

（3）能源行业的人才需求变化

在能源行业，随着全球对环境保护和可持续发展的重视程度不断提高，传统以煤炭、石油等化石能源为主的能源结构正在向太阳能、风能、水能等可再生能源转变。截至2023年底，我国可再生能源发电装机容量已突破12亿千瓦，占总装机容量的47.3%。然而，在新能源领域，专业人才的供给远远跟不上产业的发展速度。例如，某太阳能企业在扩大生产规模时，发现市场上能够熟练掌握光伏

电池生产工艺和质量控制的技术人才极为稀缺，这限制了企业的发展。

能源行业的转型不仅需要技术人才，还需要具备能源管理和可持续发展理念的综合型人才。这些人才需要能够在能源生产、传输、分配和使用的各个环节中，运用先进的技术和管理方法，实现能源的高效利用和可持续发展。同时，他们还需要关注能源政策和市场动态，为企业的发展提供战略决策支持。

（4）农业领域的人才需求变化

在传统的农业领域，精准农业和智慧农业等新兴概念的兴起对农业从业者提出了更高的要求。目前，我国农村实用人才中，具备现代农业技术和管理知识的人才不足 20%。这表明农业领域急需一批掌握先进农业技术和管理理念的人才，以推动农业产业的升级。

在一些农业发达地区，如山东寿光，虽然已经广泛应用了物联网和大数据等技术进行温室种植，但仍面临专业技术人才短缺的问题。这些地区需要的不仅是能够操作先进设备的技术人员，还需要具备农业规划和市场营销等综合能力的人才，以实现农业产业的可持续发展。

4.3.2.2 劳动教育对新技术的培养

劳动教育在传统产业转型中发挥着重要作用。通过培养学生掌握新技术，为传统产业提供了有力的人才支持。

（1）课程设置与新技术培养

各大院校和职业教育机构纷纷开设与新技术紧密相关的课程，如"工业机器人技术"课程。该课程不仅涵盖机器人的基本结构、运动学和动力学原理等理论知识，还注重培养学生的实际编程和操作能力。通过学习，学生能够深入理解机器人的工作原理，掌握常见的编程语言和编程方法，如示教编程、离线编程等，并能熟练地对工业机器人进行示教、编程和调试，使其能够在不同的生产任务中准确、高效地执行动作。

智能制造系统课程聚焦于整个生产流程的智能化管理和控制。学生在这门课程中学习如何运用先进的传感器技术、数据采集与分析方法、智能控制算法等，实现对生产过程的实时监测、故障诊断和自适应优化。通过这门课程的学习，学生能够设计和搭建智能化的生产系统，将各类先进的制造技术和设备有机整合，提高生产的灵活性、质量和效率。

物联网应用课程为学生打开了连接物理世界和数字世界的大门。在这门课程中，学生学习如何利用传感器、射频识别技术、无线通信技术等构建物联网系统，实现对设备、产品和环境的实时感知与远程控制。例如，在一家传统的物流企业中，学生可以运用所学的物联网知识设计一套智能仓储管理系统，通过对货物的实时定位和状态监测，提高仓储空间的利用率和物流配送的准确性。

（2）实践环节与新技术应用

实践环节在劳动教育中占据着举足轻重的地位。为了让学生能够更好地将所学的新技术应用于实际工作中，许多院校与企业合作建立了实训基地。在这些实训基地中，学生可以接触到真实的生产环境和最先进的技术设备，亲身体验新技术在实际生产中的应用和效果。

例如，在汽车制造实训基地中，学生可以参与自动化生产线的调试和优化工作。他们需要了解生产线中各个工位的工作原理和协同关系，掌握自动化设备的参数设置和故障排除方法。通过实际操作，学生能够发现生产线上存在的问题，并运用所学的知识和技能提出解决方案，从而提高生产线的整体运行效率和产品质量。

在能源领域的实训基地中，学生可以参与新能源发电设备的安装和运维工作。他们需要学习如何安装太阳能电池板、风力发电机等设备，掌握设备的调试和运行监测技术。同时，学生还能够参与能源管理系统的开发和优化，通过对能源数据的采集和分析，提出节能降耗的建议和措施。

4.3.2.3 新理念的融入与培养

劳动教育不仅注重培养学生掌握新技术，还积极将新理念融入教学过程，以培养学生适应传统产业转型所需的创新理念和可持续发展理念。

（1）可持续发展理念的培养

可持续发展理念在当今的产业转型中具有至关重要的地位。劳动教育通过一系列课程和实践活动，让学生深刻理解资源的合理利用、环境保护，以及社会责

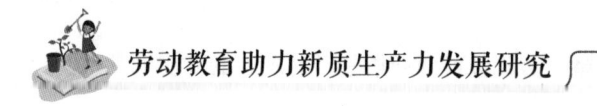

任的重要性。例如，在化工专业的课程中，引入绿色化工的概念。学生不仅学习传统的化学反应和工艺流程，还深入研究如何通过优化反应条件、选择环保型原料和溶剂、开发绿色催化剂等手段，减少化工生产过程中的"三废"排放，从而降低对环境的污染程度。

在实践环节，学生可能会参与化工企业的清洁生产项目。通过对现有生产工艺的评估，他们提出改进方案，如采用闭路循环系统回收利用废水和废料，以实现资源的最大化利用。通过这样的实践活动，学生能够将可持续发展理念付诸实践，为传统产业的绿色转型作出贡献。

（2）创新理念的培养

创新理念的培养也是劳动教育的重要内容。在传统产业中，创新不仅体现在技术突破上，还包括商业模式、管理方式和服务模式的创新。劳动教育鼓励学生在传统工艺流程中寻找创新点，并提出改进和优化的方案。例如，在纺织行业，学生可能会思考如何利用新型纤维材料和先进的织造技术，开发出具有特殊功能和高附加值的纺织品。他们还可能研究如何通过互联网和大数据技术，实现个性化定制和精准营销，以满足消费者日益多样化的需求。

为了培养学生的创新能力，劳动教育常常组织各种创新竞赛和创业实践活动。在这些活动中，学生以团队的形式，针对某个具体的传统产业问题，提出创新性的解决方案，并将其付诸实践。例如，在一个针对传统农产品加工企业的创新竞赛中，学生团队提出了利用生物技术开发功能性食品的方案。他们通过提取农产品中的有益成分，结合现代食品加工技术，开发出具有保健功能的食品，为企业开拓了新的市场领域。

4.3.2.4 某传统制造业企业的智能化转型案例

某传统制造业企业通过与职业院校的合作，成功实现了智能化转型，充分展示了劳动教育在传统产业转型中的重要作用。

（1）企业智能化转型的背景与挑战

某传统制造业企业在市场竞争日益激烈和技术快速发展的背景下，深刻认识到智能化转型是其生存和发展的必由之路。然而，由于长期以来企业员工的技术水平和理念相对滞后，智能化转型的推进面临着诸多困难和挑战。企业需要一批能够适应新技术、新理念的人才来推动转型进程。

企业员工在自动化、信息化等方面的知识和技能相对薄弱，对智能化设备感到陌生和恐惧。这导致企业在引入智能化生产线后，面临设备操作不熟练、故障排除困难等问题，严重影响生产效率和产品质量。同时，员工的创新意识不足，难以提出有效的改进建议和创新想法，限制了企业的发展潜力。

（2）企业与职业院校的合作策略

为了实现智能化转型的目标，企业决定与当地一所职业院校展开深度合作，共同制定并实施一系列全面的员工培训项目。在开展培训项目的初期，企业和职业院校首先对员工的现有知识与技能水平进行了详细的评估和分析。通过问卷调查、实际操作考核和面谈等方式，全面了解员工在自动化、信息化等方面的基础和薄弱环节。基于评估结果，为每位员工制定个性化的培训方案，确保培训内容能够精准地满足员工的实际需求和企业的发展要求。

对于那些在自动化知识方面几乎空白的员工，企业专门为他们开设了基础课程，包括传感器原理、可编程逻辑控制器编程、工业网络通信等。这些课程以通俗易懂的方式，从基本概念入手，逐步深入实际应用，帮助员工建立起对自动化技术的初步认识和理解。在实践培训环节，企业充分利用新引进的智能化生产线，让员工亲自参与设备的安装、调试和运行过程。在专家和技术人员的现场指导下，员工们有机会亲手操作先进的生产设备，学习设置参数、监控运行状态、处理常见故障等实际技能。

为了激发员工的创新思维和团队合作精神，企业还组织了一系列创新工作坊和团队讨论活动。在这些活动中，员工们被分成小组，针对智能化生产过程中出现的问题和挑战，共同探讨解决方案。例如，有一个小组提出通过引入人工智能算法对生产数据进行实时分析和预测，以提前发现潜在的质量问题，从而实现预防性维护和质量控制。

（3）企业智能化转型的成果与意义

经过一段时间的持续培训和实践，企业员工的技术水平和创新能力得到了显著提升。他们不再对智能化设备感到陌生和恐惧，而是能够熟练地操作和维护这

些设备，充分发挥其效能。同时，员工的创新意识也被激发，他们积极主动地提出各种改进建议和创新想法，为企业的智能化转型注入了源源不断的动力。

通过提升员工的技术水平和创新能力，企业成功实现了智能化转型。生产效率大幅提高，产品质量更加稳定可靠，生产成本显著降低。据统计，企业的生产效率较转型前提高了40%，产品不良品率降低了30%，同时生产成本降低了25%。此外，企业能够更加灵活地应对市场需求的变化，推出更多具有竞争力的新产品，市场份额不断扩大，竞争力显著增强。

这个案例充分展示了劳动教育在传统制造业企业智能化转型过程中发挥的重要作用。通过针对性的培训和实践，企业培养了一批适应新技术、新理念的人才，有力地推动了企业的转型升级和可持续发展。其他传统产业企业可以借鉴这一案例，加强与劳动教育机构的合作，共同培养适应产业转型需求的高素质人才。

4.3.2.5 持续推进与深化改革

为了更有效地为传统产业转型提供人才支撑，劳动教育需要不断进行改革和创新，以适应产业发展的动态需求。

（1）加强与行业协会的合作

加强与行业协会的紧密合作是至关重要的一步。行业协会通常掌握着行业的最新发展动态、技术趋势和政策法规等重要信息。通过与行业协会建立定期的沟通机制和信息共享平台，劳动教育机构能够及时了解到产业的变化，从而迅速调整教学内容和方向。例如，当某个行业出现新的技术标准或认证要求时，劳动教育机构可以立即将相关内容纳入课程体系，确保学生所学的知识和技能与行业实际需求保持同步。

为了加强与行业协会的合作，劳动教育机构可以采取多种方式。例如，可以邀请行业协会的专家参与课程设计和教学指导，为学生提供行业前沿的知识和经验。同时，劳动教育机构可以与行业协会共同举办行业研讨会和技术培训等活动，为学生和教师提供与行业专家交流的机会。此外，劳动教育机构还可以与行业协会合作开展企业调研和项目合作，深入了解企业的实际需求，为教学改革提供依据。

第4章 劳动教育对新质生产力发展的赋能机制

（2）优化师资队伍

不断优化师资队伍也是提高劳动教育质量的关键。引进具有丰富实践经验和行业背景的教师，能够为学生带来最新的行业案例和实践经验。这些教师不仅能够传授理论知识，还能分享他们在实际工作中解决问题的方法和技巧。他们可以通过指导实际项目，培养学生的实践能力和创新思维。

同时，鼓励现有教师定期到企业挂职锻炼，深入了解行业的最新发展，提升自身的实践能力和教学水平。教师在企业挂职期间，可以参与企业的实际项目和技术研发，了解企业的生产流程和管理模式。回到学校后，他们可以将这些实践经验融入教学中，使教学内容更加贴近实际需求。

此外，建立教师与企业专家的交流机制，促进双方知识和经验的共享，共同研发教学项目和课程内容，可以进一步提高教学的针对性和实用性。教师和企业专家可以通过研讨会、项目合作等方式进行交流，共同探讨教学方法和课程设计，为培养适应传统产业转型需求的人才提供更好的教学资源。

（3）建立健全人才评价体系

建立健全人才评价体系对劳动教育的发展具有重要的引导作用。传统以考试成绩为主的评价方式往往难以全面反映学生的实际操作能力和创新思维。这种评价方式注重理论知识的考核，而忽视了学生在实践项目中的表现、创新成果、团队协作能力等方面的评价。因此，需要构建一个多元化的人才评价体系，以更好地适应传统产业转型对人才的需求。

构建多元化的人才评价体系，注重考核学生在实践项目中的表现、创新成果和团队协作能力。例如，可以通过学生在企业实习期间的表现、参与实际项目的成果及创新竞赛的获奖情况等多个维度，综合评价学生的能力和水平。同时，评价体系还可以引入企业的评价意见，让企业参与学生的评价过程，使评价结果更加客观、准确。

这样的评价体系能够更好地激励学生注重实践能力和创新思维的培养，提高他们在就业市场上的竞争力。同时，评价体系也可以为教育机构提供教学改革的依据，促使其不断优化教学内容和方法，提高教学质量。

4.3.3 劳动力市场供需平衡的优化

4.3.3.1 劳动教育提升劳动力综合素质

劳动教育在塑造和提升劳动力综合素质方面发挥着至关重要的作用，对个人的职业发展和社会经济的进步都有深远的影响。

（1）专业知识与技能的传授

劳动教育通过系统的知识和技能传授，为劳动者打下坚实的专业基础。不同领域的劳动教育提供了深入且实用的专业知识，使劳动者能够在毕业后迅速适应工作岗位。例如，在工程技术领域，学生通过劳动教育学习机械原理、电子电路、编程算法等课程，掌握从设计图纸到实际制造的全过程技能。这不仅为他们参与大型基础设施建设或研发新型工业产品提供了能力支持，还为他们在工程领域的长期发展奠定了基础。在医疗护理领域，劳动教育涵盖了医学基础知识、临床技能、护理伦理等方面的内容，培养出具备专业素养和人文关怀的医护人员。金融管理领域的劳动教育包括金融市场分析、投资策略、风险管理等课程，为金融行业培养出具备专业知识和实践能力的人才。创意设计领域的劳动教育注重培养学生的创新思维、设计技巧和审美能力，为创意产业输送了大量优秀的设计师。

（2）职业素养的培养

职业素养的培养是劳动教育的重要组成部分。责任意识、纪律观念、职业道德及团队协作精神等职业素养对于劳动者在工作中的表现至关重要。在某知名制造企业，新入职的员工经过专门的劳动教育培训，深刻理解了产品质量对企业声誉和市场竞争力的重要性。他们在工作中严格遵守生产流程和质量标准，使产品合格率从之前的90%提高到了95%以上。这体现了责任意识和纪律观念在工作中的重要性。同时，这些员工在团队协作方面表现出色，通过有效的沟通和协作，生产效率提升了20%，大幅缩短了产品交付周期。团队协作精神能够促进信息共享、资源优化配置和问题的快速解决，提高工作效率和质量。职业道德也是劳动教育的重要内容，涵盖了诚实守信、保守商业秘密、尊重客户等方面。具备良好职业道德的劳动者能够赢得企业和客户的信任，为个人和企业的发展创造良好的

第4章 劳动教育对新质生产力发展的赋能机制

环境。

（3）创新能力的激发

在当今竞争激烈的市场环境中，创新能力变得愈加重要。劳动教育通过启发式教学、实践项目和创新竞赛等方式，激发劳动者的创新思维。在某科技公司的研发部门，经过一系列创新培训课程，员工们提出的新产品创意数量在一年内同比增长了30%。这表明创新教育能够激发员工的创造力，为企业带来新的发展机遇。其中，一项由年轻员工团队提出的智能家电创新设计方案成功推向市场后，为公司带来了超过500万元的新增销售额。创新能力不仅能为企业创造经济价值，还能推动行业的进步和社会的发展。劳动教育可以通过培养学生的批判性思维、问题解决能力和跨学科知识整合能力，激发他们的创新潜力。例如，在设计类课程中，学生可以通过参与实际项目，提出创新的设计方案，解决现实生活中的问题。在工程技术类课程中，学生可以通过参与科研项目，探索新的技术和方法，为行业的发展作出贡献。

（4）团队协作精神的培养

团队协作精神是现代工作中不可或缺的要素。通过组织团队项目、小组讨论和合作实践活动，劳动教育能够培养劳动者的团队协作精神。在某建筑设计公司，一个由不同专业背景的员工组成的项目团队参与了一个大型商业综合体的设计项目。他们充分发挥各自的专业优势，通过密切的沟通和协作，成功完成了设计方案。该方案不仅在功能布局上满足了客户的需求，还在建筑外观和环保节能方面展现了创新理念，赢得了行业内的重要奖项。团队协作能够整合不同专业的知识和技能，提高工作效率和质量。在团队项目中，劳动者可以学习如何有效地沟通、协调和合作，培养团队意识和领导能力。劳动教育可以通过模拟实际工作场景，让学生在团队中扮演不同的角色，体验团队协作的重要性。例如，在工程项目中，学生可以组成团队，分别承担设计、施工、管理等不同的任务，共同完成项目的目标。

（5）实际问题解决能力的锻炼

解决实际问题的能力是劳动者综合素质的重要体现。劳动教育通过模拟实际工作场景、设置问题解决任务和案例分析等教学方法，锻炼劳动者的实际问题解决能力。据统计，在某服务型企业中，接受过此类能力培养的员工在面对客户复杂问题和突发情况时，平均解决时间从原来的2小时缩短到了40分钟，客户满意度从80%提升到了95%以上。实际问题解决能力包括分析问题、提出解决方案、实施解决方案和评估结果等方面。劳动教育可以通过实践教学、实习和项目合作等方式，让学生在实际工作中锻炼问题解决能力。例如，在医学教育中，学生可以通过临床实习，面对各种疾病和患者的实际问题，提出诊断和治疗方案。在工程技术教育中，学生可以通过参与实际项目，解决工程设计、施工和管理中的实际问题。

4.3.3.2 缓解劳动力市场结构性矛盾

当前，劳动力市场面临着严峻的结构性矛盾，这一矛盾主要表现为劳动力素质与市场需求的不匹配。劳动教育作为一种有针对性的教育手段，可以有效地缓解这一矛盾。

（1）劳动力市场结构性矛盾的表现

一方面，大量劳动者在求职过程中因技能和知识不足而难以找到合适的工作；另一方面，企业在招聘时难以找到具备所需技能和素养的人才，导致招聘成本增加和生产效率受限。这种结构性矛盾不仅影响劳动者的就业和收入，也制约了企业的发展和经济增长。例如，在某些地区，制造业企业需要大量高技能工人，如熟练的数控机床操作员、工业机器人编程维护人员和先进材料研发工程师等，但由于缺乏相关的职业教育和培训，求职者难以满足企业的需求。同时，大量求职者由于缺乏市场需求的技能和知识，只能从事低技能、低工资的工作，导致劳动力市场的供需不平衡。

（2）劳动教育对缓解结构性矛盾的作用

劳动教育能够根据市场需求的变化灵活调整教育内容和方向，有效缓解劳动力市场的结构性矛盾。以电子商务行业为例，随着互联网技术的飞速发展和消费模式的转变，电商行业对具备网络营销、数据分析、客户服务和物流管理等多方面技能的人才需求急剧增长。劳动教育机构迅速响应这一需求，开设了相关的专业课程和培训项目，包括电商平台运营、数字营销技巧、大数据分析工具的应用及物流配送优化等。通过这些课程的学习，劳动者能够获得与电商行业发展紧密匹配的知识和技能，提高在该领域的就业竞争力。

（3）劳动教育对人才的精准培养的作用

劳动教育还可以通过与企业合作，了解企业的实际需求，为企业定制人才培养方案，实现人才的精准培养。例如，某地区的制造业企业与当地的职业院校合作，共同制定了符合企业需求的人才培养方案，包括课程设置、实习安排和技能考核等方面。通过这种合作，职业院校能够为企业培养出具备实际操作能力和职业素养的高技能人才，满足企业的发展需求。

4.3.3.3 劳动教育促进供需匹配的案例与数据

劳动教育通过提升劳动者的综合素质，精准对接市场需求，有效促进了劳动力市场的供需匹配。

（1）某地区劳动力市场的显著变化

经过几年的努力，我们再次对该地区的劳动力市场进行调研时，发现了显著的变化。接受过相关劳动教育和培训的劳动者在就业市场上的竞争力得到了极大的提升。具体数据显示，企业招聘到满意的高技能工人的比例从改革前的25%大幅提升至55%。这意味着更多企业能够找到符合其技术要求和发展需求的人才，从而提高生产效率和产品质量，增强市场竞争力。同时，劳动者的薪资水平也有了明显的提高。改革前，该地区制造业劳动者的平均工资约为每月3500元，而改革后，这一数字增长到了每月5500元以上，涨幅超过50%。这不仅反映了劳动者技能水平的提升带来的价值增长，也进一步激励了更多人积极参与劳动教育和培训，提升自身素质。

（2）劳动教育促进劳动力合理流动

劳动教育还促进了劳动力在不同行业和领域的合理流动。例如，某劳动者原本在传统的机械制造行业工作，但通过参加劳动教育中的再培训课程，掌握了先进的3D打印技术和数字化设计能力，成功地从传统制造业转型到新兴的增材制造领域。这种跨行业的流动不仅为劳动者提供了更广阔的发展空间,也促进了不同行业之间的技术交流和创新融合。劳动教育通过提供多元化的课程和培训项目,满足了劳动者不同的职业发展需求。

例如,劳动者可以通过参加职业转换培训课程,学习新的技能和知识,实现职业的转型和升级。同时,劳动教育还可以通过建立职业发展平台,为劳动者提供职业咨询、就业推荐和创业支持等服务,促进劳动力的合理流动。

第 5 章 新时代大学生劳动教育的现状与挑战

5.1 大学生劳动教育的实施现状

5.1.1 课程体系与教学安排

在新时代的教育背景下，大学生劳动教育的实施现状呈现出多样化的特点，其中课程体系与教学安排起着至关重要的作用。

5.1.1.1 理论课与实践课的比例设置

高校劳动教育课程通常由理论课和实践课组成。理论课在劳动教育中承担着奠定思想基础的重要任务。一般来说，理论课涵盖价值观、劳动法律法规、劳动安全与卫生等多方面内容。部分高校将理论课的比例设置在 30% 左右。在教学方式上，采用课堂讲授、小组讨论、专家讲座等多种形式。

例如，在价值观的教学中，教师通过讲述劳动模范的先进事迹，引导学生深刻理解劳动的意义和价值，激发学生对劳动的尊重和热爱。小组讨论则让学生们就与劳动相关的热点问题进行交流和辩论，如"人工智能时代劳动的价值是否会降低"等，培养学生的批判性思维和独立思考能力。

实践课在劳动教育中占据较大比例，约为 70%。这是因为实践课强调学生的亲身参与和实际操作，能够让学生在具体的劳动过程中体会劳动的辛苦与快乐，培养学生的实际动手能力和解决问题的能力。

实践课的形式丰富多样，包括校园劳动实践、企业实习、社会志愿服务等。校园劳动实践如参与校园绿化、图书馆整理、教室清洁等活动，让学生在熟悉的校园环境中感受劳动的日常性和必要性。企业实习则为学生提供了接触真实工作场景的机会，学生可以在企业中了解不同岗位的劳动要求和职业素养，为未来的职业发展做好准备。社会志愿服务如关爱孤寡老人、参与环保公益活动等，可以培养学生的社会责任感和奉献精神。

5.1.1.2 课程的阶段性设置

高校劳动教育课程的阶段性设置是其课程体系的一个重要特点。一般来说，劳动教育课程会根据学生的不同年级和学习阶段进行有针对性的安排。

在大学低年级阶段，课程主要以基础理论课和简单的实践课为主。基础理论课帮助学生初步建立对劳动的正确认识，了解劳动在个人成长和社会发展中的重要作用。实践课则以校园劳动实践为主，如参与迎新活动的志愿服务、校园卫生清洁等。这些活动有助于学生尽快适应大学生活，并培养他们的团队合作精神和良好的劳动习惯。

随着年级的升高，课程内容逐渐深入和专业化。理论课会涉及更深入的劳动法律法规、职业规划等内容，引导学生为未来的职业发展做好准备。实践课则更加注重与专业相关的实践活动，如理工科学生参与专业实验室的操作和项目研究，文科学生参与社会调研和文化传承活动等。例如，某高校新闻专业的学生在高年级阶段会参与媒体机构的实习，通过实际的新闻采访和报道工作，提高专业技能和职业素养。

在大学高年级阶段，劳动教育课程会更加注重职业指导和就业准备。理论课程将包括就业政策解读、职场礼仪等内容，帮助学生顺利进入职场。实践课程可能以毕业设计、实习总结等形式展开，使学生能够对自己的大学劳动教育经历进行总结和反思，为未来的职业生涯奠定坚实的基础。

5.1.1.3 综合性大学与理工科院校的差异

综合性大学与理工科院校在劳动教育课程体系上存在一定的差异。

综合性大学的课程体系更加注重全面性和综合性。理论课程内容涵盖多个学科领域，包括人文社会科学、自然科学等，旨在培养学生的综合素质。例如，在劳动价值观的教学中，综合性大学可能会从哲学、社会学、经济学等多个角度进行分析和探讨，使学生对劳动的意义和价值有更全面的认识。

实践课内容较为丰富，除了常规的校园劳动和企业实习，还可能包括文化艺术实践、社会调研等活动。文化艺术实践，如参与校园文艺演出的组织和表演，可以培养学生的审美能力和创造力。社会调研则让学生深入社会各个领域，了解不同行业的劳动状况和社会问题，从而培养学生的社会责任感和问题解决能力。

理工科院校则更侧重于与专业相关的劳动教育。在理论课程中，会涉及工程伦理、科技创新与劳动等内容，强调劳动在科技创新中的价值。例如，理工科院校通过讲解工程案例，让学生了解工程师的职业道德和社会责任，培养学生的严谨科学态度和创新精神。实践课程通常与专业实践紧密结合，如实验室操作、工程实训等。

在实验室操作中，学生通过实验操作，提高专业技能和实践能力。工程实训则让学生参与实际的工程项目，了解工程设计、施工、管理等各个环节的劳动要求，为未来的职业发展做好准备。

5.1.2 实践活动的组织与开展

在新时代的教育背景下，大学生劳动教育的实践活动形式丰富多样，对于培养学生的综合素质和实践能力起着至关重要的作用。

5.1.2.1 实践活动的形式

（1）校园劳动

校园劳动是大学生劳动教育中最基础且常见的实践形式之一。作为学生学习和生活的主要场所，校园为劳动教育提供了丰富的实践场景。校园环境卫生清扫是其中一项重要内容。学生们定期对校园道路、教学楼、宿舍区等公共区域进行清扫，这不仅使校园环境更加整洁美观，也让学生在劳动中体会到维护公共环境的重要性。

例如，一些高校组织学生成立环保志愿者小组，每周对校园进行一次全面清扫。从捡拾垃圾到清理落叶，每一个细节都体现了学生们对校园的爱护。绿化养护也是校园劳动的重要组成部分，学生们参与校园内花草树木的浇水、修剪、施肥等工作，在与大自然的接触中培养出对生命的尊重和爱护之情。图书馆书籍整理则为热爱阅读和知识管理的学生提供了实践机会，他们将杂乱的书籍归位、整理书架，为师生们创造了良好的阅读环境。

校园劳动的频率相对较高，一般每周或每月都会组织一次，这使得学生们能够持续参与，养成良好的劳动习惯。学生的参与度也较高，通过班级或社团组织，大多数学生都有机会参与其中。

校园劳动不仅能够培养学生的劳动习惯和责任感，还能增强学生的团队合作精神和集体荣誉感。在共同劳动的过程中，同学们相互协作、互相帮助，为了一个共同的目标而努力。这种团队合作的经验将对他们未来的职业发展和社会生活产生积极影响。

（2）社区服务

社区服务是大学生劳动教育中具有重要社会意义的实践形式。作为社会的一员，大学生有责任为社区的发展和居民的生活贡献自己的力量。关爱孤寡老人是社区服务中的一项温暖行动，学生们定期前往社区的养老院或孤寡老人家中，为他们提供陪伴、打扫卫生、购买生活用品等服务。通过与老人的交流互动，学生们不仅传递了关爱和温暖，也从老人的人生经验中获得了启发。义务家教则为社区中的中小学生提供了学习上的帮助，大学生利用自己的专业知识和学习经验，为孩子们辅导功课、解答疑惑，激发他们的学习兴趣和潜力。环保宣传也是社区服务的重要内容之一，学生们通过发放宣传资料、举办环保讲座、组织环保活动等方式，向社区居民宣传环保知识和理念，增强居民的环保意识。社区服务的频率根据不同的项目和社区需求而定，可能是每月一次或每学期几次。学生的参与度通常较高，尤其是那些热衷于志愿服务的学生。社区服务能够让学生了解社会现实，培养他们的社会责任感和奉献精神，同时能提高他们的沟通能力和解决问题的能力。在与社区居民的互动中，学生们学会了倾听他人的需求、表达自己的观点，并通过实际行动为解决社会问题贡献自己的力量。

（3）企业实习

企业实习是大学生劳动教育中与职业发展紧密相关的一种实践形式。随着社会经济的发展，企业对高素质人才的需求日益增加，大学生也渴望通过实习提前了解职场并积累工作经验。学生可以在企业中进行短期或长期实习，了解企业的运作模式和职业要求。对于一些专业，如工程、计算机科学、工商管理等，实习是专业学习的重要组成部分。企业实习的频率和时长因专业与学校的安排而异，一些专业可能要求学生在大学期间进行多次实习，每次实习时间为几个月。

例如，工程专业的学生可能会在大二、大三和大四分别进行不同类型的实习，从工程现场的观摩学习到实际参与项目的设计和施工。学生的参与度也较高，尤其是那些希望提前了解职场并积累工作经验的学生。企业实习能够让学生将所学的专业知识应用于实际工作中，提高他们的专业技能和职业素养，为未来的就业做好准备。

在企业实习过程中，学生们有机会接触到行业的前沿技术和先进管理理念，与企业的专业人员一起工作，学习他们的工作方法和职业精神。同时，企业实习也为学生提供了一个展示自己能力的平台。通过出色的表现，学生们有可能获得企业的认可和录用机会。

5.1.2.2 某高校与企业合作开展长期实习项目的经验

某高校积极与企业合作，开展了长期实习项目，取得了显著成效，为大学生的劳动教育提供了宝贵的经验。

首先，该校与多家知名企业建立了稳定的合作关系。在选择合作企业时，学校充分考虑了企业的行业地位、发展前景，以及与学校专业设置的契合度。通过深入的沟通和协商，学校和企业共同制订实习计划与目标，确保实习内容与学生的专业学习和职业发展紧密结合。例如，对于工程专业的学生，学校与一家大型建筑企业合作，为学生提供参与实际工程项目的实习机会。学生在实习期间，能够跟随企业的工程师学习工程设计、施工管理等方面的知识和技能。同时，企业也能从学生的实习中发现优秀人才，为企业的发展储备人力资源。

其次，学校为学生提供了全面的实习支持。在实习前，学校组织专门的培训课程，帮助学生了解企业文化、规章制度和实习要求。培训内容包括职业礼仪、沟通技巧、安全知识等方面，为学生顺利进入企业实习做好充分准备。在实习过程中，学校安排专业教师进行指导和跟踪，及时解决学生在实习中遇到的问题。

教师们定期与学生沟通交流，了解他们的实习进展和心理状态，给予必要的鼓励和支持。同时，学校还与企业保持密切沟通，确保学生的实习质量和安全。学校和企业共同建立了实习评价机制，对学生的实习表现进行全面评估，为学生的实习成绩提供客观依据。

最后，该实习项目取得了显著成果。学生通过长期实习，不仅提高了专业技能和职业素养，还增强了就业竞争力。在实习过程中，学生们将课堂所学知识与实际工作相结合，学会了如何解决实际问题、如何与团队成员协作及如何应对工作压力等。这些宝贵的经验将使他们在未来的职业生涯中更加从容自信。企业也对实习学生的表现给予了高度评价，部分学生在实习结束后直接被企业录用。这不仅为学生提供了良好的就业机会，也为企业输送了优秀人才。此外，学校与企业的合作也为企业提供了人才储备，促进了企业的发展。通过与学校的合作，企业能够提前了解学生的能力和潜力，为企业的未来发展做好人才规划。

大学生劳动教育中的实践活动形式多样，通过组织和开展这些实践活动，能够提高学生的综合素质和就业竞争力，为学生的未来发展奠定坚实的基础。学校和企业应进一步加强合作，不断创新实践活动的形式和内容，为大学生劳动教育提供更加丰富的资源和平台。

5.2 大学生劳动教育面临的困境

5.2.1 教育理念的滞后

在当今高等教育领域，传统教育理念中重理论轻实践、重智育轻劳动的思想如同沉重的枷锁，严重阻碍了大学生劳动教育的顺利开展，给学生的全面发展带来了诸多不利影响。

5.2.1.1 重理论轻实践的负面影响

传统教育往往将理论知识的传授视为教育的核心任务，强调学生对书本知识的掌握和学术能力的培养。在这种观念的主导下，学校和教师往往更注重课堂教学与学术研究，忽视了实践教学和劳动教育的重要性。

例如，在课程安排上，理论课程占据了绝大部分时间，而实践课程和劳动教育课程则被边缘化，甚至被视为可有可无。这种不合理的课程设置导致学生缺乏实际操作能力和解决问题的能力，难以将所学知识应用到实际生活中。以某综合性大学的汉语言文学专业为例，其课程设置中，古代文学、现代汉语、文学理论等理论课程安排得满满当当，而与劳动相关的实践课程如文学采风、文化创意实践等却寥寥无几。学生们虽然在课堂上学到了丰富的文学理论知识，但在实际写作、文化传播等方面却缺乏锻炼，难以将理论知识转化为实际能力。

重理论轻实践的教育理念使得学校的教学方法单一，难以激发学生的学习兴趣。教师在课堂上主要采用讲授式教学方法，学生被动地接受知识，缺乏主动探索和实践的机会。这种教学方式不仅让学生感到枯燥乏味，也不利于培养学生的创新思维和实践能力。例如，在计算机科学专业的教学中，如果教师仅仅讲解编程语言的语法和算法，而不安排实际的编程项目让学生动手实践，那么学生很难真正掌握编程技能，更难在实际应用中发挥创新能力。

5.2.1.2 重智育轻劳动的不良影响

重智育轻劳动的观念在高校教育中普遍存在，这使得劳动教育难以在高校中得到应有的重视。在传统观念中，学习成绩被视为衡量学生优秀与否的主要标准，劳动则被认为是低层次的活动，与学术成就无关。

这种观念导致学校和家长在教育过程中过于注重学生的智力发展，而忽视了劳动教育对学生综合素质的重要性。例如，一些高校在课程设置中对劳动教育的忽视便是这种观念的具体体现。部分高校虽然开设了一些与劳动相关的课程，但往往只是作为选修课程，或者在教学过程中缺乏足够的重视和投入。这些课程的教学内容和方法也比较单一，难以激发学生的学习兴趣和积极性。以某财经院校为例，该校开设了一些劳动教育选修课程，如职场礼仪与职业素养、创业实践等，但由于这些课程在学分体系中的占比较低，教师在教学过程中也缺乏足够的重视，导致学生对这些课程的关注度不高，参与度也较低。

在理工科院校中，也存在类似的问题。虽然理工科专业注重实验教学和实践操作，但这些实践活动往往只是为了验证理论知识，而不是真正意义上的劳动教育。例如，在机械工程专业的实验课程中，学生只是按照实验指导书进行机械部件的组装和测试,而没有真正参与到实际的生产劳动中。这种实验教学方式虽然能够帮助学生巩固理论知识,却无法培养学生的劳动意识和劳动能力,也难以让学生体会到劳动的价值和意义。

重智育轻劳动的观念影响了学生对劳动教育的态度。在这种观念的影响下,学生往往认为劳动是低层次的活动,与自己的未来发展无关。他们更愿意将时间和精力投入学术研究与考试准备中,而对劳动教育缺乏兴趣和积极性。这种态度使得劳动教育在高校中难以有效开展,也难以达到预期的教育效果。例如,在一些高校的劳动教育实践活动中,学生的参与度不高,积极性不强,甚至存在敷衍了事的情况。有些学生认为参加劳动教育活动会浪费他们的学习时间,影响学业成绩,因此对劳动教育活动持抵触态度。

5.2.1.3 改变滞后教育理念的必要性

要改变这种现状,需要从教育理念、课程设置、教学方法等方面进行全面改革。

首先,要树立正确的劳动教育观念。学校和教师应认识到劳动教育对学生全面发展的重要性,将劳动教育纳入高校教育的重要组成部分。劳动不仅是体力活动,更是培养学生综合素质的重要方式。通过劳动教育,学生可以提升动手能力、创新思维、团队合作精神和社会责任感,为未来的发展奠定坚实的基础。

其次,要加强劳动教育在高校教育中的地位。学校应在课程设置中增加劳动教育课程的比重,将其纳入必修课程体系。同时,要重视并投入资源提升劳动教育课程的教学质量。在教学过程中,教师应采用多样化的教学方法,如项目式教学、案例教学、实践教学等,以激发学生的学习兴趣和积极性。

最后,要培养学生的劳动意识和劳动能力。学校应通过开展各种形式的劳动教育实践活动,如社会实践、志愿服务、创新创业等,让学生亲身体验劳动的价值和意义。同时,要加强对学生的劳动教育宣传和引导,使学生认识到劳动是光荣的,是每个人应尽的义务。通过培养学生的劳动意识和劳动能力,为学生的未来发展提供有力的支持。

5.2.2 教育资源的不均衡

在大学生劳动教育中,教育资源的不均衡是一个突出的问题,严重影响了劳动教育的质量和效果。不同地区、不同层次的高校在师资、场地、经费等资源方面存在较大的差距。

5.2.2.1 师资力量的不均衡

师资是劳动教育的关键因素之一。然而，不同地区和不同层次的高校在劳动教育师资方面存在明显的不均衡。东部沿海地区的高校由于经济发达、教育资源丰富，往往能够吸引更多高素质的劳动教育师资。这些教师不仅具有扎实的专业知识，还具备丰富的实践经验，能够为学生提供高质量的劳动教育。相比之下，中西部地区的高校在劳动教育师资方面则相对薄弱。受到地理位置、经济发展水平等因素的限制，中西部地区高校难以吸引到优秀的劳动教育师资。一些高校甚至没有专门的劳动教育教师，只能由其他专业的教师兼任，这在一定程度上影响了劳动教育的质量。

例如，东部沿海地区的某高校拥有一支由专业劳动教育教师、企业导师和行业专家组成的师资队伍。这些教师不仅具备丰富的教学经验，还能够为学生提供实际的劳动实践指导。学校还定期邀请企业界的精英人士来校举办讲座和培训，以拓宽学生的视野。在中西部地区的某高校，劳动教育教师主要由辅导员和部分专业课教师兼任。由于他们缺乏专业的劳动教育知识和实践经验，在教学过程中往往只能进行一些理论讲解，难以满足学生对劳动实践的需求。

5.2.2.2 场地设施的不均衡

劳动教育需要一定的场地和设施作为支撑。不同地区和不同层次的高校在场地设施方面存在较大的差距。东部沿海地区的高校由于经济实力雄厚，往往能够投入更多资金用于建设劳动教育场地和购置先进设备。例如，一些高校建有现代化的实习实训基地、创新创业中心等，为学生提供了良好的劳动实践条件。中西部地区的高校由于资金有限，在场地设施建设方面相对滞后。一些高校甚至没有专门的劳动教育场地，只能借助校外资源或者在有限的校内空间进行劳动教育，这在一定程度上影响了劳动教育的效果。

以东部沿海地区某高校和中西部地区某高校为例，东部沿海地区的高校建有面积达数千平方米的工程训练中心，配备了先进的数控机床、3D打印机等设备，

学生可以在这里进行机械加工、电子制作等实践。中西部地区的高校由于资金短缺，只能在简陋的车间里进行一些简单的手工制作和维修实践，设备陈旧且数量有限，难以满足学生的实践需求。

5.2.2.3 经费投入的不均衡

经费是高校顺利开展劳动教育的重要保障。不同地区和不同层次的高校在经费投入方面存在明显的不均衡。东部沿海地区的高校由于经济发达、政府支持力度大，往往能够获得更多的经费用于劳动教育。这些高校可以投入大量资金用于师资培训、课程建设、实践基地建设等方面，为劳动教育的开展提供有力支持。中西部地区的高校由于经济发展水平相对较低，政府对教育的投入有限，在劳动教育经费方面往往捉襟见肘。一些高校甚至没有专门的劳动教育经费，只能从其他经费中挤出一部分用于劳动教育，这在一定程度上影响了劳动教育的质量和效果。

例如，东部沿海地区的某高校每年投入数百万元用于劳动教育，包括聘请企业导师、购买实践设备、组织学生参加社会实践等。中西部地区的某高校每年用于劳动教育的经费只有几十万元，甚至更少。由于经费不足，这些高校在劳动教育方面只能进行一些简单的活动，难以开展深入的实践教学和课程建设。

5.2.3 教育评价体系的不完善

在大学生劳动教育中，教育评价体系的不完善是一个亟待解决的问题。当前劳动教育评价标准存在模糊性和单一性的问题，对教育效果产生了诸多不利影响。

5.2.3.1 评价标准的模糊性

目前，劳动教育的评价标准往往不够明确和具体，缺乏清晰的指标体系来衡量学生在劳动教育中的表现和成果。这使得教师在进行评价时缺乏客观依据，难以准确判断学生的学习情况和进步程度。例如，对于学生在劳动实践中的表现，没有明确的标准来衡量其劳动态度、劳动技能、团队协作能力等方面的发展。这导致评价结果具有较大的主观性，不同教师可能会给出不同的评价，影响了评价的公正性和权威性。

5.2.3.2 评价标准的单一性

当前劳动教育的评价标准主要以学生的考勤、作业完成情况等为依据，评价方式较为单一。这种单一的评价方式无法全面反映学生在劳动教育中的综合素质和能力提升。例如，仅仅以考勤作为评价依据，无法衡量学生在劳动过程中的实际收获和成长。有些学生虽然按时参加劳动教育课程，但在实际劳动中缺乏积极性和主动性，没有真正学到劳动技能或培养良好的劳动习惯。那些在劳动中表现出色、积极主动探索和创新的学生，却可能因为考勤等单一标准的限制而得不到应有的认可和鼓励。

以某些高校仅以考勤作为劳动教育评价依据为例，这种评价方式存在明显的局限性。首先，考勤只能反映学生是否出席了劳动教育课程，但无法体现学生在课程中的参与度和学习效果。有些学生可能只是为了满足考勤要求而参加课程，在课堂上敷衍了事，没有真正投入劳动实践中。其次，仅以考勤为依据的评价方式无法激励学生积极主动地参与劳动教育。学生可能会认为只要按时出席课程就能获得合格的评价，而缺乏进一步提高自己劳动能力和素质的动力。最后，这种单一的评价方式也不利于教师了解学生的实际需求和问题，无法有针对性地改进教学方法和内容，影响了劳动教育的质量和效果。

5.2.3.3 对教育效果的影响

不完善的教育评价体系对劳动教育的效果产生了多方面的负面影响。一方面，模糊和单一的评价标准使得学生对劳动教育的重视程度不够，缺乏学习的动力和积极性。他们可能会认为劳动教育只是一种形式主义的课程，对自己的未来发展没有实际意义。另一方面，不完善的评价体系也影响了教师的教学积极性和教学质量。教师在缺乏明确评价标准的情况下，难以确定教学目标和重点，也难以对学生进行有效的指导和反馈。此外，不完善的评价体系还不利于学校对劳动教育进行科学管理和决策。学校无法准确了解劳动教育的实施情况和效果，难以制定合理的政策和措施来推动劳动教育的发展。

5.3 应对挑战的策略

5.3.1 创新教育理念与方法

在新时代的浪潮中,大学生劳动教育如同一艘航行在变革之海上的巨轮,面临着诸多挑战。创新教育理念与方法则是引领这艘巨轮驶向成功彼岸的关键罗盘。

5.3.1.1 将劳动教育与创新教育、素质教育相结合的理念

(1)劳动教育与创新教育的融合

在当今快速发展的时代,劳动教育已不再局限于传统的体力劳动范畴。它应与创新教育紧密结合,共同培养学生的创新思维和实践能力。

劳动过程本身就是一个充满问题与挑战的领域。在这个过程中,鼓励学生勇敢地发现问题,犹如在茫茫大海中探寻宝藏。当学生面对劳动中的各种情况时,他们的思维被激发,开始思考如何改进现有的方法、流程或工具。例如,在校园的科技创新活动中,学生参与科技产品的设计与制作,这不仅是对理论知识的应用,更是将创新思维融入劳动的生动体现。他们可能会在设计过程中遇到技术难题,如产品的稳定性、功能的实现等。此时,学生们需要运用创新思维,寻找新的解决方案。他们可能会尝试不同的材料、设计方案或技术手段,通过不断地实践和验证,最终找到最佳的解决方案。这种将理论知识与实际劳动相结合的方式,为学生提供了一个广阔的创新空间,让他们在劳动中培养创新能力。

同时,创新教育也为劳动教育注入了新的活力。它为学生带来了前沿的科技知识、创新的方法和理念,让学生在劳动中不断探索新的方法和技术。例如,在工业生产劳动中,引入先进的智能制造技术,让学生了解自动化生产、机器人技术等前沿领域。学生们可以通过学习这些新技术,思考如何将其应用到实际的劳动生产中,提高劳动效率和质量。创新教育就像一股清泉,源源不断地为劳动教育带来新的思路和方法,让劳动教育在新时代焕发新的光彩。

（2）劳动教育与素质教育的融合

素质教育强调学生的全面发展，涵盖思想道德素质、科学文化素质、身心健康素质等多个方面。劳动教育作为素质教育的重要组成部分，在培养学生综合素质方面发挥着不可替代的作用。

劳动教育能够培养学生的责任感。当学生参与劳动时，他们会意识到自己的行为对他人和社会的影响。例如，在校园环境维护活动中，学生们负责清理校园垃圾、维护校园绿化等工作。他们会明白自己的劳动不仅是为了自己，也是为了整个校园的整洁和美丽。这种责任感促使他们更加认真地对待劳动，努力为他人创造更好的环境。

团队合作精神也是劳动教育能够培养的重要素质之一。在许多劳动项目中，学生需要组成团队，共同完成任务。例如，在社区服务活动中，学生可能需要一起组织文艺演出、开展环保宣传等活动。在这个过程中，他们需要相互沟通、协作，发挥各自的优势，共同解决问题。通过这样的团队合作，学生学会了倾听他人的意见、尊重他人的贡献，培养了良好的团队合作精神。

吃苦耐劳的品质是劳动教育的重要成果之一。劳动往往伴随着辛苦和付出，学生在劳动中会体验到汗水的滋味和劳动的艰辛。例如，在农业劳动实践中，学生参与农作物的种植、收割等工作，这需要他们在烈日下劳作。这种经历会让学生更加珍惜劳动成果，培养吃苦耐劳的品质。

通过将劳动教育与素质教育相结合，学生在劳动中不仅能获得知识和技能，还能提高自身的综合素质。这就像为学生的成长搭建了一个坚实的平台，让他们在这个平台上充分展现自己的才能，实现全面发展。

5.3.1.2 多样化的教学方法

（1）项目式学习

项目式学习作为一种以学生为中心的教学方法，为劳动教育注入了新的活力。该方法通过让学生参与实际项目的设计、实施和评估，培养了学生的综合能力。

在劳动教育中，采用项目式学习方法可以让学生更加深入地参与实际劳动。例如，在校园环境改善项目中，学生可以组成团队，对校园的环境问题进行调研。

他们可能会发现校园中存在垃圾分类不规范、绿化不足等问题。针对这些问题，学生可以提出自己的解决方案，如设计垃圾分类宣传活动、组织植树造林活动等。在实施这些方案的过程中，学生需要分工合作，运用所学的知识和技能，解决各种实际问题。最后，学生还需对项目的效果进行评估，总结经验教训，为今后的劳动实践提供参考。

以某高校开展的校园垃圾分类项目为例，学生们组成团队，对校园垃圾的产生、分类和处理进行调研。他们通过实地观察、问卷调查等方式，了解校园垃圾的现状和存在的问题。随后，学生们提出了改进方案，包括增设垃圾分类设施、开展垃圾分类宣传活动等。在实施过程中，学生们积极参与，制作宣传海报、组织垃圾分类知识竞赛等。通过这个项目，学生们不仅学到了垃圾分类的知识和技能，还培养了团队合作精神、问题解决能力和创新思维。项目式学习让学生们在实际操作中体验到了成就感和价值感，激发了他们对劳动教育的兴趣和热情。

（2）问题导向学习

问题导向学习以问题为核心，引导学生通过自主学习和合作学习的方式解决问题。在劳动教育中，这种方法可以激发学生的学习兴趣和主动性，培养他们的批判性思维和解决问题的能力。

例如，在农业劳动教育中，我们可以提出具体问题："如何提高农作物的产量和质量？"面对这一问题，学生们将主动查阅资料、实地调研、进行实验验证等，以寻找解决方案。他们或通过学习农业科学知识来了解不同农作物的生长特点和需求；或参观农业基地，向农民请教种植经验；或进行实验研究，尝试不同的种植方法和肥料配方。在这个过程中，学生们的批判性思维得到了锻炼，他们学会了对不同的解决方案进行分析和比较，以选择最合适的方法。

同时，合作学习在这一过程中也发挥了重要作用。学生们可以组成小组，共同探讨问题，分享自己的发现和经验。通过合作学习，学生们可以拓宽视野，从他人身上学到更多的知识和技能。

5.3.1.3 某高校通过开展校园创业项目培养学生劳动创新能力的实践

某高校积极开展校园创业项目，为学生提供了一个将劳动教育与创新教育相结合的实践平台。

首先,学校设立了创业孵化基地,为学生提供创业场地、设备和资金支持。这个孵化基地就像一个温暖的鸟巢,为学生的创业梦想提供了栖息之地。学生可以在这个基地中开展自己的创业项目,将创意转化为实际产品或服务。例如,有学生团队开发了一款智能垃圾分类设备,通过传感器和人工智能技术,实现了垃圾分类的自动化和智能化。在这一过程中,学生不仅需要运用所学的专业知识,还需要具备创新思维和实践能力。他们需要不断尝试和改进,解决技术难题,满足市场需求。

其次,学校邀请企业家和专家学者来校举办创业讲座与培训,为学生提供创业指导和经验分享。这些讲座和培训就像一盏盏明灯,为学生照亮了创业的道路。学生可以学习创业的基本知识和技能,了解市场需求和行业动态,提高创业成功率。例如,企业家可以分享自己的创业经历和成功经验,让学生了解创业的艰辛和挑战;专家学者可以讲解创业的理论知识和方法,为学生提供专业指导。

最后,学校组织了创业大赛和项目展示活动,为学生提供了展示创业成果的平台。这个平台就像一个舞台,让学生能够充分展示自己的才华和创意。通过比赛和展示,学生可以获得更多的关注和支持,同时也可以与其他创业者交流与合作,共同推动创业项目的发展。例如,在创业大赛中,学生可以向评委和观众展示自己的创业项目,并接受他们的提问和建议。通过与其他创业者的交流,学生可以学习到不同的创业思路和方法,拓宽自己的视野。

通过开展校园创业项目,该高校培养了学生的创新能力和创业精神,为他们的未来发展打下了坚实的基础。这种实践证明,将劳动教育与创新教育相结合,并采用多样化的教学方法,可以有效地提高劳动教育的质量和效果,培养出具有创新精神和实践能力的高素质人才。

5.3.2 优化教育资源配置

在大学生劳动教育中,优化教育资源配置是解决当前困境的关键途径之一。通过建立区域教育资源共享机制和加强校际合作,可以充分发挥资源的协同效应,提升劳动教育的质量和效果。

5.3.2.1 建立区域教育资源共享机制

（1）师资共享

①巡回授课与讲座培训的优势

不同高校在劳动教育方面的师资力量参差不齐，通过建立区域教育资源共享机制中的师资共享环节，可以极大地优化教育资源的分布。邀请优秀的劳动教育教师在区域内多所高校进行巡回授课、举办讲座或开展培训活动，具有多方面的积极意义。首先，对于学生而言，这使他们能够接触到更多优质的师资，学习到更丰富的知识和经验。这些优秀教师通常具有独特的教学方法和实践经验，他们的授课和讲座能够激发学生的学习兴趣，拓宽学生的视野。例如，一位在农业劳动教育方面有丰富经验的教师，通过巡回授课，可以让不同高校的学生了解到现代农业的发展趋势和创新技术，为他们未来从事相关领域的工作打下基础。其次，师资共享促进了教师之间的交流与合作。不同高校的教师在教学理念、方法和经验上存在差异，通过共同授课、讲座和培训，教师们可以相互学习、取长补短，提高整体教学水平。例如，在举办讲座的过程中，教师们可以就劳动教育的热点问题进行深入探讨，分享各自的教学心得和研究成果，共同推动劳动教育教学方法的创新。

②教学研究项目的推动作用

组织教师共同开展教学研究项目是师资共享的重要方面之一。教学研究项目可以聚焦于劳动教育的各个方面，如教学方法的改进、课程内容的优化、实践教学的创新等。通过共同参与教学研究项目，教师们能够深入研究劳动教育的理论和实践问题，分享教学经验和成果。例如，教师们可以合作开展关于项目式学习在劳动教育中的应用研究，探索如何通过项目式学习提高学生的实践能力和创新思维。教学研究项目的成果不仅可以应用于参与项目的高校，还可以为整个区域的劳动教育提供借鉴和参考，从而推动劳动教育的不断发展。

（2）场地设施共享

①联合建设实践基地的意义

劳动教育需要一定的场地和设施支持。建立区域教育资源共享机制中的场地设施共享环节，可以实现资源的高效利用。多所高校可以联合建设共享的劳动实践基地，为学生提供更加丰富的实践机会。例如，联合建设农业实践基地可以让学生亲身体验农作物的种植、养殖等过程，了解农业生产的全过程；联合建设工业实训基地可以让学生接触到先进的工业设备和技术，提高学生的实践操作能力；联合建设创新创业中心可以为学生提供创新创业的平台和资源，培养学生的创新精神和创业能力。联合建设实践基地还可以避免重复建设，节约资源，提高场地设施的利用率。

②共享教学资源的好处

除了实践基地，还可以共享实验室、图书馆、多媒体教室等教学资源。实验室是进行科学实验和实践教学的重要场所，不同高校的实验室在设备和功能上可能有所不同。通过共享实验室，学生能够使用更多先进的实验设备，开展更丰富的实验项目。图书馆是知识的宝库，共享图书馆可以让学生获取更多的书籍、期刊和电子资源，拓宽知识面。多媒体教室则为劳动教育提供了更生动、形象的教学手段。例如，通过多媒体教室播放劳动教育视频、展示劳动实践成果等，可以提高学生的学习兴趣和参与度。共享教学资源能够为劳动教育提供更好的教学条件，促进学生的全面发展。

5.3.2.2 加强校际合作

（1）课程合作

①共同开发课程与共享课程资源的价值

不同高校可以在劳动教育课程方面展开合作，共同开发课程并共享资源。这种合作能够充分发挥各高校的专业特色和优势，为学生提供更丰富多样的课程选择。例如，各高校可以根据自身的专业特色和优势，分工合作开发不同类型的劳动教育课程。农业院校可以开发农业劳动课程，介绍农业生产的基本知识和技能；工科院校可以开发工业劳动课程，讲解工业生产的流程和技术；商科院校可以开发服务业劳动课程，传授服务行业的劳动规范和技巧。学生可以通过网络课程平台或跨校选课的方式，学习其他高校的劳动教育课程，拓宽知识面和视野。这种课程合作不仅可以丰富学生的学习内容，还可以促进不同专业间的交流与融合，并培养学生的综合素养。

②课程交流与研讨的作用

组织教师进行课程交流和研讨，是课程合作的重要环节。教师们可以就课程设计、教学方法、教学评价等方面进行深入交流，以共同提高课程质量。例如，在课程交流中，教师们可以分享各自在课程教学中的成功经验和遇到的问题，并共同探讨解决方案。在教学方法研讨中，教师们可以交流不同的教学方法，如项目式教学、案例教学、体验式教学等，探索最适合劳动教育的教学方法。通过课程交流和研讨，教师们能够不断改进教学，提高课程质量，为学生提供更优质的劳动教育课程。

（2）实践项目合作

①共同组织实践活动的意义

高校之间可以开展劳动教育实践项目合作，共同组织学生参与社会实践、志愿服务、创新创业等活动。这样可以结合不同高校的专业优势和社会需求，开展具有特色的实践项目。例如，理工科高校可以与文科高校合作，开展科技下乡、文化扶贫等活动。理工科高校的学生可以利用自己的专业知识和技能，为农村地区提供科技支持，如农业技术培训、农村电商推广等；文科高校的学生可以发挥自己的专业优势，为农村地区提供文化服务，如文化演出、教育培训等。通过实践，学生能够发挥各自的专业优势，提高实践能力和社会责任感。

②跨校实践团队建设的促进作用

组织学生参与跨校实践团队建设是实践项目合作的一个重要方面。跨校实践团队可以由来自不同高校、不同专业的学生组成，共同完成实践项目任务。这种团队建设可以促进学生之间的交流与合作，培养他们的团队协作精神和沟通能力。例如，在某科技创新实践项目中，来自不同高校的学生可以组成跨校实践团队，共同开展项目研究。理工科的学生可以负责技术研发，文科的学生则可以负责市场调研和项目推广。不同专业的学生相互配合、优势互补，共同完成项目任务。跨校实践团队建设还可以使学生接触到不同的思维方式和学习方法，拓宽他们的视野，提高综合素质。

5.3.2.3 建设共享劳动实践基地的案例

为了更好地开展劳动教育，某地区的多所高校联合建设了一个共享劳动实践基地。该基地占地面积广阔，设施齐全，包括农业种植区、工业制造区、科技创新区、文化创意区等多个功能区域。

在农业种植区，学生可以参与农作物的种植、养护和收获等劳动实践，学习农业知识和技能，培养吃苦耐劳的品质。在工业制造区，学生可以进行机械加工、电子装配、3D打印等实践操作，了解工业生产流程和技术，增强实践能力和创新意识。在科技创新区，学生可以参与科技创新项目，开展科研实验和技术研发，培养创新思维和科学精神。在文化创意区，学生可以进行文化艺术创作、手工制作和非遗传承等活动，提高审美能力和文化素养。

这个共享劳动实践基地由多所高校共同管理和运营。高校之间建立了合作机制，制定了统一的管理规章制度和实践教学计划。学生可以通过网络平台预约使用基地的设施和资源，参加不同类型的劳动实践活动。同时，基地还邀请企业导师、行业专家和劳动模范进行指导，为学生提供更多的学习机会和实践经验。

通过多所高校联合建设共享劳动实践基地，实现了教育资源的优化配置，提高了劳动教育的质量和效果。学生们在基地中不仅学到了丰富的知识和技能，还培养了团队合作精神、创新意识和社会责任感，为未来的职业发展和社会贡献打下了坚实的基础。

建立区域教育资源共享机制和加强校际合作是优化大学生劳动教育资源配置的有效策略。通过这些方式，可以实现资源的高效利用，提高劳动教育的质量和效果，为培养具有创新精神和实践能力的高素质人才提供有力支持。

5.3.3 构建科学的教育评价体系

在大学生劳动教育中，构建科学的教育评价体系对劳动教育的发展起着关键作用。目前，劳动教育评价体系存在不完善之处，这严重影响了劳动教育的效果。因此，建立多元化、过程性评价体系迫在眉睫，这将为大学生劳动教育带来新的活力与机遇。

5.3.3.1 建立多元化、过程性评价体系的重要性

（1）全面反映学生综合素质

传统的劳动教育评价方式存在局限性，仅以考试成绩或考勤情况来衡量学生的学习成果，无法深入体现劳动教育的内涵。劳动教育的目标是培养学生的实践能力、创新精神、团队协作能力等综合素质。

建立多元化的评价体系，可以从多个角度对学生进行评价，全面展现学生在劳动教育中的表现。例如，在校园绿化劳动实践中，学生不仅需要掌握植物种植的知识和技能，还需展示团队协作精神以完成绿化任务。多元化的评价体系可以从劳动态度、知识运用、团队合作等方面对学生进行评价。在劳动态度方面，积极参与劳动、对劳动充满热情的学生应得到肯定；在知识运用方面，能够将植物学知识应用于实际种植，并根据植物生长习性进行养护的学生，体现了其对知识的掌握程度；在团队合作方面，能够与团队成员密切配合、发挥自身优势共同完成任务的学生，展现了良好的团队协作能力。通过这种全面、多元的评价，学生在劳动教育中的综合素质能够得到客观反映。

（2）激发学生学习积极性

多元化的评价体系能够认可学生在实践表现、团队协作等方面的努力，这会激发学生的学习积极性。

例如，在科技创新劳动项目中，学生提出的创新想法得到评价体系的认可与鼓励，这会使他们更加积极地投入后续劳动教育活动，挖掘自身潜力，提升能力。这种积极的反馈机制会形成良性循环，激励学生在劳动教育中不断进步。在这个过程中，学生不仅能够获取知识和技能，还能培养坚韧的意志品质和创新精神。

（3）促进教学质量提升

过程性评价能够及时反馈学生的学习情况和教师的教学效果，为教学改进提供依据。教师可以根据评价结果调整教学内容和方法，使其更符合学生需求，从而提高教学质量。

同时，多元化的评价体系对教师提出了更高的要求，促使教师注重培养学生的综合素质，推动劳动教育深入发展。例如，在手工制作类劳动课程中，教师通过过程性评价发现学生在工具使用方面存在困难，便及时调整教学方法，增加工具使用的示范和练习环节，提高学生的劳动技能，改善教学效果。过程性评价有助于教师发现问题并改进教学，使劳动教育更有效地培养学生的综合素质。

5.3.3.2 改进评价体系的具体措施

（1）引入学生自评、互评等方式

学生自评能够促使学生反思和总结自己在劳动教育中的表现，提高自我认知和自我管理能力。

例如，在社区服务劳动活动后，学生通过自评认识到自己在沟通能力方面有待提高，便会在后续活动中主动锻炼沟通能力。学生互评能够促进学生间的交流与学习，培养团队合作精神和批判性思维。

例如，在团队劳动项目中，学生通过互评发现其他成员的创新思维和解决问题的能力，从而激发学习动力。在互评过程中，学生能够从他人角度看待自己的表现，学习他人的优点，共同进步。

（2）结合教师评价与企业评价

教师评价和企业评价共同构成劳动教育评价体系的重要部分，为学生的成长提供支持。

教师评价从专业知识和教学角度对学生进行评估，为学生提供专业指导和建议。例如，在工业实习中，教师通过观察学生的实习表现，从专业知识的掌握、实践操作的规范性等方面进行评价，并针对学生的薄弱环节进行辅导和训练，纠正不规范行为，培养良好的职业习惯。

企业评价则从实际工作需求的角度对学生进行评估，让学生了解自己在实际工作中的能力和素质。例如，在企业实习中，企业导师根据学生的工作态度、团队协作能力、问题解决能力，以及对规章制度的遵守情况进行评价。对表现优秀的学生给予奖励，对存在不足的学生提出改进建议，帮助他们适应企业要求。

教师评价与企业评价相结合，可以更全面地了解学生的能力和素质，为学生的职业发展提供有力支持。

（3）注重过程性评价

过程性评价关注学生在劳动教育过程中的成长和进步。在劳动课程中设置阶段性任务和考核，记录学生在各阶段的表现和进步。

例如，在农业劳动课程中，设置播种、施肥、收获等阶段性任务，以评价学生在每个阶段的劳动态度、技能掌握和团队协作等方面的表现。在播种阶段，考查学生对种子选择、播种时间和方法的掌握情况及劳动的认真程度；在施肥阶段，关注学生对肥料使用的把握，以及根据土壤和作物情况施肥的能力；在收获阶段，评价学生对收获时机的判断、工具使用及对劳动成果的态度。通过阶段性评价，学生能够了解自身的学习情况，发现不足并加以改进。

同时，过程性评价关注学生在劳动实践中的参与度和努力程度，及时给予反馈和鼓励。例如，在校园清洁劳动活动中，教师在发现学生的努力和进步后给予表扬和鼓励，这将激发学生的劳动热情，使他们更积极地参与劳动教育，提高劳动技能和综合素质。

5.3.3.3 案例分析

某高校建立的科学劳动教育评价体系为大学生的劳动教育提供了明确的方向。该体系涵盖实践表现、团队协作、创新能力、自我管理等多个维度，全面评价学生的综合素质。

在实践表现方面，学校通过观察学生在劳动实践中的表现对其进行评价。学生的劳动态度、劳动技能和劳动成果都能体现其努力程度。同时，学生通过撰写实践报告，总结实践中的收获和体会，促进自身成长。例如，在工厂实习中，学生通过认真实践和撰写实践报告提高专业技能，并培养自身的责任感和敬业精神。

在团队协作方面，学校组织团队劳动项目，以观察学生的沟通、合作和领导能力。通过学生互评与教师评价相结合的方式，确保评价的客观全面。例如，在科技创新团队项目中，学生合作攻克技术难题，互评使他们认识到团队协作的重要性，帮助他们认识自身的价值和不足，进而促进团队合作精神和批判性思维的发展。

在创新能力方面，学校鼓励学生在劳动实践中提出创新想法和解决方案，并组织创新大赛展示成果。例如，在环保劳动项目中，学生利用废旧物品制作环保工艺品的创新想法在大赛中获奖，这不仅激发了他们的创新热情，还培养了他们的环保意识和创新思维。

在自我管理方面，学校关注学生的时间管理、任务管理、情绪管理等能力，通过学生自评和教师评价让学生全面了解自己。例如，在自主创业劳动项目中，学生需要合理安排时间、高效完成任务、有效管理情绪。自评和教师评价使学生认识到自我管理的重要性，提高自我管理能力。

该高校的评价体系重视过程和结果，在劳动教育各阶段设置评价指标和考核方式，及时反馈学生学习情况，并将评价结果与综合素质测评、奖学金评定等挂钩，激励学生参与劳动教育。这一评价体系为学生成长提供保障，为大学生劳动教育发展树立榜样，值得其他高校借鉴。

第 6 章 劳动教育促进新质生产力发展的理论探讨与案例分析

6.1 理论框架与研究假设

6.1.1 研究目的与理论框架

在当今快速发展的时代，新质生产力的崛起成为推动社会经济持续进步的关键力量。劳动教育作为培养全面发展人才的重要手段，与新质生产力的发展紧密相连。本部分旨在深入构建一个系统且逻辑严密的理论框架，以全面阐释劳动教育如何促进新质生产力的发展，明确研究的核心目标，并深刻揭示两者之间的内在关联机制。

6.1.1.1 研究目的

（1）深入剖析劳动教育对劳动者创新思维和实践能力的提升路径

创新思维的培养：创新是新质生产力发展的核心动力源泉。劳动教育通过多样化的教学方法和实践活动，激发劳动者的批判性思维、创造性思维和问题解决能力。例如，在项目式学习中，劳动者面对实际问题，需要运用所学知识进行分析、提出创新解决方案，并在实践中不断调整和完善。这一过程能够培养劳动者的创新思维，使其在面对新质生产力发展中的各种挑战时，能够主动思考并勇于尝试新方法。

实践能力的锻炼：新质生产力的发展需要劳动者具备扎实的实践能力。劳动

第6章 劳动教育促进新质生产力发展的理论探讨与案例分析

教育为劳动者提供了丰富的实践机会，如实习、实训、创新创业项目等。在这些实践活动中，劳动者能够亲身体验生产过程，掌握先进的技术和工具，提高实际操作能力。以工程领域为例，学生通过参与实际工程项目，学会运用先进的设计软件，掌握施工工艺和流程，提升自己在新质生产力环境下的工程实践能力。

创新思维与实践能力的融合：劳动教育不仅注重培养劳动者的创新思维和实践能力，还致力于促进两者的融合。通过产学研合作项目，劳动者可以将创新想法转化为实际的产品或服务，在实践中检验和完善创新成果。这种融合能够为新质生产力的发展提供源源不断的动力，推动技术创新和效率提升。

（2）全面探讨劳动教育对新质生产力中技术、知识、管理等要素的影响

技术要素：新质生产力的发展离不开先进的技术支持。劳动教育可以通过课程设置和实践教学，向劳动者传授最新的技术知识和技能。例如，在信息技术领域，劳动教育可以开设人工智能、大数据、云计算等课程，培养劳动者掌握这些先进技术的能力。同时，劳动教育还可以通过与企业合作，为劳动者提供参与技术研发和创新的机会，促进技术的进步和应用。

知识要素：丰富的知识储备是新质生产力发展的重要基础。劳动教育可以拓宽劳动者的知识面，使其不仅掌握专业知识，还具备跨学科的知识和综合素养。例如，在科技创新领域，劳动者只有掌握物理学、化学、生物学等多学科知识，才能进行有效的创新。劳动教育可以通过开设跨学科课程、组织学术讲座和研讨会等方式，促进知识的融合和创新，为新质生产力的发展提供知识支持。

管理要素：高效的管理是新质生产力发展的保障。劳动教育能够培养劳动者的管理能力，包括团队管理、项目管理、资源管理等方面。例如，在企业管理课程中，劳动者可以学习先进的管理理念和方法，提高自身的管理水平。同时，劳动教育还可以通过组织团队项目和实践活动，培养劳动者的团队协作能力和领导能力，为新质生产力的发展提供管理人才支持。

（3）系统分析劳动教育在培养适应新质生产力发展需求的高素质劳动者方面的作用

职业道德的培养：在新质生产力发展的背景下，劳动者的职业道德至关重要。劳动教育可以通过案例分析、实践活动等方式，培养劳动者诚实守信、敬业奉献、

责任担当等职业道德。例如，在医疗行业，医生的职业道德直接关系到患者的生命健康。劳动教育可以通过医学伦理课程和临床实习，培养医学生的职业道德，为新质生产力发展中的医疗行业提供高素质的专业人才。

团队合作精神的培养：新质生产力的发展往往需要跨学科、跨领域的团队合作。劳动教育可以通过团队项目、小组讨论等方式，培养劳动者的团队合作精神和沟通能力。例如，在科技创新项目中，不同专业背景的劳动者需要密切合作，共同攻克技术难题。劳动教育可以通过组织团队建设活动和项目合作，提高劳动者的团队合作能力，为新质生产力的发展提供良好的团队合作环境。

社会责任感的培养：新质生产力的发展不仅要追求经济效益，还要关注社会效益和环境保护。劳动教育可以通过社会实践、志愿服务等活动，培养劳动者的社会责任感和环保意识。例如，在环保产业中，劳动者需要具备强烈的社会责任感，积极推动可持续发展。劳动教育可以通过开展环保主题的实践活动和课程，培养劳动者的社会责任感，为新质生产力的发展注入正能量。

6.1.1.2 理论框架

（1）人力资本理论基础

人力资本理论强调教育和培训在提高劳动者素质与生产能力中的重要性。劳动教育作为一种特殊的教育形式，通过系统的知识传授、技能培训和实践锻炼，能够显著提升劳动者的人力资本存量。劳动者的人力资本包括知识、技能和创新能力等方面，这些都是新质生产力发展所必需的要素。

劳动教育可以提高劳动者的知识水平。通过开设专业课程和学术讲座，劳动者可以学习最新的理论知识和技术成果，拓宽自己的知识面。同时，劳动教育还鼓励劳动者进行自主学习和研究，提高其学习能力和知识更新速度。

劳动教育还可以提升劳动者的技能水平。通过实习、实训和实践项目，劳动者能够掌握实际操作技能和工作经验，提高自己的职业素养和竞争力。例如，在制造业中，劳动者通过参与实际生产过程，学会使用先进的生产设备和工艺，从而提高生产技能，为新质生产力的发展提供技术支持。

劳动教育可以培养劳动者的创新能力。通过创新课程、科研项目和创新创业活动，劳动者可以锻炼创新思维和实践能力，培养创新精神和创业意识。创新能

第6章 劳动教育促进新质生产力发展的理论探讨与案例分析

力是新质生产力发展的核心竞争力,劳动者的创新能力越强,越能推动新质生产力的快速发展。

(2)创新理论支撑

创新理论认为,创新是经济增长和社会进步的关键因素。劳动教育可以通过多种方式激发劳动者的创新热情和创造力,为新质生产力的发展提供动力。

劳动教育可以培养劳动者的创新思维。通过启发式教学、问题导向学习和项目式学习等方法,劳动者能够学会从不同角度思考问题,提出新颖的解决方案。例如,在设计领域,劳动者可以通过参与创意设计项目,培养自身的创新思维和设计能力,为新质生产力的发展带来新的设计理念和产品。

劳动教育还可以提供创新平台和资源。通过建立创新创业基地、实验室和科研平台,劳动者能够获得必要的资源和支持,以进行技术创新和产品研发。例如,在科技企业中,劳动者可以利用企业的研发平台和资源,开展科技创新活动,推动新质生产力的发展。

此外,劳动教育可以促进创新文化的形成。通过组织创新竞赛、学术交流和文化活动,劳动者能够感受到创新的氛围和价值,形成积极的创新文化。创新文化能够激发劳动者的创新热情和创造力,为新质生产力的发展提供良好的文化环境。

(3)构建劳动教育对新质生产力各要素的影响模型

技术要素方面:劳动教育通过培养劳动者的技术创新能力和应用能力,推动技术的进步和创新。劳动者可以将所学的技术知识应用于实际生产中,提高生产效率和质量。同时,劳动教育还可以促进技术的传播和扩散,使更多的劳动者掌握先进技术,为新质生产力的发展提供技术支持。

知识要素方面:劳动教育通过拓宽劳动者的知识面、促进知识的融合与创新,为新质生产力的发展提供知识支持。劳动者可以通过学习跨学科知识,提升综合素养,提高创新能力和解决问题的能力。同时,劳动教育还可以促进知识的共享与交流,形成良好的知识生态系统。

管理要素方面:劳动教育通过培养劳动者的管理能力、团队合作精神和领导能力,为新质生产力的发展提供管理人才支持。劳动者可以通过学习先进的管理理念和方法，提高管理水平和效率。同时，劳动教育还可以促进团队合作和沟通，形成高效的团队协作机制。

例如，在智能制造领域，劳动教育可以培养劳动者掌握先进的制造技术、工业互联网知识和智能管理方法。劳动者通过参与智能制造项目，将所学知识应用于实际生产中，提高生产效率和质量。同时，劳动者还可以通过团队合作与创新，推动智能制造技术的不断进步与应用，为新质生产力的发展作出贡献。

本研究的理论框架为深入探讨劳动教育对新质生产力发展的促进作用提供了坚实的理论基础和分析框架。通过对劳动教育与新质生产力内在关联机制的全面深入研究，可以为制定有效的劳动教育政策和促进新质生产力的发展提供理论依据与实践指导。

6.1.2 研究假设的阐释

在研究劳动教育对新质生产力发展的促进过程中，提出明确的研究假设有助于构建清晰的理论分析路径。以下详细阐述研究假设，并阐明每个假设背后的逻辑推理和预期的因果关系。

假设一：受劳动教育程度越高，劳动者的创新能力就越强，从而促进新质生产力中的技术创新。

逻辑推理：劳动教育通过多种方式提升劳动者的综合素质，其中对创新能力的培养起着关键作用。

首先，劳动教育提供了丰富的知识体系，包括专业知识、跨学科知识及前沿技术知识等。在接受更高程度的劳动教育时，劳动者能够接触到更广泛的知识领域，拓宽思维视野，为创新奠定坚实的知识基础。例如，在工程领域的劳动教育中，学生不仅学习传统的工程设计和施工知识，还会接触到先进的材料科学、信息技术等跨学科知识，这有助于他们在解决实际问题时产生新的思路和方法。

其次，劳动教育注重实践教学环节，劳动者在实践中能够锻炼动手能力、问题解决能力和批判性思维。通过实际操作和项目实践，劳动者有机会尝试新的技术和方法，不断探索和创新。例如，在科技创新实践课程中，学生参与研发项目，亲身体验从创意产生到产品实现的全过程，在这个过程中培养了创新能力。

第6章 劳动教育促进新质生产力发展的理论探讨与案例分析

最后，劳动教育还强调团队合作和交流，劳动者在与他人合作的过程中可以相互启发、分享经验，激发创新火花。例如，在创新创业团队中，不同专业背景的成员共同合作，通过思想的碰撞和交流，产生更多的创新想法和方案。

因此，受劳动教育程度越高，劳动者的创新能力就越强，而创新能力是新质生产力中技术创新的核心驱动力，这促进了新质生产力中的技术创新。

预期因果关系：随着劳动教育程度的提高，劳动者的创新能力逐步增强，从而推动新质生产力中的技术不断创新。

具体表现为，在企业中，接受过更高程度劳动教育的员工能够提出更多的创新方案，开发出更先进的产品和技术，提高企业的核心竞争力，促进新质生产力的发展。

假设二：劳动教育中的实践环节越丰富，劳动者对新知识和新技术的应用能力就越强，越能推动新质生产力的发展。

逻辑推理：劳动教育中的实践环节为劳动者提供了将理论知识与实际应用相结合的机会。丰富的实践环节能够让劳动者更深入地理解和掌握新知识与新技术，从而提高他们的应用能力。

一方面，在实践中，劳动者可以亲身体验新知识和新技术的实际效果，加深对其的理解和认识。例如，在农业领域的劳动教育中，学生通过参与现代农业技术的实践操作，如无人机植保、智能灌溉等，能够更好地理解这些新技术的原理和应用方法，提高对新技术的应用能力。

另一方面，实践环节还能够培养劳动者的问题解决能力和应变能力。在实际应用新知识和新技术的过程中，劳动者会遇到各种问题和挑战。通过不断解决这些问题，他们能够更好地掌握应用技巧，提高应用能力。

此外，丰富的实践环节还可以促进劳动者之间的交流与合作，共同探索新知识和新技术的应用方法，进一步提高应用能力。劳动者对新知识和新技术的高水平应用能力能够直接推动新质生产力的发展，因为新质生产力的发展离不开先进知识和技术的广泛应用。

预期因果关系：劳动教育中的实践环节越丰富，劳动者对新知识和新技术的应用能力就越强。这使得劳动者能够在生产和工作中更好地应用这些知识和技术，提高生产效率、产品质量和服务水平，进而推动新质生产力的发展。

例如，在制造业中，经过丰富实践环节训练的工人能够熟练运用先进的制造技术和设备，提高生产效率和产品质量，为新质生产力的发展作出贡献。

6.2 案例分析：劳动教育实践与新质生产力的互动

6.2.1 案例选择标准与依据

在深入研究劳动教育实践与新质生产力的互动关系时，精心挑选合适的案例就如同为构建一座坚固桥梁打下关键的基石。只有依据科学合理的标准进行案例选择，才能确保研究的准确性、全面性和有效性，为揭示劳动教育与新质生产力的深刻联系提供坚实的实证基础。

6.2.1.1 行业代表性

（1）不同行业差异与选择意义

行业代表性作为选择案例的重要标准之一，源于不同行业在新质生产力的表现形式和发展需求上存在显著差异。各个行业犹如色彩斑斓的画卷，各自展现出独特的风貌和特点。新兴科技行业，如人工智能、大数据、生物技术等，它们以高速的发展态势和强大的创新动力，对新质生产力的贡献尤为显著。这些行业如同高速行驶的列车，发展速度迅猛，对高素质人才的需求极为迫切。在这样的行业背景下，劳动教育的作用愈发凸显，它如同为列车提供源源不断动力的引擎。选择新兴科技行业的企业作为案例，就如同打开了一扇观察劳动教育与新质生产力互动关系的窗口。通过深入研究这些企业，可以清晰地看到劳动教育如何精心培养适应行业快速发展的创新型人才，以及这些充满活力的人才如何有力地推动新质生产力的不断提升。

例如，在人工智能行业，企业需要具备深厚专业知识和创新思维的人才，他们能够熟练掌握复杂的算法和模型，并不断探索新的应用场景。劳动教育在这一领域可以通过提供前沿的技术培训、项目式学习和跨学科合作等方式，培养出既懂技术又具创新能力的人才。这些人才能够为企业带来新的技术突破和商业价值，

第6章　劳动教育促进新质生产力发展的理论探讨与案例分析

推动人工智能技术在各个领域的广泛应用，从而提升新质生产力。

与此同时，传统制造业和农业等行业如同沉稳的基石，虽历经岁月洗礼，但也在不断进行转型升级，以适应时代的发展需求。在这些行业中，劳动教育的实践同样具有重要意义。传统制造业需要通过劳动教育培养具备精湛技艺和创新精神的工匠型人才，以推动制造业向高端化、智能化和绿色化发展。农业行业则需要培养懂技术、会管理、善经营的新型农民，以促进农业现代化和可持续发展。通过选择不同行业的案例，我们可以展开一幅丰富多彩的画卷，对比分析劳动教育在不同领域的特点和作用，为构建通用的理论框架提供丰富的实证依据。

（2）全面展示与理论构建

通过选择具有行业代表性的案例，可以更全面地展示劳动教育与新质生产力的互动关系。不同行业的案例相互补充、相互印证，能够从多个角度揭示劳动教育对新质生产力的影响机制。例如，新兴科技行业的案例可以突出劳动教育在培养创新人才方面的作用；传统制造业的案例可以强调劳动教育在提升技能水平和工艺创新方面的价值；农业行业的案例可以展示劳动教育在推动农业现代化和可持续发展方面的意义。这些不同行业的案例共同构成了一个完整的研究体系，为深入理解劳动教育与新质生产力的互动关系提供了广阔的视野。

同时，具有行业代表性的案例也为构建通用的理论框架提供了重要的基础。通过对不同行业案例的分析和归纳，可以总结出劳动教育与新质生产力互动的一般规律和模式，为其他行业和领域提供可借鉴的理论指导。例如，在新兴科技行业的案例中，可以提炼出劳动教育在培养创新人才方面的关键要素和方法，这些方法可以应用到其他行业，以促进不同行业的新质生产力提升。

6.2.1.2 劳动教育实践的典型性

（1）核心要素与创新之处

劳动教育实践的案例应当具有典型性，这意味着它们能够充分体现劳动教育的核心要素和创新之处。劳动教育的核心要素包括知识与技能的传授、创新思维的培养、团队合作能力的提升，以及问题解决能力的锻炼等。典型的劳动教育实践将这些核心要素有机地融合在一起，通过多样化的教学方法、丰富的实践环节，以及与企业的紧密合作等方式，为学生或员工提供全面的劳动教育。

例如，一些企业通过开展项目式学习，让员工在实际项目中运用所学知识和技能，培养创新思维和问题解决能力。在项目式学习中，员工组成团队，共同完成一个具有挑战性的任务。他们需要进行市场调研、方案设计、技术开发和产品测试等一系列工作，在这个过程中不断学习和成长。这种教学方法不仅注重知识的传授，更强调实践能力和综合素质的培养。

学徒制培训也是一种典型的劳动教育实践方式。在学徒制培训中，新员工跟随经验丰富的师傅学习，通过师傅的言传身教掌握专业技能和工作经验。师傅不仅传授技术，还注重培养徒弟的职业道德和职业素养。这种传统的培训方式在现代企业中依然具有重要价值，尤其是在一些需要精湛技艺和丰富经验的行业，如制造业和手工艺行业等。

产学研合作则是将学校、企业和科研机构紧密结合起来，共同开展劳动教育和科技创新。企业为学校提供实践基地和项目资源，学校为企业培养人才并提供技术支持，科研机构则为双方提供前沿的科研成果和创新思路。通过产学研合作，实现了教育、科研和生产的有机结合，为劳动教育和新质生产力的提升提供了强大的动力。

（2）可借鉴经验与互动关系明确

选择具有典型劳动教育实践的案例，可以深入分析劳动教育的具体实施过程和效果，为其他企业和机构提供可借鉴的经验。这些案例犹如明灯，为那些在劳动教育道路上探索的人们照亮前行的方向。通过研究典型案例，可以了解劳动教育在不同企业和机构中的具体做法，包括课程设置、教学方法、师资队伍建设、实践环节安排等方面的经验。这些经验可以为其他企业和机构提供参考，帮助他们根据自身的实际情况，制定适合自己的劳动教育方案。

同时，典型的劳动教育实践更容易与新质生产力的提升建立明确的联系，便于观察和分析两者的互动关系。典型的劳动教育实践通常具有明确的目标和方法，能够有效培养出适应新质生产力发展需求的人才。这些人才在工作中能够充分发挥自己的才能，为企业创造价值，推动新质生产力的提升。通过对典型案例的分析，可以清晰地看到劳动教育如何通过培养人才，促进企业的技术创新、管理创新和商业模式创新，从而实现新质生产力的提升。

6.2.1.3 数据可获取性

（1）研究的可靠性与有效性

数据可获取性是选择案例时必须考虑的实际因素之一。在进行深入的案例分析时，需要获取足够多的相关数据，包括企业的经营数据、员工的培训数据、劳动教育的实施情况等。这些数据就像构建大厦的砖石，如果没有它们，就无法对案例进行准确的分析和评估，也无法得出可靠的研究结论。

因此，在选择案例时，应优先考虑那些能够提供丰富数据的企业或机构。例如，一些大型企业通常拥有较为完善的管理信息系统和数据统计机制，这些企业可以提供详细的生产数据、人力资源数据等。这些数据可以帮助研究人员了解企业的运营状况、员工的工作表现和劳动教育的实施效果。通过对这些数据的分析，可以深入研究劳动教育与新质生产力的关系，为理论分析提供坚实的实证基础。

此外，一些与高校或研究机构合作的企业也可能更容易获取相关数据，因为这些合作往往涉及数据的收集和分析。高校和研究机构通常拥有专业的研究团队与先进的研究方法，可以为企业提供数据支持和分析服务。同时，企业也可以通过与高校或研究机构的合作，提升自身的管理水平和创新能力，实现互利共赢。

（2）确保实证基础扎实

选择数据可获取性高的案例，可以确保研究的可靠性和有效性。丰富的数据可以为研究提供多维度的视角，使研究结果更加准确和全面。例如，通过分析企业的经营数据，可以了解劳动教育对企业经济效益的影响；通过分析员工的培训数据，可以了解劳动教育对员工技能提升和职业发展的作用；通过分析劳动教育的实施情况数据，可以评估劳动教育的具体内容和方法是否有效。这些数据相互印证、相互补充，为研究提供坚实有力的支持。

同时，数据获取性高的案例也便于进行长期跟踪研究。随着时间的推移，可以收集更多数据，观察劳动教育与新质生产力的动态变化关系。这种长期跟踪研究可以为理论的不断完善和发展提供依据，使研究结果更具说服力和应用价值。

举例来说，可以将在新兴科技行业中成功实施劳动教育并取得显著新质生产力提升效果的企业作为案例研究对象。这类企业通常处于技术发展的前沿，劳动教育与新质生产力的关系更为紧密，且易于观察和衡量。例如，一家人工智能企业通过与高校合作，开展定制化的劳动教育项目，为员工提供人工智能算法、数据处理、机器学习等方面的培训。同时，企业鼓励员工参与实际项目的研发，将所学知识应用于实践。这些劳动教育实践显著提升了员工素质，增强了员工创新能力。在员工的努力下，企业开发出一系列具有竞争力的人工智能产品，从而推动了新质生产力的发展。对这样的企业进行案例分析，可以深入了解劳动教育在新兴科技行业中的具体实施方式和效果，以及劳动教育与新质生产力的互动机制。

选择符合行业代表性、劳动教育实践的典型性和数据可获取性等标准的案例，对于深入研究劳动教育与新质生产力的互动关系具有重要意义。这些案例就像一颗颗璀璨的明珠，为我们揭示劳动教育与新质生产力的奥秘提供了宝贵的线索。通过对这些案例的分析，可以为构建劳动教育促进新质生产力发展的理论框架提供有力的实证支持，为推动我国经济社会的高质量发展贡献智慧和力量。

6.2.2 案例分析：劳动教育实践如何促进新质生产力

为了深入理解劳动教育实践对新质生产力的促进作用，我们以一家在新兴科技领域具有代表性的企业为例进行剖析。这家企业处于智能制造和大数据应用的前沿，通过一系列劳动教育举措取得了显著的发展成效。

6.2.2.1 劳动教育的具体举措

（1）定制化培训项目设计

企业与专业教育机构和高校合作，根据自身在智能制造和大数据应用方面的需求，设计了定制化的劳动教育培训项目。这些项目涵盖了从基础理论到实际应用的各个方面，包括数字化设计、智能控制系统、大数据分析等课程。

例如，在"数字化设计"课程中，员工学习如何使用先进的 CAD/CAM 软件进行产品设计和模拟，以提高设计效率和精度。在"智能控制系统"课程中，员工掌握自动化生产设备的编程和调试方法，提升生产过程的智能化水平。

（2）实践导向的教学方法

劳动教育项目采用实践导向的教学方法，强调学以致用。企业为员工提供实

第 6 章 劳动教育促进新质生产力发展的理论探讨与案例分析

际的生产环境和项目案例,使他们在实践中巩固所学知识,提高解决实际问题的能力。

例如,在大数据分析项目中,员工参与企业的实际数据采集和分析工作,通过对生产数据的挖掘和分析,找出生产过程中的优化点,从而提高生产效率和质量。

(3)导师制和团队合作

企业为每位员工配备专业的导师,导师在培训过程中给予员工个性化的指导和反馈,帮助他们快速成长。同时,企业还鼓励员工组成团队,共同完成项目任务,以培养团队合作精神和沟通能力。

例如,在一个智能制造项目中,由不同专业背景的员工组成的团队共同合作,设计和开发了一条智能化的生产线。在这个过程中,团队成员相互学习、相互支持,不仅提高了项目的成功率,还提升了个人的综合素质。

6.2.2.2 实施过程

(1)培训需求分析

企业首先对员工的现有技能水平和知识结构进行全面评估。通过问卷调查、面谈和实际操作考核等方式,了解员工在智能制造和大数据应用方面的薄弱环节与培训需求。

根据评估结果,企业制订了详细的培训计划,明确了培训的目标、内容和方法。

(2)培训实施阶段

企业按照培训计划,分阶段、分批次地组织员工参加培训。培训采用集中授课、实践操作和项目实战相结合的方式,确保员工能够充分掌握所学知识和技能。

在培训过程中,企业会定期评估员工的学习进度和效果,及时调整培训内容和方法,以满足员工的学习需求。

(3)培训效果评估

培训结束后,企业对员工的培训效果进行全面评估。评估采用考试、项目汇报和实际工作表现等多种方式,综合考察员工在知识掌握、技能提升和创新能力等方面的进步。

根据评估结果，企业对培训项目进行了总结和反思，为下一次培训提供经验和参考。

6.2.2.3 取得的成效

（1）员工素质提升

通过培训，员工的数字化技能和创新意识得到了显著提升。员工能够熟练掌握先进的智能制造技术和大数据分析方法，为企业的技术创新和生产效率的提高提供了有力的支持。

例如，在一个智能工厂项目中，经过培训的员工能够独立完成设备的调试和优化工作，使生产线的效率提升了30%以上。

（2）技术突破和创新

劳动教育激发了员工的创新热情和创造力，推动了企业在智能制造和大数据应用方面的技术突破。员工提出了许多创新的想法和解决方案，为企业的发展带来了新的机遇。

例如，在大数据分析项目中，员工通过深入挖掘生产数据，发现了一些潜在的质量问题，并提出了相应的改进措施，使产品的不良品率降低了20%以上。

（3）生产效率提升和成本降低

劳动教育提高了员工的工作效率和质量，降低了企业的生产成本。员工能够更加熟练地操作智能化设备，减少了生产过程中的浪费和错误，提高了生产效率。

例如，在一个自动化生产项目中，经过培训的员工能够有效管理生产过程，使生产周期缩短了25%以上，同时降低了生产成本15%以上。

6.2.2.4 促进新质生产力发展的关键环节和作用机制

（1）关键环节

人才培养：劳动教育通过培养高素质员工队伍，为新质生产力的发展提供了人才保障。具备数字化技能和创新意识的员工能够更好地适应新兴技术的发展，

第6章 劳动教育促进新质生产力发展的理论探讨与案例分析

推动企业的技术创新和转型升级。

技术创新：劳动教育激发了员工的创新热情和创造力，促进了企业在智能制造和大数据应用等方面的技术突破。技术创新是新质生产力发展的核心驱动力，能够提高生产效率、降低成本和提升产品质量。

实践应用：劳动教育强调实践导向的教学方法，使员工在实际工作中应用所学知识和技能，实现理论与实践的有机结合。实践应用是新质生产力发展的重要环节，能够将技术创新转化为实际的生产效益。

（2）作用机制

知识传授：劳动教育通过培训项目，将先进的智能制造技术和大数据分析方法等知识传授给员工，提高他们的知识水平和技能素养。

能力提升：劳动教育培养员工的创新能力、问题解决能力和团队合作能力等综合素质，提升他们的工作能力和绩效水平。

文化塑造：劳动教育塑造积极向上的企业文化，鼓励创新、合作和学习。良好的企业文化能够激发员工的工作热情和创造力，为新质生产力的发展提供强大的精神动力。

在案例分析中，我们观察到劳动教育实践在促进新质生产力发展方面发挥了重要作用。企业通过开展定制化的劳动教育培训项目，提升了员工的数字化技能和创新意识，推动了企业在智能制造、大数据应用等领域的技术突破和效率提升。这为其他企业和机构提供了有益的借鉴，表明了劳动教育是促进新质生产力发展的重要途径之一。

6.2.3 案例的启示与理论验证

通过对所选案例的深入剖析，我们可以得出以下几点重要启示。

6.2.3.1 案例的启示

（1）定制化劳动教育的重要性

案例中的企业通过开展定制化的劳动教育培训项目，紧密结合自身在智能制造和大数据应用等领域的实际需求，有针对性地提升员工的数字化技能和创新意识。这表明，企业在实施劳动教育时，应充分考虑自身的行业特点、发展战略和员工需求，制订个性化的培训方案，以提高劳动教育的实效性。

（2）实践导向教学的价值

实践导向的教学方法在案例中取得了显著成效。让员工在实际生产环境中应用所学知识和技能，不仅能够加深他们对理论的理解，还能培养他们解决实际问题的能力。这启示我们，劳动教育应注重实践教学环节，为员工提供更多的实践机会，让他们在实践中不断成长和进步。

（3）导师制和团队合作的作用

案例中的企业为员工配备导师，并鼓励团队合作，这有助于员工快速成长和提高工作效率。导师能够给予员工个性化的指导和反馈，帮助他们克服困难，提升能力。团队合作则可以促进知识共享、激发创新思维，提高项目的成功率。因此，企业在劳动教育中应重视导师制和团队合作的作用，为员工创造良好的学习和工作氛围。

（4）持续评估与改进的必要性

案例中的企业对劳动教育的实施过程和效果进行了全面的评估，并根据评估结果及时调整培训内容和方法。这表明，企业在开展劳动教育时，应建立健全评估机制，持续关注员工的学习进度和效果，及时发现问题并进行改进，以确保劳动教育的质量和效果。

6.2.3.2 理论验证

将案例中的实际情况与之前构建的理论框架和研究假设进行对比验证，可以进一步检验理论的有效性和适用性。

（1）对假设一的验证

假设一是"受劳动教育程度越高，劳动者的创新能力就越强，从而促进新质生产力中的技术创新"。在案例中，企业通过开展定制化的劳动教育培训项目，提升了员工的数字化技能和创新意识，推动了企业在智能制造和大数据应用等方面的技术突破。这一结果支持了假设一，表明劳动教育确实能够提升劳动者的创

第6章 劳动教育促进新质生产力发展的理论探讨与案例分析

新能力,促进新质生产力中的技术创新。

例如,在企业的大数据分析项目中,员工通过培训掌握了先进的数据分析方法,提出了许多创新的解决方案,降低了产品的不良品率。这表明劳动教育不仅提高了员工的创新能力,还为企业带来了实际的技术创新和生产效率的提升。

(2)对假设二的验证

假设二是"劳动教育中的实践环节越丰富,劳动者对新知识和新技术的应用能力就越高,越能推动新质生产力的发展。"案例中的企业采用了实践导向的教学方法,为员工提供了丰富的实践机会,使他们能够更好地掌握智能制造技术和大数据分析方法,提高了生产效率和质量。这一结果支持了假设二,说明劳动教育中的实践环节确实能够提高劳动者对新知识和新技术的应用能力,推动新质生产力的发展。

例如,在智能工厂项目中,经过培训的员工能够独立完成设备的调试和优化工作,使生产线的生产效率提高了30%以上。这表明,实践环节丰富的劳动教育提高了员工对新知识和新技术的应用能力,为企业的新质生产力发展作出了贡献。

第 7 章 劳动教育政策和实践的国际比较与借鉴

7.1 国际劳动教育政策纵览

7.1.1 发达国家劳动教育政策的特色

在当今全球化的时代，研究发达国家的劳动教育政策对于我国劳动教育的发展具有至关重要的借鉴意义。这些政策往往具有具体目标、独特的侧重点，以及良好的持续性和调整机制，为培养适应现代社会需求的高素质人才提供了有力保障。

7.1.1.1 具体目标

发达国家劳动教育政策的具体目标通常涵盖多个方面，旨在全面培养学生的综合素养。

（1）培养实践能力

实践能力是学生在未来职业发展和生活中不可或缺的能力。如新加坡极为注重对学生实践能力的培养。在劳动实践类课程设置方面，学生积极投身城市园艺种植、创意手工设计等活动。在城市园艺种植里，学生们亲身体验从选种、播种到日常养护以及最终收获的全过程，深入学习植物生长规律、土壤管理及灌溉技巧等知识要点，切实地了解农业生产在城市环境中的运作模式，并熟练掌握相关的实际操作技能。在创意手工设计活动中，学生们充分发挥自身想象力与创造力，运用各种材料如木材、金属、布料等进行作品创作，在提升动手能力的同时，也培养了艺术审美与创新思维。

此外，新加坡学校大力强化与本地企业的合作交流，全力组织学生前往各类企业开展实习活动。无论是金融机构、科技企业还是文化创意公司等，学生们都能深入其中进行实地体验。在金融机构实习时，学生可以了解到金融市场的运作机制、各类金融产品的交易流程及客户服务的要点等，感受金融行业严谨高效的工作氛围；在科技企业实习过程中，学生能够接触到前沿的科技研发项目、先进的技术设备及软件开发流程，洞察科技行业快速创新的节奏与要求；在文化创意公司实习期间，学生则有机会参与到广告策划、影视制作、艺术展览组织等项目中，体会文化创意产业独特的创作理念与商业运营模式。通过这些丰富多元的企业实习经历，学生们能够全方位地了解不同职业领域的实际工作环境、业务流程及职业素养要求，为自身未来的职业发展进行更为充分、更具针对性的准备，在毕业后能够更加顺利地融入社会职场，开启自己的职业生涯。

（2）培养创新精神

创新是推动社会发展的重要动力，发达国家的劳动教育政策非常注重培养学生的创新精神。芬兰的劳动教育政策鼓励学生在实践中探索和创新，为他们提供创新的平台和机会。例如，学校设立创新实验室，学生可以在实验室中进行各种创新实验和项目，以培养创造力和创新思维。

（3）培养职业素养

职业素养是学生在未来职业生涯中取得成功的关键因素。发达国家的劳动教育政策注重培养学生的职业素养，包括职业道德、职业技能和职业态度等方面。例如，德国的职业教育体系非常发达，学生在职业学校和企业中进行交替式的学习实习，通过实际操作掌握专业技能，也培养了职业道德和职业态度。

（4）培养社会责任感

社会责任感是学生作为社会成员应具备的重要品质。发达国家的劳动教育政策注重培养学生的社会责任感，使学生了解自己在社会中的角色和责任，并积极参与社会公益活动。例如，澳大利亚的劳动教育政策强调通过社区服务项目和环保活动等方式，让学生了解社会问题，培养关心他人和关爱社会的品质。

7.1.1.2 侧重点

（1）实践导向

发达国家的劳动教育政策普遍强调实践导向，注重学生在实际劳动中的体验和学习。

德国的职业教育体系是实践导向的典范。学生在职业学校和企业中交替进行学习与实习，通过实际操作掌握专业技能。这种"双元制"教育模式将学校教育与企业实践紧密结合，使学生在学习理论知识的同时，能够在实际工作环境中进行实践操作，提高了学生的实践能力和职业素养。例如，在汽车制造专业的学习中，学生在职业学校学习汽车制造的理论知识，然后到汽车企业进行实习，参与汽车生产的各个环节，从零部件加工到整车组装，学生在实践中掌握了汽车制造的技能和工艺。

（2）职业规划

许多发达国家的劳动教育政策注重学生的职业规划，帮助他们了解自己的兴趣和能力，选择适合自己的职业道路。

澳大利亚的劳动教育政策强调从小学开始为学生提供职业教育和指导。学校通过开展职业体验活动、邀请职业人士到校讲座等方式，让学生了解不同职业的特点和要求。同时，学校还为学生提供职业规划类课程，帮助学生了解自己的兴趣、能力和价值观，制订个人职业发展计划。例如，在小学阶段，学校组织学生参观医院、警察局、消防队等单位，让学生了解不同职业的工作内容和要求；在中学阶段，学校开设职业规划类课程，帮助学生进行职业兴趣测试和能力评估，指导他们选择适合自己的职业方向。

（3）创新能力培养

发达国家的劳动教育政策也注重培养学生的创新能力。

芬兰的劳动教育政策鼓励学生在实践中探索和创新，培养他们的创造力和创业精神。学校为学生提供创新的平台和机会，让他们在实践中发挥想象力和创造力。例如，学校设立创新实验室，学生可以在实验室中进行各种创新实验和项目，从科技发明到艺术创作，充分展现其创新能力。同时，学校还鼓励学生参加创新创业比赛，为他们提供展示创新成果的平台。

7.1.1.3 政策的持续性和调整机制

（1）长期规划

发达国家的劳动教育政策通常具有长期规划，以确保政策的稳定性和持续性。

德国的职业教育政策经过多年的发展和完善，已经形成了一套成熟的体系。政府和社会各界对职业教育的重视与投入长期保持稳定，为职业教育的发展提供了坚实的保障。德国政府制定了长期的职业教育发展规划，明确了职业教育的发展目标和方向。同时，政府还通过法律保障和财政支持等方式，确保职业教育政策的长期稳定实施。例如，德国的《职业教育法》为职业教育的发展提供了法律依据，政府每年都会投入大量资金支持职业教育的发展，确保职业教育的教学设施和师资队伍建设。

新加坡的劳动教育政策呈现出长远布局的显著特征。政府精心规划了全面且具有前瞻性的教育发展蓝图，将劳动教育确立为其中不可或缺的关键环节。新加坡政府高度强调劳动教育的持续性与完整性，在基础教育的各个学段，涵盖小学、中学及初级学院，均巧妙融入了适配不同年龄段学生身心发展特点与认知水平的劳动教育课程体系及实践活动。政府积极倡导企业与社会多元主体踊跃投身劳动教育事业，为其长远稳健发展构筑起坚实有力的支撑网络。众多新加坡本地企业展现出强烈的社会责任担当，主动为学生开辟实习通道并悉心提供专业的职业规划建议与实践指导。例如，在信息科技领域占据领先地位的企业，会邀请学生参与其内部的一些基础项目研发流程，让学生在真实的工作场景中感受前沿技术的魅力与挑战，同时安排资深工程师为学生讲解行业发展趋势、岗位技能需求及职业晋升路径等实用知识。

社会各界也充分发挥各自优势，积极组织形式多样、内容丰富的劳动教育活动，为学生们汇聚起海量优质的劳动教育资源。各类行业协会定期举办职业体验日活动，使学生能够深入不同行业，直观了解各行业的工作内容与运作模式；社区组织则会开展诸如社区服务项目策划与执行、环保公益活动组织等劳动实践，培养学生的团队协作精神、社会服务意识及解决实际问题的能力。通过政府、企业与社会各界的协同发力，新加坡的劳动教育得以形成一个有机整体，为学生的

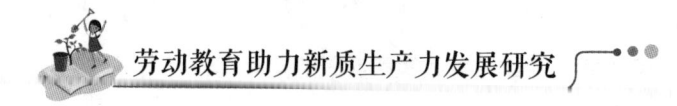

全面成长与未来职业发展奠定了极为坚实的基础。

（2）定期评估

发达国家的劳动教育政策通常会定期进行评估和调整，以适应社会经济的发展变化。

英国的劳动教育政策包括定期对学校的劳动教育课程和教学质量进行评估。政府会组织专业的评估机构对学校的劳动教育进行评估，包括课程设置、教学方法和教学效果等方面。根据评估结果，政府会相应调整政策和教学内容，以确保劳动教育的质量和效果。同时，政府还会听取社会各界的意见和建议，不断改进劳动教育政策。例如，英国政府会定期组织教育专家、企业代表、家长等各方人士参加劳动教育研讨会，听取他们对劳动教育政策的意见和建议，根据反馈意见对政策进行调整和完善。

7.1.1.4 案例分析

以德国为例，分析其如何通过政策保障职业教育与普通教育的平等地位。

德国一直以来非常重视职业教育，并通过一系列政策措施保障了职业教育与普通教育的平等地位。

（1）法律保障

在法律层面上，德国制定了完善的职业教育法律法规，明确了职业教育的地位和作用。《职业教育法》规定了职业教育的目标、内容、管理体制和经费保障等方面的内容，为职业教育的发展提供了法律依据。例如，法律规定企业必须参与职业教育，为学生提供实习岗位和培训机会。同时，法律还规定了职业教育教师的资格要求和培训制度，以确保职业教育的教学质量。

德国的法律保障了职业教育毕业生的权益。在就业、工资待遇、职业发展等方面，职业教育毕业生与普通教育毕业生享有平等的权利。例如，法律规定企业在招聘员工时，不得歧视职业教育毕业生，必须根据员工的能力和业绩进行评价与晋升。

（2）财政支持

德国政府在财政上对职业教育给予了大力支持。职业教育的经费主要由政府、企业和社会共同承担，其中政府的投入占比较大。政府通过提供资金支持，确保职业学校的教学设施和师资队伍建设，从而提升职业教育的质量。例如，政府会为职业学校提供建设资金，改善学校的教学设施和实训条件。同时，政府还为职业教育教师提供培训资金，以提高教师的教学水平。

德国的企业也为职业教育提供资金支持。企业通过缴纳职业教育税、提供实习岗位和培训机会等方式，为职业教育的发展作出贡献。例如，企业会为学生提供实习工资和培训费用，确保学生在实习期间能够得到良好的培训和指导。

（3）企业参与

德国的职业教育与企业紧密结合。企业积极参与职业教育，为学生提供实习岗位和培训机会。学生在企业中实习，可以在实际的工作环境中接触生产流程，从而增强他们的实践能力。同时，企业也可以通过实习选拔优秀人才，为自身的发展储备人力资源。例如，德国的汽车企业会与职业学校合作，为学生提供汽车制造和维修方面的实习岗位与培训机会，让学生能够学习先进的汽车制造技术和管理经验，为他们未来的职业发展打下坚实的基础。

此外，企业还会参与职业教育的课程设置和教学过程。企业的技术专家和管理人员会担任职业学校的兼职教师，为学生传授实际工作中的经验和技能。同时，企业还会与职业学校共同开发课程和教材，确保教学内容与企业的实际需求相符。例如，德国的机械制造企业会与职业学校合作，共同开发机械制造专业的课程和教材，使学生能够掌握最新的机械制造技术和工艺。

（4）社会认可

德国的职业教育在社会上享有较高的声誉。职业教育毕业生的就业前景良好，工资待遇与普通教育毕业生相当。社会各界对职业教育的认可度较高，为职业教育的发展营造了良好的社会氛围。例如，德国的企业非常重视职业教育毕业生，认为他们具有扎实的专业技能和实践经验，能够为企业的发展作出贡献。同时，德国的社会舆论也对职业教育给予了高度评价，认为职业教育是培养高素质技术人才的重要途径。

德国的职业教育得到了工会和行业协会的支持。工会和行业协会为职业教育的发展提供咨询与建议。同时，工会和行业协会也会监督企业与职业学校的职业教育实施情况，确保职业教育的质量和效果。例如，工会为职业教育毕业生争取合理的工资待遇和职业发展机会，行业协会制定职业教育的标准和规范，确保职业教育的教学质量。

德国通过法律保障、财政支持、企业参与和社会认可等多方面的政策措施，保障了职业教育与普通教育的平等地位，为德国的经济发展和社会稳定作出了重要贡献。我国可以借鉴德国的经验，加强职业教育与普通教育的融合，提高职业教育的地位和质量，为培养适应现代社会需求的高素质人才努力。

7.1.2 发展中国家劳动教育政策的趋势

在经济全球化的大背景下，发展中国家面临着诸多挑战与机遇。为了实现经济的快速发展和产业结构的升级转型，劳动教育政策也在不断调整和转变，以适应新时代的需求。

7.1.2.1 从普及型向质量提升型的过渡

发展中国家在早期发展阶段，由于经济基础相对薄弱，教育资源有限，通常侧重于劳动教育的普及。其主要目的是提高国民的基本劳动素养和就业能力，为经济建设提供大量的劳动力。

（1）加强师资队伍建设

师资队伍是确保劳动教育质量的关键因素。为了提高劳动教育的质量，发展中国家重视师资队伍的建设。

首先，加大对教师培训的投入。通过组织教师参加专业培训和学术交流活动，使他们能够及时了解劳动教育领域的最新动态和先进的教学方法，从而提高教学能力和实践经验。例如，一些发展中国家邀请国内外的劳动教育专家举办讲座和研讨会，为教师提供学习和交流的平台。同时，利用在线教育资源，使教师能够不受时间和地点的限制，随时随地进行学习和培训。

其次，吸引优秀人才从事劳动教育工作。通过提高教师的待遇和职业发展空间，吸引更多具有专业知识和实践经验的人才加入劳动教育队伍。例如，一些国家为劳动教育教师提供特殊的津贴和奖励制度，鼓励优秀教师长期从事劳动教育工作。同时，与企业合作，邀请企业中的技术专家和管理人员担任兼职教师，为学生传授实际工作中的经验和技能。

（2）优化课程设置

课程设置直接关系到学生的学习内容和能力培养。发展中国家在劳动教育政策中注重优化课程设置，使其更加符合市场需求和学生的发展需求。

一方面，增加实践教学环节。实践教学是劳动教育的重要组成部分，能够提高学生的动手能力和实际操作能力。例如，在课程中引入企业项目和实习机会，让学生在实际工作环境中学习和应用所学知识。通过与企业合作，建立实习基地，为学生提供稳定的实习场所。同时，鼓励教师采用项目式教学法，让学生在完成实际项目的过程中提高综合能力。

另一方面，加强与企业的合作，并根据企业的需求调整课程内容是至关重要的。企业是劳动力的需求方，了解市场的实际需求。发展中国家通过加强与企业的合作，使劳动教育更加贴近实际工作需求。例如，邀请企业参与课程设置和教材编写，确保课程内容具有实用性和针对性。同时，根据企业的反馈意见，及时调整课程内容和教学方法，提高学生的就业竞争力。

（3）提升教育设施和资源

良好的教育设施和资源是提高劳动教育质量的重要保障。为了提高劳动教育的质量，发展中国家加大了对教育设施和资源的投入。

首先，改善学校的实验室、实训基地等教学设施。建设现代化的实验室和实训基地，配备先进的教学设备和工具，为学生提供更好的实践条件。例如，一些国家投入大量资金建设职业教育中心，配备了与企业实际生产设备相同的实训设备，使学生在学校就能接触到实际工作中才会用到的设备和技术。

其次，加强教育信息化建设。利用互联网和多媒体技术为学生提供丰富的学习资源与教学手段。例如，建设在线学习平台，提供课程视频、电子教材、练习题等学习资源，使学生可以随时随地进行学习。同时，利用虚拟现实和增强现实技术，为学生创造更加真实的实践环境，提高学生的学习兴趣和学习效果。

7.1.2.2 印度劳动教育政策的调整

随着信息技术产业的崛起，印度成为全球信息技术服务的重要供应国之一。

在这一背景下，印度的劳动教育政策也进行了相应的调整，以满足信息技术产业对人才的需求。

（1）加强信息技术教育

印度政府认识到信息技术产业对经济发展的重要性，增加了对信息技术教育的投入。

在学校教育中，增加了信息技术课程的比重。从小学开始，就开设信息技术基础课程，让学生了解计算机的基本操作和互联网的使用方法。随着年级的升高，逐步增加编程、数据分析、网络安全等课程内容，培养学生的信息技术素养和技能。例如，在中学阶段，学生可以选择学习编程语言，如 Python、Java 等，为未来从事信息技术相关工作打下基础。

同时，鼓励学校与企业合作，开展信息技术实践项目。企业为学校提供实际的项目需求和技术支持，学生在教师的指导下完成项目任务。通过这种方式，学生能够将所学的理论知识应用到实际项目中，提高实际操作能力。例如，一些信息技术企业与学校合作开展软件开发项目，学生参与项目的需求分析、设计、编码、测试等各个环节，了解软件开发的全过程。

（2）培养创新型人才

为了满足信息技术产业对创新型人才的需求，教育政策应注重培养学生的创新能力。

印度政府鼓励学生参与科技创新活动，通过举办科技创新大赛和创业训练营等活动，为学生提供展示创新成果和交流学习的平台。例如，印度每年都会举办全国性的科技创新大赛，吸引大量学生参与。在比赛中，学生可以展示自己的科技创新项目，获得专家的指导和奖励。同时，通过与其他学生的交流和竞争，激发学生的创新热情和创造力。

加强与高校和科研机构的合作，共同培养创新型人才。高校和科研机构拥有丰富的科研资源和人才优势，与企业合作可以实现优势互补。例如，印度的一些高校与信息技术企业合作建立研究中心，共同开展前沿技术的研究和开发。学生通过参与这些研究项目，能够接触到最新的技术和研究方法，从而提高创新能力和科研水平。

（3）推动产学研合作

印度政府积极推动产学研合作，促进劳动教育与信息技术产业的紧密结合。

鼓励企业与学校合作开展项目研究和人才培养。企业可以为学校提供实践教学基地和项目资源，学校则负责为企业培养符合其需求的人才。例如，一些信息技术企业与学校合作建立实习基地，为学生提供实习机会。同时，企业还可以委托学校开展特定的技术培训项目，为企业员工提供继续教育的机会。

政府出台相关政策，鼓励企业参与劳动教育。例如，政府可以为参与劳动教育的企业提供税收优惠和财政补贴，以提高企业对劳动教育的重视程度。此外，政府还需建立产学研合作的协调机制，加强企业、学校和政府的沟通与合作，共同推动劳动教育的发展。

发展中国家在经济发展压力下，劳动教育政策逐渐从普及型向质量提升型过渡。以印度为例，在信息技术产业崛起的背景下，印度的劳动教育政策进行了相应的调整，强化了信息技术教育，以培养创新型人才。同时，印度推动产学研合作，为经济发展提供了有力的人才支持。其他发展中国家可以借鉴印度的经验，根据自身的经济发展需求和产业特点，制定适合本国特色的劳动教育政策。通过提高劳动教育的质量和效益，为经济的可持续发展培养出更多高素质的劳动力。

7.2 典型国家劳动教育实践模式

7.2.1 国家的选取与比较框架

在对国际劳动教育实践模式进行比较研究时，选取具有代表性的国家至关重要。选取国家的代表性因素主要包括经济发展水平和文化背景等方面。

7.2.1.1 代表性因素

（1）经济发展水平

经济发展水平不同的国家在劳动教育方面往往有着不同的需求和侧重点。例如，发达国家通常在劳动教育中更注重培养创新能力和综合素质，以适应高端制造业和服务业的发展需求；发展中国家可能更侧重于培养实用技能，以满足劳动力市场对基础产业和制造业的需求。选取不同经济发展水平的国家进行比较，可以了解劳动教育在不同经济环境下的特点和作用。

（2）文化背景

文化背景对劳动教育的理念和实践方式有着深刻的影响。不同文化背景下的国家可能对劳动价值观念、职业选择和教育目标有着不同的认知。例如，一些国家强调劳动的尊严和实用性，注重培养学生的职业技能和工作态度；另一些国家则更注重劳动教育对个人全面发展的促进作用，强调创新精神和社会责任感的培养。选取具有不同文化背景的国家进行比较，可以深入了解文化因素对劳动教育的影响。

7.2.1.2 比较维度

（1）教育体系

教育体系是实施劳动教育的重要基础。通过比较不同国家的教育体系，可以了解劳动教育在整个教育体系中的地位和作用。例如，一些国家将劳动教育纳入基础教育的必修课程，从小学阶段就开始培养学生的劳动意识和技能；另一些国家可能在职业教育阶段更加注重劳动教育。比较不同国家的教育体系还可以帮助我们了解劳动教育与普通教育、职业教育的融合程度，以及教育资源的分配情况。

（2）课程设置

课程设置直接关系到劳动教育的内容和方法。通过比较不同国家的课程设置，可以了解劳动教育的具体课程内容、教学方法和评价方式。例如，一些国家的劳动教育课程注重实践操作，通过项目式学习和实习等方式让学生亲身体验劳动过程；另一些国家可能更注重理论教学，通过课堂讲授和案例分析等方式传授劳动知识和技能。比较不同国家的课程设置还可以帮助我们了解劳动教育与其他学科的融合情况，以及课程的更新和调整机制。

（3）师资队伍

师资队伍是劳动教育实施的关键因素。通过比较不同国家的师资队伍，可以了解劳动教育教师的专业背景、培训机制和职业发展路径。例如，一些国家要求劳动教育教师必须具备相关专业的学历和工作经验，并通过定期培训和考核提高教师的教学水平；另一些国家则可能采用兼职教师或企业导师的方式，让具有实际工作经验的人员参与劳动教育教学。比较不同国家的师资队伍还可以帮助我们了解教师在劳动教育中的角色和作用，以及教师与学生、企业的合作关系。

（4）社会参与

社会参与是劳动教育实施的重要保障。比较不同国家的社会参与情况，可以了解企业、社会组织和家庭在劳动教育中的作用及参与方式。例如，一些国家通过建立校企合作机制，让企业为学生提供实习和就业机会，并参与劳动教育课程的设计和实施；另一些国家则可能通过社会组织开展劳动教育活动，或者鼓励家庭在日常生活中培养孩子的劳动习惯。比较不同国家的社会参与情况还可以帮助我们了解社会对劳动教育的认知和支持程度，以及劳动教育与社会需求的对接情况。

7.2.1.3 案例分析

下面对比瑞典和巴西在基础教育阶段融入劳动教育的方式。

瑞典是一个高度发达的国家，具有独特的文化背景和教育理念。在基础教育阶段，瑞典将劳动教育融入整个教育体系中，注重培养学生的实践能力和创新精神。

巴西作为一个发展中国家，拥有多元的文化背景和教育需求。在基础教育阶段，巴西也在努力将劳动教育融入教育体系，以提高学生的就业能力和社会适应能力。

（1）课程设置

瑞典的基础教育课程中包含丰富的劳动教育内容。从小学开始，学生便会接触到手工制作、家政、园艺等课程，通过实际操作培养动手能力和生活技能。在中学阶段，劳动教育课程更注重与职业规划的结合。学生可以选择不同的职业方向课程，如技术、商业、艺术等，了解不同职业的特点和要求。课程教学方法多样，包括项目式学习、小组合作、实地考察等，旨在让学生在实践中学习和成长。

巴西的基础教育课程中逐渐增加了劳动教育的内容。一些学校开设了手工制作、农业技术和职业规划等课程，使学生了解不同的职业领域和劳动技能。课程教学方法相对传统，以课堂讲授和实践操作为主，但也逐渐引入了项目式学习和小组合作等方法，以提高学生的参与度和学习效果。

（2）师资队伍

瑞典的劳动教育教师通常具有相关专业的学历和教学经验，并会定期接受培训和参加专业发展活动。教师在教学中注重引导学生自主学习和探索，鼓励学生提出问题并解决问题。此外，瑞典还会邀请企业专家和社会人士参与劳动教育教学，为学生提供实际的工作经验和职业指导。

巴西的劳动教育教师队伍相对薄弱，部分教师缺乏专业的劳动教育背景和教学经验。为提高教师的教学水平，巴西政府加大了对教师培训的投入，组织教师参加专业培训和学术交流活动。同时，政府也在积极探索与企业合作的方式，邀请企业专家为教师提供培训和指导。

（3）社会参与

瑞典社会各界高度重视劳动教育，企业、社会组织和家庭都积极参与其中。企业为学生提供实习和参观机会，使学生了解实际工作环境和职业需求。社会组织开展各种劳动教育活动，如科技竞赛和文化活动，以激发学生的兴趣和创造力。家庭在日常生活中培养孩子的劳动习惯，并鼓励孩子参与家务劳动和社区服务。

巴西社会对劳动教育的参与程度相对较低，但正在逐渐提高。一些企业开始意识到劳动教育的重要性，为学生提供实习和就业机会。社会组织也在积极开展劳动教育活动，如职业技能培训、创业指导等。家庭在劳动教育中的作用也逐渐受到重视，一些学校会组织家长参与学校的劳动教育活动，共同培养孩子的劳动习惯和价值观。

通过对比瑞典和巴西在基础教育阶段劳动教育的融入方式，可以看出不同国家在经济发展水平、文化背景等方面的差异对劳动教育的影响。同时，这也可以为我国的劳动教育提供借鉴和启示，使我们在课程设置、师资队伍建设和社会参与等方面不断完善和创新，提高劳动教育的质量和效果。

7.2.2 实践模式案例剖析

7.2.2.1 瑞典某学校劳动教育课程与社区服务相结合的成功案例

在瑞典，劳动教育一直被视为培养学生综合素质的重要途径。瑞典某学校的劳动教育课程与社区服务相结合的模式，为学生提供了一个将理论知识与实践相结合的平台，取得了显著的成效。

（1）项目实施过程

①课程设计

该学校的劳动教育课程设计独具匠心，充分考虑了学生的兴趣和需求。在理论学习部分，学校不仅要求学生学习劳动的价值、职业道德、安全规范等基础知识，还通过邀请社区中的专业人士到校举办讲座，拓宽学生的视野，使学生了解不同职业的特点和要求。这种方式让学生对劳动有了更深入的认识，激发了他们对劳动的兴趣和热情。

在实践操作部分，学校与社区紧密合作，为学生提供了各种社区服务项目。这些项目涵盖了环境保护、老年人关爱、儿童教育等多个领域，充分满足了不同学生的兴趣和特长。学生们可以根据自己的喜好选择参与一个或多个项目，在实践中锻炼自己的劳动技能和团队合作能力。

②项目实施

在确定社区服务项目后，学校会组织学生进行分组，并为每个小组配备一名指导教师。指导教师会与学生一起制订项目计划，明确项目目标、任务分工和时间安排。在项目实施过程中，学生们需要运用所学的劳动知识和技能，积极与社区居民沟通合作，共同完成项目任务。

例如，在环境保护项目中，学生们会参与社区的垃圾分类、植树造林等活动。他们会学习如何正确分类垃圾，了解垃圾分类对环境保护的重要性。同时，他们还会亲手种植树木，为社区增添绿色。在老年人关爱项目中，学生们会定期去养老院看望老人，为他们提供陪伴和帮助。他们会与老人聊天、唱歌、玩游戏，让老人感受到关爱和温暖。

③资源整合

为了确保项目的顺利实施,学校积极整合各种资源。一方面,学校与社区中的企业、社会组织建立合作关系,争取获得他们的支持和赞助。这些企业和社会组织为学生提供物资、资金和技术支持,帮助学生更好地完成社区服务项目。

例如,在环境保护项目中,一些环保企业为学生提供环保袋、垃圾桶等物资,并派遣专业人员为学生进行环保知识培训。在老年人关爱项目中,一些社会组织为学生提供慰问品,并组织志愿者与学生一起去养老院看望老人。

另一方面,学校还应充分利用校内资源,如图书馆、实验室和艺术工作室,为学生的项目实施提供便利条件。例如,在儿童教育项目中,学生可以利用学校的图书馆为孩子们举办读书活动,利用艺术工作室为孩子们举办绘画和手工制作等活动。

(2)成果评估

①学生评价

学校通过多种方式对学生的学习成果进行评价,以确保评价的全面性和客观性。

首先,学生需要撰写项目报告,总结自己在项目中的收获和体会。项目报告包括项目目标的达成情况、遇到的问题及解决方法、团队合作情况等内容。通过撰写项目报告,学生可以对自己的项目进行反思和总结,提高分析和表达能力。

其次,学生需要进行自我评估和同伴评估。自我评估要求学生反思并总结自己在项目中的表现。同伴评估则要求学生对小组其他成员的表现进行评价,并提出建设性的意见。通过自我评估和同伴评估,学生可以更好地了解自己的优势和不足,提高自我认知水平和团队合作能力。

最后,指导教师会根据学生的项目报告、自我评估和同伴评估结果,以及学生在项目实施过程中的表现,对学生进行综合评价。指导教师的评价会考虑学生的知识掌握、能力提升、社会责任感等多个方面,以确保评价的全面性和客观性。

②社区反馈

社区服务项目的实施不仅对学生的成长和发展具有重要意义,也为社区带来了实实在在的好处。因此,学校非常重视社区的反馈意见。在项目结束后,学校会组织社区居民对学生的表现进行评价,并收集他们的意见和建议。

社区居民的评价主要包括学生的工作态度、专业技能和沟通能力等方面。通过社区居民的评价，学校可以了解学生在社区服务中的表现，为改进和完善劳动教育课程提供依据。同时，社区居民的意见和建议也能为学生提供反馈，帮助他们更好地提升劳动技能和团队合作能力。

③成果展示

为了展示学生的学习成果，学校会组织成果展示活动。成果展示活动包括项目成果展览、学生汇报演出和社区居民座谈会等形式。在成果展示活动中，学生们可以向学校师生、家长和社区居民展示自己在项目中的收获和体会，分享自己的成长和进步。

同时，成果展示活动也为学校、学生和社区的交流与合作提供了平台，进一步促进了劳动教育课程与社区服务的深度融合。通过成果展示活动，学校可以向社会展示劳动教育的成果，提高社会对劳动教育的重视程度。家长可以了解孩子在学校的学习情况，为孩子的成长和发展提供支持与帮助。社区居民可以感受到学生的成长和进步，为社区的发展注入新的活力。

7.2.2.2 案例成功的原因分析

（1）教育理念先进

瑞典的教育理念强调学生的全面发展和社会责任感的培养。将劳动教育课程与社区服务相结合，正是这种教育理念的具体体现。通过参与社区服务项目，学生们不仅可以学到劳动知识和掌握劳动技能，还可以增强社会责任感和公民意识，提升综合素质。

这种教育理念符合现代社会对人才的需求。培养出来的学生不仅具有扎实的专业知识和技能，还具备良好的社会责任感和团队合作能力，能够更好地适应社会的发展和变化。

（2）课程设置合理

该学校的课程设置合理，将理论学习与实践操作相结合，既注重知识的传授，又重视能力的培养。课程内容丰富多样，涵盖多个领域，可以满足不同学生的兴趣和需求。此外，课程还注重与社区实际需求的结合，使学生的学习更具针对性和实用性。

合理的课程设置能够激发学生的学习兴趣和热情,提高学习效率。与社区实际需求相结合的课程内容可以让学生更好地了解社会,增强他们的社会责任感和公民意识。

(3)资源整合有效

学校积极整合各种资源,为社区服务项目的实施提供了有力保障。通过与社区内的企业和社会组织建立合作关系,学校争取到了更多的支持和赞助,为学生提供了更好的学习条件。同时,学校还充分利用校内资源,为学生的项目实施提供便利条件。

有效的资源整合可以提高资源的利用效率,为学生提供更好的学习和实践机会。同时,与企业和社会组织的合作可以帮助学生更好地了解社会,增强他们的社会责任感和团队合作能力。

(4)评价体系科学

学校建立了科学的评价体系,对学生的学习成果进行全面、客观地评估。评价体系包括学生评价、社区反馈和成果展示等多个环节,涵盖了学生的知识掌握、能力提升和社会责任感等多个方面。

科学的评价体系能够激励学生积极参与社区服务项目,提高他们的学习效果。同时,评价体系也为学校改进和完善劳动教育课程提供了依据,提高了劳动教育的质量和水平。

瑞典某学校采用将劳动教育课程与社区服务相结合的模式,为我们提供了一个成功的案例。通过对该案例的分析,我们可以从中吸取经验和教训,为我国的劳动教育改革和发展提供有益的借鉴。

7.2.3 经验借鉴与启示

7.2.3.1 总结可借鉴的经验

(1)发达国家的劳动教育经验

①注重实践导向

德国的职业教育体系以实践为导向,学生在职业学校和企业中交替学习与实

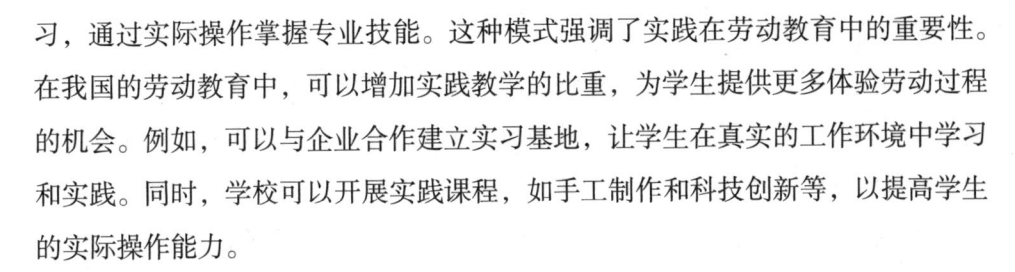

习，通过实际操作掌握专业技能。这种模式强调了实践在劳动教育中的重要性。在我国的劳动教育中，可以增加实践教学的比重，为学生提供更多体验劳动过程的机会。例如，可以与企业合作建立实习基地，让学生在真实的工作环境中学习和实践。同时，学校可以开展实践课程，如手工制作和科技创新等，以提高学生的实际操作能力。

②融入职业规划

许多发达国家将职业规划融入劳动教育政策中，帮助学生了解自己的兴趣和能力，选择适合自己的职业道路。我国可以从小学开始为学生提供职业教育和指导，通过职业规划课程和活动，让学生更好地认识自己。例如，可以邀请不同行业的专业人士到学校举办讲座，介绍各种职业的特点和要求；组织学生参观企业，了解不同职业的工作环境和发展前景。通过这些方式，学生可以在早期对职业有一定的认识，为未来的职业发展做好准备。

③培养创新能力

芬兰等国家鼓励学生在实践中探索和创新，培养他们的创造力和创业精神。在我国的劳动教育中，也应注重培养学生的创新思维和创新能力。可以支持学校与企业合作开展创新项目，为学生提供创新的平台和机会。例如，学校可以组织学生参加科技创新比赛、创业大赛等活动，激发学生的创新热情和创造力。同时，教师在教学过程中也可以采用创新的教学方法，鼓励学生提出新的问题和解决方案，培养学生的创新思维。

（2）发展中国家的劳动教育经验

①质量提升转型

发展中国家从普及型向质量提升型劳动教育政策的过渡，为我国提供了借鉴。我国也应重视劳动教育质量的提升，加强师资队伍建设、优化课程设置，以及改善教育设施与资源。在师资队伍建设方面，可以加大对教师培训的投入，提高教师的专业素养和教学水平。在课程设置方面，可以优化劳动教育课程，增加实践教学环节，提高课程的实用性和趣味性。在教育设施和资源方面，可以加大对劳动教育的投入，改善教学设施，为学生提供更好的学习环境。

②产业结合调整

以印度为例，在信息技术产业崛起的背景下，该国调整劳动教育政策，加强信息技术教育，培养创新型人才，并推动产学研合作。我国可以根据产业发展的需求，及时调整劳动教育政策，加强与新兴产业的结合。例如，在劳动教育课程中增加信息技术、人工智能等新兴产业的相关内容，培养学生的相关技能和素养。同时，推动产学研合作，鼓励企业与学校合作开展项目研究和人才培养，为学生提供实习和就业机会。

（3）典型国家的实践模式经验

①教育体系完善

本节选取的典型国家在教育体系方面各具特色。例如，瑞典将劳动教育纳入基础教育的必修课程，从小学阶段就开始培养学生的劳动意识和技能。我国可以借鉴这种做法，进一步完善劳动教育体系，明确劳动教育在各个教育阶段的目标和内容。例如，在小学阶段，可以注重培养学生的劳动习惯和基本劳动技能；在中学阶段，可以加强劳动教育与学科教学的融合，培养学生的综合素养；在大学阶段，可以开展创新创业教育，培养学生的创新精神和创业能力。

②课程设置丰富

不同国家的劳动教育课程设置丰富多样，注重与实际生活和职业需求相结合。我国可以借鉴其他国家的课程设置模式，增加劳动教育课程的实用性和趣味性，提高学生的学习积极性。例如，可以开设手工制作、农业种植、家政服务等课程，让学生在实践中学习和掌握生活技能。同时，可以开设与职业相关的课程，如职业规划、职场礼仪等，为学生的未来职业发展做好准备。

③社会参与广泛

社会各界的广泛参与是劳动教育成功的重要保障。企业、社会组织和家庭都应积极参与劳动教育，为学生提供实习、培训和指导等机会，共同营造良好的劳动教育氛围。

企业可以与学校合作开展劳动教育项目，为学生提供实习岗位和培训机会。社会组织可以开展劳动教育宣传和培训活动，提高社会对劳动教育的认识和重视程度。

家庭可以在日常生活中培养孩子的劳动习惯和劳动意识,让孩子参与家务劳动等,共同推动劳动教育的发展。

7.2.3.2 结合我国国情探讨本土化应用

(1)劳动教育中的企业参与模式

①可行性分析

在我国,随着经济的发展和产业升级,企业对高素质劳动力的需求日益增加,企业参与劳动教育具有一定的可行性。一方面,企业可以为学生提供实习岗位和培训机会,让学生在实际工作环境中学习和应用所学知识;另一方面,企业参与劳动教育也可以为自身培养和储备人才,实现企业与学校的双赢。

②应用策略

首先,政府可以出台相关政策,鼓励企业参与劳动教育,并给予一定的税收优惠和政策支持。例如,可以对参与劳动教育的企业提供税收减免和财政补贴等优惠政策,提高企业参与劳动教育的积极性。

其次,学校可以与企业建立长期合作关系,共同制定人才培养方案,开展实习和实训项目。例如,学校可以与企业合作开设订单班,根据企业的需求培养人才。

同时,企业可以派遣专业技术人员到学校担任兼职教师,为学生传授实际工作经验和技能。

最后,应建立健全企业参与劳动教育的评价机制,对企业的参与度和贡献度进行评估,激励企业积极参与劳动教育。例如,可以建立企业参与劳动教育的评价指标体系,对企业在实习岗位提供、培训支持、师资派遣等方面进行评价,并对表现优秀的企业给予表彰和奖励。

(2)其他经验的本土化应用

①实践导向的强化

结合我国职业教育和基础教育的实际情况,增加实践教学环节的比重。可以通过建设实习实训基地、开展校企合作项目等方式,为学生提供更多的实践机会。

例如，职业学校可以与企业合作建设实习实训基地，让学生在基地中进行实际操作和技能训练。

同时，加强对实践教学的管理和指导，提高实践教学的质量和效果。例如，可以制定实践教学的标准和规范，加强对实践教学过程的监督和评估。

②职业规划的早期介入

在我国的中小学教育中，可以逐步引入职业规划教育，通过职业体验活动、职业生涯规划等课程形式，让学生了解不同职业的特点和要求，培养他们的职业兴趣和职业意识。例如，可以组织学生参观企业、职业院校等，使他们了解不同职业的工作环境和发展前景。

在高中和大学阶段，应进一步加强职业规划指导，帮助学生根据自己的兴趣和能力选择适合的专业与职业方向。例如，可以开展职业规划咨询、职业测评等活动，为学生提供个性化的职业规划指导。

③创新能力的培养

在劳动教育中，应注重培养学生的创新思维和创新能力。可以通过开展科技创新活动、创新创业比赛等形式，激发学生的创新热情和创造力。例如，学校可以组织学生参加科技创新大赛、创业计划大赛等活动，为学生提供展示创新成果的平台。

同时，要加强教师的创新教育能力培训，提高教师在教学中提升学生创新能力的水平。例如，可以组织教师参加创新教育培训班、研讨会等，学习创新教育的方法和技巧。

④社会参与的推动

政府、企业、社会组织和家庭应共同参与劳动教育，形成合力。政府可以加大对劳动教育的投入，制定相关政策以引导社会力量参与相关活动。例如，政府可以设立劳动教育专项资金，支持学校开展相关活动。

企业可以为学生提供实习和就业机会，并参与学校的课程设计和教学活动。例如，企业可以与学校合作开设课程，为学生提供实践教学的机会。

社会组织可以开展劳动教育宣传和培训活动，为学生提供志愿服务和社会实践的机会。例如，社会组织可以组织学生参加志愿者活动和社会实践活动，培养学生的社会责任感和实践能力。

家庭可以在日常生活中培养孩子的劳动习惯和劳动意识，共同营造良好的劳动教育氛围。例如，家长可以让孩子参与家务劳动，培养孩子的劳动习惯和责任感。

通过对国际劳动教育政策与实践的比较研究，我们可以借鉴其他国家的成功经验，结合我国国情进行本土化应用，推动我国劳动教育的改革和发展，培养具有实践能力、创新精神和社会责任感的高素质人才。

第 8 章 劳动教育助力新质生产力发展的策略与路径

8.1 宏观层面的策略规划

8.1.1 政策引导与支持体系的构建

在推动劳动教育助力新质生产力发展的过程中，宏观层面的政策引导与支持体系至关重要。

8.1.1.1 制定具有前瞻性和可操作性的政策

（1）制定前瞻性政策

把握新质生产力发展趋势：政策制定者需要深入研究新质生产力的发展方向，包括新兴技术、产业变革和社会需求的变化。例如，随着人工智能、大数据、生物技术等领域的快速发展，劳动教育政策应提前布局，培养适应这些新兴领域的高素质劳动者。

预测未来劳动市场需求：通过对经济发展趋势和产业结构调整的分析，预测未来劳动市场对不同类型人才的需求。政策应引导劳动教育机构和学校调整专业设置与课程体系，以满足未来劳动市场的需求。例如，随着绿色经济的兴起，对环保技术人才和可持续发展专业人才的需求将增加，劳动教育政策应鼓励学校开设相关专业和课程。

鼓励创新劳动教育模式：政策应鼓励创新的劳动教育模式，以适应新质生产

第 8 章 劳动教育助力新质生产力发展的策略与路径

力发展的需求。例如，推广项目式学习、跨学科教育和实践教学等模式，以培养学生的创新能力、问题解决能力和团队合作能力。同时，鼓励学校与企业、科研机构合作，开展产学研一体化的劳动教育项目。

（2）制定可操作性政策

明确政策目标和具体措施：政策应明确劳动教育在助力新质生产力发展中的目标，并制定具体的实施措施。例如，制定劳动教育课程标准和教学大纲，明确劳动教育的教学内容、教学方法和评价方式。同时，制订教师培训计划和专业发展规划，提高劳动教育教师的教学水平和专业素养。

建立政策执行机制：为确保政策的有效执行，需要建立健全的政策执行机制。例如，要明确各部门的职责和分工，加强部门间的协调与合作。建立政策执行的监督机制，对政策执行情况进行定期评估和反馈，并及时调整政策措施。

提供政策支持和保障：政策应提供必要的支持和保障，以促进劳动教育助力新质生产力的发展。例如，加大对劳动教育的财政投入，改善教学设施和条件。制定相关法律法规，保障劳动者的合法权益，为劳动教育创造良好的社会环境。

8.1.1.2 建立全方位的支持体系

（1）财政支持

增加财政投入：政府应加大对劳动教育的财政投入，确保劳动教育机构和学校有足够的资金开展教学活动，改善教学设施和条件。例如，设立劳动教育专项基金，用于支持劳动教育课程开发、教师培训、实践基地建设等项目。

优化财政投入结构：合理分配财政资金，优化财政投入结构。加大对重点领域和薄弱环节的支持力度，例如，对新兴劳动领域、农村地区和贫困地区的劳动教育给予更多的资金支持。同时，鼓励社会力量参与劳动教育，通过政府购买服务、设立奖学金等方式，引导社会资金投入劳动教育领域。

提高资金使用效益：加强对财政资金的管理和监督，提升资金的使用效率。建立健全资金使用绩效评估机制，对资金的使用情况进行定期评估和反馈，及时调整资金分配方案。同时，加强对资金使用的审计和监督，确保资金的使用合法合规。

（2）法律支持

制定劳动教育法律法规：制定专门的劳动教育法律法规，明确劳动教育的地位、目标、内容和实施方式。为劳动教育提供法律保障，确保其顺利开展。例如，制定《劳动教育法》，明确劳动教育是国民教育体系的重要组成部分，规定各级政府、学校、企业和社会组织在劳动教育中的职责和义务。

完善相关法律法规：完善与劳动教育相关的法律法规，为劳动教育创造良好的法律环境。例如，完善《中华人民共和国职业教育法》《中华人民共和国教育法》等法律法规，明确劳动教育在职业教育和普通教育中的地位与作用。同时，加强对劳动者权益的保护，完善劳动法律法规，为劳动者提供良好的法律保障。

加大法律执行力度：加强对劳动教育法律法规的执行力度，确保法律法规的有效实施。建立健全法律执行监督机制，对法律法规的执行情况进行定期检查和评估。对违反劳动教育法律法规的行为，依法予以惩处，维护法律的权威和尊严。

随着新质生产力的发展，新兴劳动领域不断涌现，如人工智能、大数据、区块链、新能源等。国家对这些新兴劳动领域给予了政策倾斜和资金投入，以推动劳动教育助力新质生产力的发展。

（3）政策倾斜

制定产业政策：国家制定了一系列产业政策，鼓励和支持新兴劳动领域的发展。例如，出台了《新一代人工智能发展规划》和《新能源汽车产业发展规划》等政策文件，明确了新兴劳动领域的发展目标、重点任务和保障措施。这些政策文件为劳动教育提供了政策导向，引导劳动教育机构和学校调整专业设置与课程体系，培养适应新兴劳动领域的高素质劳动者。

给予税收优惠：国家对新兴劳动领域的企业实施税收优惠政策，鼓励企业加大研发投入和人才培养力度。例如，对从事人工智能、大数据、区块链等领域的企业，给予企业所得税、增值税等方面的税收优惠。这些税收优惠政策不仅为企业发展提供了支持，还为劳动教育创造了良好的外部环境。

加强人才政策支持：国家制定了一系列人才政策，吸引和培养新兴劳动领域的人才。例如，实施"千人计划""万人计划"等人才工程，吸引海外高层次人才回国创新创业。同时,通过设立专项人才培养计划、建立人才培训基地等方式,加强对本土人才的培养,培育适应新兴劳动领域的高素质人才。

(4)资金投入

加大财政投入:国家加强了对新兴劳动领域的财政支持,推动这些领域的技术研发、人才培养和产业发展。例如,设立国家科技重大专项、国家重点研发计划等项目,支持人工智能、大数据和区块链等领域的技术研发。同时,设立职业教育专项资金和高等教育专项资金等项目,支持劳动教育机构和学校在新兴劳动领域的人才培养。

引导社会资本投入:国家通过设立产业投资基金和创业投资基金等方式,引导社会资本投入新兴劳动领域。例如,设立国家集成电路产业投资基金和国家新兴产业创业投资引导基金等项目,以吸引社会资本参与新兴劳动领域的产业发展和人才培养。这些产业投资基金和创业投资基金不仅为新兴劳动领域的企业提供资金支持,还为劳动教育创造了良好的融资环境。

支持企业自主投入:国家鼓励企业加大对新兴劳动领域的自主投入,提高企业的核心竞争力。例如,对于企业开展的技术研发和人才培养等活动,给予财政补贴和税收优惠。同时,加强对企业自主投入的引导和服务,为企业提供技术咨询和人才培训等服务,帮助企业提高自主投入的效益和水平。

8.1.2 教育资源的优化配置

在推动劳动教育助力新质生产力发展的过程中,教育资源的优化配置起着至关重要的作用。只有实现劳动教育资源的合理分配,才能确保不同地区的学生都能获得平等的发展机会,从而为新质生产力的全面提升奠定坚实的基础。

8.1.2.1 区域间劳动教育资源的合理分配

(1)分析区域差距

我国东部和西部地区在劳动教育资源方面存在明显的差距,这一差距对学生的劳动教育质量及新质生产力的均衡发展产生了重大影响。

①东部地区优势明显

东部地区经济发达,在教育投入方面相对充足。这使得东部地区的学校能够配备先进的教学设施，为学生提供良好的学习条件。例如，一些学校配备了现代化的实验室和智能制造车间，学生可以在这些先进的设施中进行实践操作，提高动手能力和创新能力。同时，东部地区拥有高素质的教师队伍，这些教师具备丰富的教学经验和专业知识，能够为学生提供高质量的劳动教育。此外，东部地区还有丰富的实践基地资源，学生可以在企业、科研机构等实践基地实习和实践，了解行业的最新发展动态，提高职业素养和实践能力。

②西部地区面临困境

西部地区由于经济发展相对滞后，教育资源相对匮乏。在劳动教育方面，西部地区面临着师资不足、教学设施简陋和实践基地缺乏等问题。师资不足使得学校难以开展高质量的劳动教育课程，教师的教学水平和专业素养也难以提高。教学设施简陋限制了学生实践操作和创新能力的培养，学生无法接触到先进的教学设备和技术。实践基地缺乏使得学生缺乏实践机会，难以将理论知识应用于实际中，影响了学生职业素养和实践能力的提高。

这种区域差距不仅影响了学生的劳动教育质量，也制约了新质生产力在不同地区的均衡发展。新质生产力的发展需要高素质的劳动者，而劳动教育资源的不平衡会导致人才培养的不均衡。东部地区由于教育资源丰富，能够培养出更多高素质的劳动者，为新质生产力的发展提供有力支持。西部地区由于教育资源匮乏，人才培养相对困难，难以满足新质生产力发展的需求，从而影响了区域经济的协调发展。

（2）改进措施

为了缩小东西部地区在劳动教育资源方面的差距，实现区域间劳动教育资源的合理分配，可以采取以下措施。

①加大财政转移支付力度

中央政府应加大对西部地区的财政转移支付力度，提高西部地区劳动教育的经费投入。通过专项拨款、教育补贴等方式，改善西部地区学校的教学设施和实践基地条件。例如，设立西部地区劳动教育专项基金，用于支持学校建设实践基地、购买教学设备、开展教师培训等。同时，提高教师待遇，吸引优秀教师到西部地区任教。通过提高教师的工资待遇、提供住房补贴、职称晋升等优惠政策，吸引更多优秀教师到西部地区从事劳动教育工作，提高西部地区教师队伍的整体素质。

②建立区域教育合作机制

鼓励东部地区和西部地区建立教育合作机制，实现资源共享和优势互补。东部地区可以向西部地区提供教师培训、教学资源共享、实践基地共建等方面的支持。例如，东部地区的学校可以与西部地区的学校结成对子，定期派遣教师到西部地区进行支教，同时接收西部地区的教师到东部地区进行培训和交流。通过教师的交流和培训，可以提高西部地区教师的教学水平和专业素养，同时也可以让东部地区的教师了解西部地区的教育实际情况，为东西部地区的教育合作提供更好的支持。此外，东西部地区还可以共同建设实践基地，实现实践基地资源的共享。东部地区的企业和科研机构可以为西部地区的学生提供实习与实践机会，西部地区的特色产业和文化资源也可以为东部地区的学生提供实践与学习的平台。

③推动教育信息化建设

利用互联网和信息技术，打破地域限制，实现劳动教育资源的共享。通过在线课程平台、远程教育等方式，让西部地区的学生也能享受到优质的劳动教育资源。例如，建设全国性的劳动教育在线课程平台，邀请优秀教师录制课程视频，供全国各地的学生学习。同时，利用虚拟现实、增强现实等技术，为学生提供沉浸式的劳动教育体验，以弥补实践基地不足的问题。通过教育信息化建设，可以让西部地区的学生与东部地区的学生一样，接触到先进的教学资源和技术，提高他们的学习效果和实践能力。

8.1.2.2 城乡间劳动教育资源的合理分配

（1）分析城乡差距

城乡之间在劳动教育资源方面存在较大的差距，这一差距不利于农村学生的全面发展，也影响了新质生产力在农村地区的发展。

①城市学校资源丰富

城市学校通常拥有更好的教学设施、更多的实践机会和更丰富的师资力量。它们可以配备先进的科技馆、职业体验中心等，为学生提供丰富的实践和学习资源。同时，城市学校的教师队伍相对稳定，教师的专业素养和教学水平也较高。此外，城市学校还能够与企业、科研机构等建立合作关系，为学生提供更多的实践机会和职业指导。

②农村学校资源匮乏

由于资金有限和交通不便等原因，农村学校的教育资源相对匮乏。农村学校可能只有简单的手工制作教室，缺乏先进的教学设施和实践基地。同时，农村教师队伍不稳定，教师的专业素养和教学水平也相对较低。此外，农村学校与企业、科研机构等的合作机会较少，学生缺乏实践机会和职业指导。

这种城乡差距不利于农村学生的全面发展，也影响了新质生产力在农村地区的发展。农村地区是新质生产力发展的重要领域，需要培养具有创新精神和实践能力的新型农民。劳动教育资源的不足会限制农村学生的职业发展和农村经济的转型升级。

（2）改进措施

为了缩小城乡之间在劳动教育资源方面的差距，实现城乡间劳动教育资源的合理分配，可以采取以下措施。

①加大对农村地区的教育投入

政府应加大对农村地区劳动教育的投入，改善农村学校的教学设施和实践基地条件。例如，应为农村学校建设劳动教育实践基地，配备必要的教学设备和工具。可以利用农村的自然资源和产业资源，建设农业实践基地、手工艺制作基地等，为学生提供丰富的实践机会。同时，应提高农村教师的待遇，吸引优秀教师到农村任教，稳定农村教师队伍。通过提高农村教师的工资待遇、提供住房补贴、职称晋升等优惠政策，吸引更多优秀教师到农村从事劳动教育工作，提高农村教师队伍的整体素质。

②加强城乡教育对口支援

应建立城市学校与农村学校的对口支援机制，实现城乡教育资源的共享。城市学校可以在教师培训、教学资源共享和实践活动指导等方面向农村学校提供支持。例如，城市学校的教师可以定期到农村学校支教，帮助农村教师提高教学水平；农村学校的学生可以到城市学校参加实践活动，以拓宽视野。此外，城市学校可以与农村学校共同开展劳动教育课程研发和教学改革，提高农村学校的劳动教育质量。

③发挥农村特色资源优势

农村地区拥有丰富的自然资源和传统文化资源，应充分利用这些资源开展劳动教育。例如，农村学校可以开设农业劳动实践课程，让学生了解农业生产知识和技能，培养学生的劳动意识和创新精神。此外，可以利用农村的传统文化资源，开展手工艺制作、民俗文化传承等活动，以提升学生的创新精神和实践能力。通过发挥农村特色资源优势，为农村学生提供具有地方特色的劳动教育课程，提高学生的学习兴趣和参与度，也有助于促进农村地区的文化传承和经济发展。

在区域间、城乡间合理分配劳动教育资源，实现公平与效率的平衡，是推动劳动教育助力新质生产力发展的重要任务。通过加大财政投入、建立合作机制、推动教育信息化建设等措施，可以逐步缩小区域和城乡之间的劳动教育资源差距，为学生提供更加公平、优质的劳动教育，促进新质生产力的全面发展。

8.2 微观层面的实施路径

8.2.1 课程内容与教学方法的创新

在劳动教育助力新质生产力发展的过程中，微观层面的课程内容与教学方法创新扮演着重要角色，对培养适应新时代需求的高素质劳动者具有深远意义。

8.2.1.1 根据学生特点和社会需求设计课程内容

（1）了解学生特点

不同年龄段的学生在认知水平、兴趣爱好和发展需求方面存在显著差异，这就要求我们在设计劳动教育课程内容时，必须充分考虑这些因素，以确保课程内容的针对性和有效性。

对于小学生而言，他们正处于认知发展的初级阶段，对世界充满好奇，动手能力较弱但模仿能力较强。因此，设计一些简单的手工制作和家务劳动等课程内容是非常合适的。例如，在手工制作课程中，可以让学生学习折纸、剪纸、粘贴

等基本手工技巧，制作一些简单的手工艺品，如纸飞机、纸鹤、花朵等。通过这些活动，培养学生的观察力、想象力和动手能力，同时让他们体验到劳动的乐趣，增强劳动意识。在家务劳动课程中，可以教学生如何整理书包、书桌、衣柜，以及如何扫地、擦桌子、洗碗等基本生活技能。这样不仅可以培养学生的自理能力，还能让他们体会到父母的辛勤付出，培养感恩之心。

中学生已经具备了一定的知识基础和思维能力，对新鲜事物充满探索欲望，同时也开始有了自己的兴趣爱好和特长。针对这一特点，可以增加一些技术含量较高的劳动课程，如机器人编程和3D打印。在机器人编程课程中，学生可以学习机器人的基本结构和工作原理，掌握编程的基本方法和逻辑思维，通过编写程序让机器人完成各种任务，如行走、抓取、搬运等。这不仅可以激发学生的创新思维和实践能力，还能培养他们解决问题的能力和团队合作精神。3D打印课程则可以让学生了解3D打印的技术原理和应用领域，学习3D建模软件的使用方法，通过设计并打印出自己的作品，如模型、饰品、工具等，培养学生的空间想象力和创造力。

大学生即将步入社会，面临着职业选择和就业竞争的压力。因此，为他们开设与专业相关的实践课程，如工程实训和创新创业等，具有重要的现实意义。工程实训课程可以让学生在实际的工程环境中亲身体验工程设计、施工、管理等各个环节，掌握工程实践的基本技能和方法，提高他们的职业素养和实践能力。创新创业课程则可以培养学生的创新意识和创业精神，让他们了解创新创业的基本流程和方法，通过实际项目的实践，锻炼他们的创新能力和创业能力。同时，可以邀请企业导师为学生提供指导和建议，使学生更好地了解企业需求和市场动态，为未来的职业发展做好准备。

此外，我们还要关注学生的个体差异，为学生提供多样化的课程选择。每个学生都有自己独特的兴趣爱好和发展需求，我们应该尊重并满足这些差异。例如，有些学生对艺术创作有着浓厚的兴趣，我们可以为他们开设绘画、雕塑、书法、摄影等艺术课程。在绘画课程中，学生可以学习不同的绘画技巧和表现手法，如素描、水彩、油画等，通过临摹、写生、创作等方式，提高他们的绘画水平和艺术表现力。雕塑课程则可以让学生了解雕塑的历史、材料和工艺，通过亲手制作雕塑作品，培养他们的空间感知能力和造型能力。书法和摄影课程也各有其独特的教学内容和培养目标，可以满足不同学生的艺术需求。

第8章 劳动教育助力新质生产力发展的策略与路径

对于那些对科技创新充满热情的学生，我们可以开设科技创新类劳动课程，包括电子电路设计、科技创新实验和科技发明制作等。在"电子电路设计"课程中，学生可以学习电路的基本原理和设计方法，通过设计和制作简单的电子电路作品，如收音机、报警器、充电器等，培养他们的电子技术应用能力和创新能力。"科技创新实验"课程则让学生参与一些科学实验和研究项目，如物理实验、化学实验、生物实验等，通过实验探究和数据分析，培养学生的科学思维和实验能力。"科技发明制作"课程可以引导学生从生活中发现问题，并运用所学知识和技能进行发明创造，如设计一款新型的环保垃圾桶、智能拐杖、多功能书包等，培养他们的创新意识和实践能力。

（2）分析社会需求

劳动教育的课程内容必须紧密结合社会需求，以培养适应新质生产力发展的高素质劳动者为目标。在当今科技飞速发展和产业转型升级的时代背景下，社会对劳动者的素质要求发生了深刻变化。

随着人工智能、大数据、物联网等新兴技术的广泛应用，各个新兴领域对具备跨学科知识和创新能力的人才需求日益迫切。例如，在人工智能领域，不仅需要掌握计算机科学、数学、统计学等专业知识，还需要具备良好的逻辑思维能力、创新能力和解决实际问题的能力。因此，劳动教育课程内容应及时引入人工智能相关知识和技能的培养。可以开设人工智能劳动课程，让学生了解人工智能的基本原理，如机器学习、深度学习、自然语言处理等，以及人工智能在各个领域的应用场景，如医疗、交通、金融、教育等。同时，通过实践教学，让学生掌握人工智能编程技术，如 Python 语言、TensorFlow 框架等，从而能够运用人工智能技术解决实际问题。

在大数据领域，劳动者需要具备数据采集、存储、处理、分析和可视化等方面的能力。劳动教育课程可以设置大数据劳动课程，让学生学习大数据的基本概念和技术体系，如 Hadoop 生态系统、Spark 框架等，掌握数据挖掘、数据分析和数据可视化的方法与工具，从海量数据中提取有价值的信息，为企业决策和社会发展提供支持。

在物联网领域，劳动者需要了解物联网的架构、传感器技术、通信技术和应用开发等知识。通过开设物联网相关课程，学生可以学习物联网的基本原理和关键技术，如射频识别技术、传感器网络、ZigBee 协议等，掌握物联网应用系统的设计和开发方法，并能够开发出智能家居、智能农业、智能工业等领域的物联网应用项目。

在制造业领域，先进制造技术和智能制造理念的发展对高技能人才提出了新的要求。传统制造业正逐渐向智能化、数字化、网络化方向转型，劳动者需要掌握先进的制造工艺、数控技术、工业机器人技术等。因此，劳动教育课程应增加智能制造相关课程，使学生了解智能制造的发展趋势和关键技术，如工业 4.0、数字化设计与制造、智能工厂等。通过实践教学，学生可以掌握智能制造设备的操作和维护方法，如数控机床、工业机器人、自动化生产线等，并能够在智能制造环境中进行生产和管理。

此外，随着社会对绿色发展和可持续发展的重视，劳动教育课程内容还应融入环保、节能、资源回收等方面的知识和技能。例如，可以开设绿色制造劳动课程，使学生了解绿色制造的概念和方法，掌握绿色设计、清洁生产、资源回收利用等技术，培养他们的环保意识和可持续发展观念。

8.2.1.2 引入先进的教学方法

（1）虚拟实验

虚拟实验作为一种创新的教学手段，利用虚拟现实技术为学生创造了逼真的劳动场景，使他们能够在虚拟环境中进行劳动实践，为劳动教育带来了诸多优势。

在安全方面，虚拟实验有效地避免了传统劳动教育中一些实际实验可能存在的安全风险。例如，在化学实验教学中，许多化学试剂具有腐蚀性、毒性或易燃易爆性，学生在实际操作过程中稍有不慎就可能引发安全事故。利用虚拟化学实验室，学生可以在虚拟环境中进行各种危险化学实验的模拟操作，无须担心安全问题。他们可以自由地尝试不同的实验步骤和方法，观察实验现象，分析实验结果，更好地理解化学原理和实验流程。

在效率方面，虚拟实验打破了时间和空间的限制，学生可以随时随地进行实验操作，大大提高了学习效率。传统实验往往需要学生在特定的实验室中，按照固定的时间安排进行，这不仅受到实验室设备和场地的限制，还可能因为学生人数较多而导致每个学生实际操作的时间有限。虚拟实验则允许学生根据自己的学

第8章　劳动教育助力新质生产力发展的策略与路径

习进度和需求，自主选择实验内容和时间，反复进行实验操作，直到熟练掌握。例如，在机械制造教学中，学生可以利用虚拟机械加工车间，在课余时间进行机械加工操作的模拟训练，熟悉各种机床的操作方法和加工工艺，提高自己的操作技能和实践能力。

在可重复性方面，虚拟实验允许学生对同一实验进行多次重复操作，从而加深对实验内容的理解和掌握。在实际实验中，由于实验材料和设备的限制，学生往往难以多次重复一个实验。虚拟实验可以轻松解决这一问题，学生可以根据需要对实验进行无数次重复操作，观察不同参数设置下的实验结果，探索实验规律。例如，在物理实验教学中，学生可以通过虚拟物理实验室，反复进行牛顿定律和电磁感应等实验，深入理解物理原理，提高实验探究能力。

此外，虚拟实验还为学生提供了更加丰富的学习体验。通过虚拟现实设备，学生仿佛身临其境地感受劳动场景，这种沉浸式的学习环境能够极大地提高学生的学习兴趣和参与度。他们可以更加直观地观察实验对象的细节和变化，更加真实地感受劳动过程中的各种因素和现象。同时，虚拟实验还可以实现多人协作，学生可以在虚拟环境中与其他同学组成团队，共同完成实验任务。在这个过程中，学生需要相互沟通、分工合作、协调配合，这有助于培养学生的团队合作精神和沟通能力。例如，在建筑设计教学中，学生可以通过虚拟建筑设计平台，共同设计和建造虚拟建筑。每个学生负责不同的部分，如结构设计、外观设计、室内设计等，然后通过协作将各个部分整合在一起，完成整个建筑项目。这种多人协作的虚拟实验不仅提高了学生的专业能力，还培养了他们的团队协作能力和综合素质。

（2）远程协作

借助互联网技术，远程协作为不同地区的学生搭建了劳动教育合作的桥梁，打破了地域限制，带来了丰富的教育资源和广阔的发展空间。

远程协作能够让学生和来自不同地区的学生进行交流与合作，拓宽他们的视野和思维方式。不同地区的学生有着各自独特的文化背景、生活经验和教育资源，通过网络平台共同开展劳动教育项目，学生们可以相互学习和借鉴，了解不同地区的劳动文化和劳动方式。例如，城市学生可以与农村学生合作开展农业劳动项目，城市学生可以学习农村的传统农耕技术和农业文化，农村学生则可以了解城

市的现代农业科技和市场需求。这种跨地域的交流与合作能够使学生从不同的角度看待劳动，丰富他们对劳动的认识和理解，拓宽他们的视野和思维方式。

远程协作还可以培养学生的跨文化交流能力和团队合作精神。在全球化的时代背景下，跨文化交流能力已成为人才必备的素质之一。通过与不同地区的学生合作，学生需要面对文化差异和沟通障碍，学会尊重和理解不同的文化，并运用恰当的方式进行沟通和协作。例如，在国际劳动教育项目中，学生可以与来自不同国家的学生共同完成一项劳动任务，他们需要共同制订计划、分配任务、解决问题。在这个过程中，学生不仅可以提高自己的英语水平和跨文化交流能力，还能培养团队合作精神和全球视野。

此外，远程协作实现了优质教育资源的共享，有力推动了劳动教育的均衡发展。不同地区的学校在教育资源方面存在差异，一些发达地区的学校拥有丰富的课程资源、优秀的教师团队和先进的实践基地，而一些贫困地区的学校则面临资源短缺的问题。通过网络平台，不同地区的学校可以共享劳动教育课程资源、教师资源和实践基地资源，从而提高劳动教育的质量和水平。例如，发达地区的学校可以通过网络直播，为贫困地区的学校提供优质的劳动教育课程，使贫困地区的学生也能享受到高质量的教育。同时，教师可以通过网络平台进行在线交流和培训，分享教学经验和教学资源，共同提高教学水平。此外，不同地区的学校还可以共同建设虚拟实践基地，让学生在虚拟环境中体验不同地区的劳动场景和劳动项目，拓宽学生的实践渠道。

8.2.1.3 案例分析：利用线上平台开展跨区域劳动教育合作

某学校为了提升劳动教育的质量和水平，积极探索并利用线上平台开展了跨区域劳动教育合作，取得了显著的成效。该校与其他地区的几所学校建立了紧密的合作关系，共同致力于开发一套具有创新性和实用性的劳动教育课程体系，并通过线上平台进行教学，为学生提供了更加丰富和优质的劳动教育资源。

在课程内容方面，该校充分考虑学生的特点和社会需求，精心设计了一系列具有特色的劳动教育课程。

"智能家居设计与制作"课程是该校的一大亮点。随着科技的不断发展，智能家居已成为人们生活中不可或缺的一部分。在这门课程中，学生首先了解智能

第 8 章 劳动教育助力新质生产力发展的策略与路径

家居的发展趋势和技术原理，包括物联网技术、传感器技术、自动控制技术等。通过理论学习，学生掌握了智能家居系统的基本架构和工作原理，为实际设计与制作打下了坚实的基础。接着，在教师的指导下，学生运用所学知识进行智能家居设备的设计与制作。他们使用各种工具和材料，如电路板、传感器、微控制器等，亲手制作出智能灯光控制器、智能窗帘、智能门锁等设备。在这个过程中，学生不仅提高了动手能力和实践能力，还培养了创新思维和解决问题的能力。通过虚拟实验室，学生可以对自己设计的智能家居设备进行模拟测试，提前发现并解决可能存在的问题，进一步优化设备的性能和功能。

"农业科技创新"课程紧密结合现代农业的发展需求。在这门课程中，学生将了解农业科技创新的最新成果和应用场景，如精准农业、智慧农业、农业物联网等。教师通过案例分析和实地考察等方式，使学生深入理解农业科技创新在提高农业生产效率、保障粮食安全、促进农村经济发展中的重要意义。学生在课程中学习农业科技创新的方法和技能，包括农业数据采集与分析、农业机器人操作与维护、新型农业种植技术等。通过远程协作，学生与其他地区的同学共同开展农业科技创新项目。例如，不同地区的学生可以合作开展农业物联网监测项目，联合收集和分析各地的农业环境数据，探索适合不同地区的农业生产模式。在这个过程中，学生不仅提升了团队合作精神和跨文化交流能力，还拓宽了视野，了解了不同地区的农业特色和发展需求。

在教学方法方面，该校巧妙地引入了虚拟实验和远程协作等先进教学手段，为学生创造了更加丰富多样的学习体验。

在"智能家居设计与制作"课程中，虚拟实验室发挥了重要作用。学生通过佩戴虚拟现实设备，仿佛置身于一个真实的智能家居实验室中。他们可以自由选择各种工具和材料，进行智能家居设备的设计和组装。虚拟实验室提供了丰富的虚拟工具和设备，如虚拟螺丝刀、虚拟电烙铁等，学生可以像在实际操作中一样使用这些工具。同时，虚拟实验室还能模拟不同的环境和场景，让学生测试自己设计的智能家居设备在不同条件下的性能和稳定性。例如，学生可以模拟不同的光照强度、温度和湿度等环境因素，测试智能灯光控制器和智能窗帘的响应情况。这种虚拟实验的教学方法极大地提高了学生的学习兴趣和参与度，使他们能够更深入地理解和掌握智能家居设计与制作的知识和技能。

在"农业科技创新"课程中,远程协作成为教学的重要手段。学生通过线上平台与其他地区的学生组成项目小组,共同制订项目计划和目标。在项目实施过程中,学生们通过视频会议、在线讨论等方式,及时交流项目进展情况和遇到的问题,共同探讨解决方案。例如,在农业物联网监测项目中,不同地区的学生分别负责收集本地区的农业环境数据,然后通过线上平台进行数据汇总和分析。学生们根据数据分析结果,共同制订农业生产建议和方案,并将其反馈给当地的农民和农业企业。通过这种远程协作的方式,学生们不仅学会了如何与他人合作完成任务,还提高了自己的沟通能力和团队协作能力。同时,他们也深刻体会到了农业科技创新在不同地区的应用和发展,增强了对农业科技的兴趣和信心。

通过利用线上平台开展跨区域劳动教育合作,该校不仅提高了劳动教育的质量和水平,还为学生的全面发展和未来职业规划奠定了坚实的基础。学生们在跨区域劳动教育合作中,不仅学到了专业知识和技能,还培养了创新精神、实践能力、团队合作精神和跨文化交流能力。这些能力将成为他们未来在新质生产力领域中发展的重要竞争力。同时,该校的实践也为其他学校开展劳动教育提供了有益的借鉴和参考,为推动劳动教育的创新发展作出了积极贡献。

8.2.2 师资队伍建设与专业发展

8.2.2.1 师资的选拔机制

在劳动教育中,师资队伍的质量直接关系到学生的学习效果和新质生产力的发展。因此,建立科学合理的师资选拔机制至关重要。

(1)专业背景要求

①相关专业背景的重要性

在选拔劳动教育师资时,优先考虑具有相关专业背景的人员是确保教学质量的基础。对于不同类型的劳动教育课程,具备相应专业背景的教师能够为学生提供准确、深入的指导。例如,在工业劳动教育课程中,具有工程技术、机械制造等专业背景的教师能够深入讲解工业生产的原理、流程和技术要求,使学生更好地理解和掌握工业劳动的技能与知识。同样,在农业劳动教育课程中,具有农学、园艺等专业背景的教师可以传授农业生产的专业知识，如土壤改良、作物栽培、病虫害防治等，帮助学生了解农业劳动的实际操作和科学方法。

②跨学科背景的优势

随着新质生产力的发展，劳动教育越来越需要跨学科的知识和技能。选拔具有跨学科背景的教师能够为学生提供更广阔的视野和创新思维。例如，在科技创新劳动教育中，教师具备物理学、化学、生物学、计算机科学等多学科知识背景，可以引导学生进行跨学科的创新实践。在这样的指导下，学生能够将不同学科的知识融合运用，解决实际问题，培养创新能力。例如，在一个科技创新项目中，学生需要运用物理学的原理设计实验，利用化学知识进行材料分析，借助生物学的方法进行生物样本处理，同时运用计算机科学的技术进行数据分析和模型构建。具有跨学科背景的教师能够在各个环节给予学生专业的指导，提高学生的创新实践能力。

（2）实践经验考量

①行业工作经验的价值

劳动教育注重实践能力的培养，因此教师的实践经验至关重要。具有相关行业工作经验或实践经历的教师能够更好地将理论知识与实际操作相结合，为学生提供更具实用性的指导。例如，选拔曾经在企业从事过技术研发、生产管理等工作的人员担任劳动教育教师，他们可以将企业的实际案例和工作经验融入教学中。这些案例和经验不仅能够让学生了解行业的最新动态和实际需求，还能帮助学生掌握实际工作中的技能和方法。例如，一位曾在汽车制造企业从事技术研发的教师，可以在教学中分享汽车制造的新技术、新工艺，以及在研发过程中遇到的问题和解决方案。学生通过学习这些实际案例，能够更好地理解汽车制造的原理和技术，提高自己的实践能力和职业素养。

②社会实践经验的意义

选拔具有社会实践经验的教师，如参与过志愿服务、社区建设等活动的人员，能够引导学生关注社会问题，培养学生的社会责任感和创新精神。这些教师可以将社会实践中的经验和感悟融入教学中，使学生了解劳动在社会中的价值和意义。例如，一位参与过社区建设的教师可以在教学中引导学生思考如何通过劳动改善社区环境、提高社区居民的生活质量。在这样的引导下，学生能够将劳动与社会

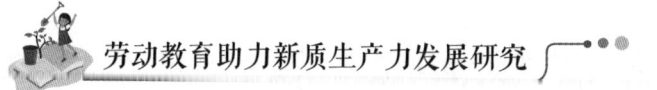

需求相结合，培养自己的社会责任感和创新能力。同时，这些教师还可以组织学生参与社会实践活动，让学生在实践中锻炼劳动能力和社会交往能力。

8.2.2.2 师资的培训机制

为了提高劳动教育师资的专业素养，建立完善的培训机制是必不可少的。

（1）定期专业培训

①培训内容的多样性

为了提升劳动教育师资的专业素养，应建立定期的专业培训机制。培训内容可以包括最新的劳动教育理念、教学方法、专业知识和技能等。邀请劳动教育专家、学者举办讲座和培训，能够让教师了解国内外先进的劳动教育经验和教学方法，拓宽教师的视野和思维方式。例如，专家可以介绍国外先进的劳动教育课程设置、教学模式和评价方法，让教师从中汲取经验，改进自己的教学。组织教师参加专业研讨会和学术交流活动，可以让教师与同行进行交流和分享，互相学习和借鉴。例如，在研讨会上，教师可以分享自己在教学中遇到的问题和解决方案，共同探讨劳动教育的发展方向和创新方法。

②针对性培训课程的设置

可以根据教师的专业背景和教学需求，开展针对性的培训课程。例如，对于机械制造专业的教师，可以开设智能制造技术培训，使教师了解最新的智能制造技术和发展趋势，并掌握智能制造在劳动教育中的应用方法。对于农业专业的教师，可以提供生态农业技术培训，使教师理解生态农业的理念、技术和模式，并引导学生进行生态农业实践。通过这些专业培训，提高教师的专业水平和教学能力，使他们能够更好地满足学生的学习需求和新质生产力的发展要求。

（2）实践教学培训

①实地考察和学习的作用

劳动教育的实践性要求教师具备较强的实践教学能力。因此，在师资培训中，应加强实践教学培训。组织教师到企业、工厂、农村等劳动实践场所进行实地考察和学习，使教师了解实际生产过程和劳动需求，提高他们的实践指导能力。例如，安排教师到汽车制造企业参观学习，了解汽车生产的工艺流程和技术要求，这样教师在教学中就能更好地指导学生进行汽车维修与保养等实践活动。教师通过实地考察和学习，能够亲身体验劳动的过程和价值，将实际经验融入教学中，提高教学的实用性和针对性。

②实践教学观摩活动的开展

可以开展实践教学观摩活动，组织教师相互观摩实践教学课程，交流教学经验和方法，提高实践教学质量。例如，组织教师观摩木工制作实践教学课程，学习如何引导学生进行安全、规范的木工操作，以提高学生的动手能力和创新能力。在观摩活动中，教师可以观察其他教师的教学方法、教学组织和教学评价，从中吸取经验，改进自己的教学。同时，教师还可以在观摩活动中进行交流和讨论，共同探讨实践教学中的问题和解决方案，提高实践教学的整体水平。

8.2.2.3 激励教师提升专业素养的措施

为了激发教师提升专业素养的积极性和主动性，需要采取有效的激励措施。

（1）职业发展规划

①个性化职业发展路径的制定

为教师制定明确的职业发展规划，激励他们不断提升专业素养。可以根据教师的不同层次和需求，制定个性化的职业发展路径。对于新入职的教师，可以制定以教学能力提升为主的职业发展规划，鼓励他们参加教学培训和观摩教学活动，以提高他们的教学水平。例如，为新入职教师安排导师，指导他们进行教学设计、课堂管理和教学评价，帮助他们尽快适应教学工作。对于骨干教师，可以制定以科研和创新能力提升为主的职业发展规划，鼓励他们开展劳动教育研究、创新教学方法，以提高教学质量和科研水平。例如，为骨干教师提供科研经费和学术交流机会，支持他们开展劳动教育课题研究，推广先进的教学经验和方法。

②晋升和发展机会的提供

为教师提供晋升和发展的机会，如晋升职称和担任教学管理职务。通过明确的职业发展规划和晋升机制，激发教师的工作积极性和创造力，提高教师的专业素养和教学水平。例如，制定明确的职称晋升标准，将教学质量、科研成果、社会服务等作为晋升的重要依据，鼓励教师在各个方面不断努力。为教师提供担任教学管理职务的机会，让他们参与学校的教学管理和决策，充分发挥他们的专业优势和领导能力。

（2）奖励机制

①专项奖励的设立

设立专项奖励，激励教师积极参与劳动教育培训和教学创新。例如，某地区设立了"劳动教育优秀教师奖"，对在劳动教育教学中表现突出的教师进行表彰和奖励。该奖项的设立激发了教师参与劳动教育培训的积极性，提高了教师的教学水平和创新能力。专项奖励可以根据不同的方面进行设置，如教学成果奖、科研成果奖、实践教学奖等，以奖励在劳动教育教学和研究方面取得显著成果的教师。

②多种奖励方式的结合

可以设立教学成果奖、科研成果奖等，对在劳动教育教学和研究方面取得显著成果的教师进行奖励。通过奖励机制，鼓励教师不断探索创新，提高劳动教育的质量和效果。奖励方式可以多样化，包括物质奖励、荣誉奖励、晋升机会等。例如，给予获奖教师一定的奖金和荣誉证书，同时在职称晋升、岗位聘任等方面给予优先考虑。这样可以激励教师更加积极地投入劳动教育教学和研究中，为新质生产力的发展培养更多的高素质人才。

8.2.2.4 案例分析：通过设立专项奖励促进教师参与劳动教育培训

在某地区，为了提高劳动教育师资的专业素养，教育部门设立了"劳动教育卓越教师奖"。该奖项旨在表彰在劳动教育培训和教学实践中表现突出的教师，并激励更多教师积极参与劳动教育培训，提升教学水平。

该奖项的评选标准包括教师参与劳动教育培训的情况、教学实践成果、学生评价等多个方面。评选活动每年举行一次，由教育部门组织专家进行评审。获奖教师将获得荣誉证书和一定数额的奖金，并在职称晋升、评优评先等方面享有优先待遇。

自该奖项设立以来，该地区教师参与劳动教育培训的积极性大大提高。许多教师主动参加各种劳动教育培训课程和学术交流活动，不断提升自己的专业素养和教学水平。在教学实践中，教师们积极创新教学方法，将劳动教育与学科教学相结合，开展丰富多彩的劳动教育实践活动，取得了显著的教学成果。

例如，一位获得"劳动教育卓越教师奖"的小学教师，通过参加劳动教育培训，学习了手工制作、园艺种植等方面的知识和技能。在教学中，她将这些知识和技能融入语文、数学、科学等学科的教学中，开展了"手工制作与数学图形""园艺种植与科学观察"等主题教学活动，激发了学生的学习兴趣和创造力，提高了学生的综合素质。

通过设立专项奖励，该地区有效地促进了教师参与劳动教育培训，提高了劳动教育师资的专业素养和教学水平，为劳动教育助力新质生产力的发展提供了有力的支持。

8.2.3 学生实践与创新能力的培养

在劳动教育中，培养学生的实践与创新能力具有重大意义。这不仅能够帮助学生在个人成长道路上迈出坚实的步伐，还能为新质生产力的蓬勃发展注入源源不断的活力。

8.2.3.1 为学生提供更多实践机会

（1）建立实践基地

学校与企业、社会组织等合作建立劳动教育实践基地，是为学生提供真实劳动场景和实践机会的重要举措。

①合作方式与实例

与工厂合作建立工业制造实践基地，可以让学生亲身体验生产流程和技术操作。在这样的实践基地中，学生可以近距离观察现代化的生产线，了解从原材料到成品的整个生产过程。他们可以参与实际的操作环节，如机器设备的调试、产品的组装等，提高自己的动手能力和对工业制造的理解。例如，汽车制造工厂可以为机械工程专业的学生提供实践基地，让他们了解汽车的生产工艺和技术要求。

与农场合作建立农业实践基地，使学生有机会参与农作物种植、养殖等活动。学生可以亲自下地劳作，学习播种、施肥、灌溉等农业生产环节，了解农业生态系统的运作。这不仅能培养学生的劳动意识，还能让他们对农业科技和可持续发展有更深入的认识。例如，可以与有机农场合作，让学生学习有机农业的种植方法和管理模式。

②建设要点

实践基地的建设应注重多样性和针对性,以满足不同专业和兴趣的学生的需求。除了传统的工业和农业实践基地,还可以建立科技创新实践基地、文化创意实践基地等。科技创新实践基地可以配备先进的科技设备和实验仪器,让学生进行科技创新实验和项目开发。例如,可以建立人工智能实践基地,让计算机科学专业的学生学习人工智能算法和应用开发。文化创意实践基地则可以为艺术设计、传媒等专业的学生提供创作空间和展示平台。例如,可以与艺术工作室合作建立文化创意实践基地,让学生参与艺术作品的创作和展览策划。

③指导与保障

实践基地应配备专业的指导人员,为学生提供实践指导和安全保障。这些指导人员可以是企业的技术专家、农场的农业技术员或学校的专业教师。他们能够根据学生的专业和实践需求,提供针对性的指导和建议。同时,他们还负责保障学生在实践过程中的安全,制定安全操作规程和应急预案,并对学生进行安全教育和培训。

(2)开展实习实训

学校与企业合作开展实习实训项目,是提高学生实践能力的有效途径。

①实习实训安排

实习实训可以根据学生的专业和年级进行安排。大一、大二的学生可以进行认知实习,以了解企业的运作和行业发展趋势。在认知实习中,学生主要通过参观企业、听取讲座、与企业员工交流等方式,对自己所学专业的实际应用有初步的认识。例如,电子信息工程专业的大一学生可以到电子企业进行认知实习,以了解电子产品的生产流程和技术发展趋势。

大三和大四的学生可以进行专业实习,参与企业的实际项目,以提高专业技能。在专业实习中,学生将参与企业的具体项目,承担一定的工作任务,并与企业员工合作完成项目。这不仅能让学生将所学的理论知识应用于实际,还能培养他们的团队合作能力和解决问题的能力。例如,软件工程专业的大三学生可以到软件公司进行专业实习,参与软件开发项目,以提高编程能力和项目管理能力。

②质量保障措施

在实习实训过程中,学校和企业应共同制订实习计划和考核标准,以提升实习

第8章 劳动教育助力新质生产力发展的策略与路径

实训的质量和效果。实习计划应明确实习的目标、内容、时间安排及指导教师等方面的内容。考核标准应包括实习表现、实习报告、项目成果等方面的评价指标。同时，企业可以为学生提供实习津贴和就业机会，以激发学生的积极性和主动性。实习津贴可以减轻学生的经济负担，使他们能够更加专注地投入实习。就业机会则为学生的未来发展提供保障，使在实习中表现出色的学生有机会直接留在企业工作。

（3）组织社会实践

学校可以组织学生参加社会实践活动，让学生了解社会需求和问题，培养学生的社会责任感和创新精神。

①社会实践形式

社会实践包括志愿服务、社会调研、社区服务等形式。志愿服务能够让学生为社会作出贡献，培养他们的爱心和奉献精神。例如，可以组织学生到敬老院、孤儿院等地进行志愿服务，为老人和儿童提供关爱与帮助。社会调研能够让学生了解社会热点问题，培养他们的调查研究能力和分析问题的能力。例如，组织学生对环境污染、交通拥堵等问题进行社会调研，并提出解决方案。社区服务能够让学生参与社区建设和管理，培养他们的社会参与意识和团队合作能力。例如，组织学生参与社区环保活动、文化活动等，为社区的发展贡献力量。

②结合专业与管理

社会实践活动应注重与专业相结合，让学生在实践中运用所学知识和技能，提高专业素养。例如，环境科学专业的学生可以参与环保组织的社会实践活动，进行环境监测和污染治理工作。同时，学校应加强对社会实践活动的指导和管理，确保活动的安全和效果。学校可以为学生提供社会实践的指导教师，帮助学生制订实践计划、选择实践项目、进行实践总结等。此外，学校还应建立社会实践的安全保障机制，为学生购买保险、提供安全培训等，以确保学生在社会实践中的安全。

8.2.3.2 营造创新氛围

（1）举办创新大赛

学校举办各种形式的创新大赛，能够激发学生的创新热情和创造力。

①大赛形式与激励措施

学校可以举办科技创新大赛、创业大赛、文化创意大赛等活动，为学生提供展示创新成果的平台。创新大赛可以设置丰厚的奖金和奖品，吸引更多的学生参与。例如，科技创新大赛可以设置一等奖、二等奖、三等奖和优秀奖，分别给予不同金额的奖金和相应的荣誉证书。同时，学校可以邀请企业和专家担任评委，为学生提供专业的指导和建议。评委可以从创新性、可行性和实用性等方面对学生的作品进行评价，为学生提供有价值的反馈和建议。

②与课程教学结合

创新大赛的组织应注重公平、公正、公开，以提升比赛的质量和效果。同时，学校可以将创新大赛与课程教学相结合，让学生在课程学习中进行创新实践，提高课程教学的质量和效果。例如，在工程设计课程中，可以要求学生以小组为单位参加科技创新大赛，将课程设计项目转化为创新大赛作品。这样不仅可以提高学生的学习积极性和主动性，还可以培养他们的团队合作能力和创新能力。

（2）设立创新实验室

学校应设立创新实验室，为学生提供创新的平台和资源。

①实验室配备与指导

创新实验室应配备先进的实验设备和工具，如3D打印机、激光切割机等，让学生进行创新实验和制作。这些设备和工具可以为学生的创新项目提供技术支持，使他们的创意得以实现。同时，创新实验室可以邀请专业教师和企业专家担任指导人员，为学生提供创新指导和支持。指导人员可以根据学生的项目需求，提供技术咨询、设计指导、项目管理等方面的帮助。

②管理与合作

创新实验室的管理应注重开放、共享和合作的原则，鼓励学生跨专业、跨学科进行创新合作。创新实验室可以向全校学生开放，让不同专业的学生在这里交流合作，共同开展创新项目。同时，学校可以将创新实验室与创新创业教育相结合，为学生提供创新创业的实践平台和资源。例如，在创新实验室中设立创业孵化区，为有创业意向的学生提供办公场地、创业指导、资金支持等服务。

第 8 章 劳动教育助力新质生产力发展的策略与路径

（3）开展创新讲座和培训

学校可以邀请企业和专家开展创新讲座与培训，传授创新知识和技能，激发学生的创新热情和创造力。

①内容与形式

创新讲座和培训涵盖创新思维、创新方法、创业经验等方面的内容。创新思维讲座可以帮助学生打破传统思维模式，培养创新意识和创新能力。创新方法培训可以让学生学习各种创新工具和方法，如头脑风暴、设计思维等，提高创新效率和质量。创业经验分享可以让学生了解创业的过程和挑战，学习创业成功的经验和教训。同时，学校可以组织学生参加创新训练营、创新创业培训班等活动，提高学生的创新能力和创业水平。创新训练营可以通过集中培训、项目实践、团队合作等方式，让学生在短时间内快速提升创新能力。创新创业培训班则可以为有创业意向的学生提供系统的创业知识和技能培训，帮助他们制订创业计划、寻找创业资源、开展创业实践。

②结合课程教学

创新讲座和培训的组织应注重针对性与实效性，依据学生的需求和兴趣进行安排。同时，学校可以将创新讲座和培训与课程教学相结合，让学生在课程学习中进行创新实践，提高课程教学的质量和效果。例如，在市场营销课程中，可以邀请企业营销专家开展创新营销讲座，让学生了解市场动态和创新营销方法，并将其应用到课程项目中。

在劳动教育中，为学生提供更多实践机会并营造创新氛围，是培养学生实践与创新能力的重要途径。通过建立实践基地、开展实习实训、组织社会实践、举办创新大赛、设立创新实验室、开展创新讲座和培训等措施，可以有效提高学生的实践能力和创新能力，为新质生产力的发展培养更多创新型人才。

8.2.3.3 案例分析：某高校创新创业实践基地的运作模式和成效

某高校的创新创业实践基地是一个集创新创业教育、实践、孵化于一体的综合性平台。该基地的运作模式和成效如下。

（1）运作模式

基地建设：该高校投入大量资金建设了创新创业实践基地，占地面积达数千平方米。基地内设有办公区、会议室、实验室、展示区等功能区域,为学生提供了良好的创新创业环境。

团队组建:学校鼓励学生组建创新创业团队,团队成员可以来自不同专业和年级。组建团队后,学校为团队配备专业的指导教师,提供创新创业指导和支持。

项目孵化:团队可以将自己的创新创业项目提交到实践基地进行孵化。基地为项目提供办公场地、设备、资金等支持,帮助项目团队进行项目研发和市场推广。同时,基地还邀请企业和专家为项目提供专业的指导与建议,提高项目的质量和可行性。

课程教学:基地将创新创业教育纳入学校的课程体系,开设创新创业基础、创新创业实践、创新创业案例分析等课程。课程教学采用理论与实践相结合的方式,让学生在课程学习中进行创新创业实践,提高课程教学的质量和效果。

(2)成效

培养了一批创新创业人才:通过创新创业实践基地的培养,该高校涌现出了一批创新创业人才。这些人才在科技创新、创业实践等方面取得了显著的成绩,为学校和社会作出了贡献。

推动了学校的创新创业教育改革:创新创业实践基地的建设和运作,推动了该高校的创新创业教育改革。学校将创新创业教育纳入人才培养方案,建立了创新创业教育课程体系,加强了创新创业师资队伍建设,提高了学校的创新创业教育水平。

促进地方经济发展:许多创新创业实践基地孵化的项目都与地方经济发展密切相关。这些项目的成功实施为地方经济的发展注入了新的活力,促进了地方经济的转型升级。

通过为学生提供更多实践机会和营造创新氛围,可以有效培养学生的实践与创新能力,为劳动教育助力新质生产力发展提供有力支持。以某高校的创新创业实践基地为例,这种模式的可行性和成效得到了验证,为其他学校和机构提供了借鉴和参考。

第 9 章 研究结论与展望

9.1 研究结论汇总

9.1.1 劳动教育对新质生产力发展的重要性再审视

在当今全球化和科技飞速发展的时代,劳动教育对新质生产力的发展具有至关重要的作用。从更宏观的视角来看,劳动教育在推动经济结构转型和提升国家竞争力方面发挥着关键作用。

9.1.1.1 劳动教育推动经济结构转型

(1)培养适应新兴产业的人才

随着科技的不断进步,新兴产业如人工智能、大数据、生物技术等迅速崛起。这些产业对劳动者的素质要求较高,需要他们具备创新思维、实践能力和跨学科知识。劳动教育通过培养学生的这些能力,为新兴产业输送了大量高素质人才,推动了经济结构向高端化、智能化、绿色化转型。

(2)促进传统产业升级

劳动教育不仅有助于新兴产业的发展,还能促进传统产业的升级。通过提高劳动者的技能水平和创新能力,劳动教育可以推动传统产业向数字化、智能化、绿色化方向发展,提高传统产业的生产效率和产品质量。

9.1.1.2 劳动教育提升国家竞争力

（1）提高劳动者素质

劳动者素质是国家竞争力的重要基础。劳动教育通过培养学生的职业道德、团队合作精神、创新能力和实践能力，提高劳动者的综合素质。高素质的劳动者能够创造更多的价值，从而提升国家的经济实力和竞争力。

（2）增强国家创新能力

创新是国家竞争力的核心。劳动教育通过培养学生的创新思维和实践能力，激发学生的创新热情和创造力，为国家的创新发展提供动力。

9.1.1.3 对比不同发展阶段国家劳动教育与生产力发展的关联

（1）发达国家

在发达国家，劳动教育已成为国家教育体系的重要组成部分。这些国家注重培养学生的创新能力、实践能力和综合素质，为新质生产力的发展提供了有力的人才支持。

（2）发展中国家

在发展中国家，劳动教育对于推动经济发展和提升国家竞争力同样具有重要意义。这些国家正处于经济结构转型和产业升级的关键时期，需要大量高素质的劳动者来支持新质生产力的发展。

总之，劳动教育对新质生产力的发展具有重要意义。从推动经济结构转型到提升国家竞争力，劳动教育都发挥着关键作用。通过对比不同发展阶段国家劳动教育与生产力发展的关联，我们可以更好地认识到劳动教育的重要性，并为我国的劳动教育改革和发展提供借鉴。

9.1.2 研究发现与核心观点回顾

9.1.2.1 关键发现

（1）劳动教育对提升劳动者创新能力的显著作用

在研究过程中，我们发现劳动教育通过多种方式有效提升了劳动者的创新能力。例如，实践教学环节让劳动者在实际操作中锻炼了解决问题的能力和批判性思维，从而激发了创新思维。同时，跨学科的课程设置拓宽了劳动者的知识视野，为创新提供了更多的可能性。

（2）劳动教育与新质生产力发展的紧密关联

研究表明，劳动教育与新质生产力的发展密切相关。一方面，劳动教育为新质生产力的发展提供了高素质的劳动者。这些劳动者具备先进的技术技能、创新思维和团队合作精神，能够适应新质生产力发展的需求。另一方面，新质生产力的发展也对劳动教育提出了更高的要求，促使劳动教育不断改革和创新。

（3）多元化的劳动教育评价体系有助于提高教育质量

构建多元化、过程性的劳动教育评价体系是提高教育质量的关键。通过引入学生自评、学生互评、教师评价、企业评价等多种评价方式，可以更全面地反映学生在劳动教育中的表现和进步。同时，过程性评价能够及时反馈学生的学习情况，为教学改进提供依据。

9.1.2.2 核心观点

（1）劳动教育是促进新质生产力发展的重要力量

劳动教育通过培养高素质的劳动者，为新质生产力的发展提供了人才支持。劳动者的创新能力、实践能力和团队合作精神是新质生产力发展的关键因素，而劳动教育正是培养这些能力的重要途径。

从理论意义上讲，这一观点丰富了劳动教育与新质生产力发展的理论研究，为进一步探讨两者的关系提供了新的视角。从实践意义上讲，这一观点强调了劳动教育在推动经济发展和社会进步中的重要作用，为政府、企业和学校加强劳动教育提供了理论依据。

（2）构建科学的劳动教育体系是实现教育目标的关键

科学的劳动教育体系包括合理的课程设置、先进的教学方法、多元化的评价体系和广泛的社会参与。只有构建这样的体系，才能充分发挥劳动教育的作用，培养出适应新质生产力发展需求的高素质劳动者。例如，在课程设置方面，应注重理论与实践相结合，增加实践教学环节的比重，培养学生的实际操作能力。在教学方法方面，可以采用项目式学习、问题导向学习等方法，激发学生的学习兴趣和创新思维。在评价体系方面，应建立多元化的评价机制，全面评估学生的学习成果。在社会参与方面，应鼓励企业、社会组织和家庭积极参与劳动教育，为学生提供更多的实践机会和资源支持。

（3）劳动教育的改革与创新应适应时代发展的需求

随着新质生产力的不断发展，劳动教育也需要不断改革和创新。劳动教育的内容应紧跟科技进步和产业升级的步伐，及时更新课程内容和教学方法。同时，劳动教育应注重培养学生的跨学科能力、创新能力和全球视野，以适应未来社会的发展需求。例如，在人工智能时代，劳动教育应增加与人工智能相关的课程内容，培养学生在人工智能技术应用和创新方面的能力。在全球化背景下，劳动教育应加强国际交流与合作，培养学生的全球视野和跨文化交流能力。

9.2 研究贡献与局限性

9.2.1 研究贡献与学术价值

9.2.1.1 丰富研究内容

本研究对劳动教育政策与实践进行了国际比较，选取了具有代表性的发达国家和发展中国家进行分析。以往的研究可能更多地关注个别国家的劳动教育情况，而本研究从更广泛的视角，对不同国家的劳动教育政策特色和实践模式进行了系统比较，丰富了劳动教育国际比较研究的内容。例如，通过分析德国职业教育政策如何保障职业教育与普通教育的平等地位，以及研究印度在信息技术产业崛起背景下的劳动教育政策调整，为我国劳动教育政策的制定和实践提供了多元化的参考。

9.2.1.2 推动理论发展

（1）拓展劳动教育促进新质生产力发展的理论框架

本研究基于人力资本理论、创新理论等，构建了劳动教育对新质生产力各要素的影响模型，拓展了劳动教育促进新质生产力发展的理论框架。该模型不仅分析了劳动教育对劳动者创新能力、技术、知识、管理等要素的影响，还探讨了劳动教育在培养适应新质生产力发展需求的高素质劳动者方面的作用，为进一步研究劳动教育与新质生产力的关系提供了理论基础。例如，在理论框架中明确了劳动教育通过提升劳动者的创新思维和实践能力，进而推动新质生产力中技术创新和效率提升的具体路径，为后续研究提供了理论指导。

（2）促进跨学科研究在劳动教育领域的应用

本研究开展了跨学科研究，整合了教育学、经济学、管理学等多学科的理论和方法，更全面地揭示了劳动教育与新质生产力发展的关系。这种跨学科的研究方法为劳动教育研究带来了新的视角和思路，促进了不同学科之间的交流与合作，推动了劳动教育理论的发展。例如，运用教育学的学习理论和教学方法设计劳动教育课程与教学模式，结合经济学的方法分析劳动教育对企业生产效率和经济增长的贡献，借鉴管理学中的人力资源管理理论和方法，研究劳动教育在企业人才培养和激励中的作用，为劳动教育理论的发展提供了多学科的支持。

9.2.1.3 对相关领域研究的启发

（1）为教育经济学研究提供新视角

本研究成果对教育经济学理论的丰富和拓展具有重要意义。传统的教育经济学主要关注教育对经济增长的宏观影响，而本研究从劳动教育的微观层面入手，分析了劳动教育对新质生产力发展的具体作用机制，为教育经济学研究提供了新的视角。例如，研究中关于劳动教育提升劳动者创新能力、促进技术创新和提高生产效率的分析，为教育经济学中教育与经济增长的关系研究提供了新的实证依据。同时，本研究中对劳动教育政策和实践的国际比较，也为教育经济学在不同国家和地区的应用提供了参考。

（2）激发劳动教育实践创新研究

本研究通过对劳动教育实践模式的案例分析和经验借鉴，为劳动教育实践创新研究提供了启发。通过剖析不同国家劳动教育实践的成功案例，总结可借鉴的经验，并结合我国国情探讨本土化应用，为我国劳动教育实践的创新提供了思路和方法。例如，研究中分析了瑞典某学校将劳动教育课程与社区服务相结合的案例，以及探讨了韩国劳动教育中企业参与的模式，为我国劳动教育实践创新提供了具体的借鉴方向。同时，本研究在劳动教育课程内容与教学方法创新、师资队伍建设、学生实践与创新能力培养等方面的研究，也为劳动教育实践创新提供了多方面的启示。

9.2.2 研究局限与未来改进方向

9.2.2.1 研究局限

（1）样本选择方面

本研究在样本选择上可能存在一定的局限性。由于时间和资源的限制，研究中选取的样本可能不够广泛和多样化，主要集中于特定地区、特定行业或特定类型的教育机构。这可能导致研究结论的普适性受到一定影响，难以全面反映不同地区、不同行业和不同教育层次的劳动教育与新质生产力发展的关系。

（2）数据收集方面

在数据收集过程中，可能存在一些局限性。一方面，数据来源可能不够广泛和全面，主要依赖于文献研究、问卷调查和访谈等传统方法，这可能会遗漏一些重要信息；另一方面，数据的质量和准确性也可能受到影响。

（3）方法应用方面

在研究方法的应用上，可能存在一些不足之处。本研究主要采用文献研究和案例分析等方法，虽然这些方法在一定程度上能够揭示劳动教育与新质生产力发展的关系，但也存在一定的局限性。例如，文献研究可能受到已有研究的限制，难以发现新的问题和观点；案例分析可能受到样本选择的影响，难以推广到其他情境。

此外，本研究在方法的综合运用上可能还不够充分，未能充分发挥不同方法的优势，相互印证和补充，以提高研究结论的可靠性和有效性。

9.2.2.2 未来改进方向和建议

（1）扩大样本选择范围

在未来的研究中，可以进一步扩大样本选择的范围，涵盖不同地区、不同行业和不同教育层次的劳动教育机构与企业。可以通过多渠道收集样本，包括实地调研、网络调查、合作研究等方式，确保样本的广泛性和代表性。

例如，对经济欠发达地区、传统产业和农村地区的劳动教育情况进行深入研究，比较不同地区和行业之间劳动教育与新质生产力发展的差异，为制定更加全面和针对性的政策提供依据。

（2）改进数据收集方法

为了提高数据的质量和准确性，可以改进数据收集方法。一方面，可以采用多种数据来源，包括官方统计数据、企业财务报表、行业报告、社交媒体数据等，以获取更加全面和客观的信息；另一方面，可以采用更加科学的数据收集方法，如随机抽样、分层抽样、跟踪调查等，以提高样本的代表性和数据的可靠性。

例如，在研究劳动教育对新质生产力的影响时，可以结合定量分析和定性分析的方法，通过建立计量经济模型、进行案例研究和深度访谈等方式，深入分析劳动教育的投入与产出关系，以及新质生产力的具体指标，从而提高研究结论的准确性和可靠性。

（3）创新研究方法

在未来的研究中，可以创新研究方法，综合运用多种方法进行研究。可以结合文献研究、实证研究、案例研究、比较研究等方法，充分发挥不同方法的优势，相互印证和补充，以提高研究结论的可靠性和有效性。

例如，采用实验研究的方法，设计劳动教育干预实验，随机选取实验组和对照组，对实验组进行劳动教育干预，而对照组则不进行干预。然后，比较两组在新质生产力发展指标上的差异，以确定劳动教育的效果。同时，结合大数据分析、人工智能等新技术，挖掘劳动教育与新质生产力发展的潜在关系，为研究提供新的视角和方法。

尽管本研究在劳动教育与新质生产力发展的关系方面取得了一定的成果，但也存在一些局限性。未来的研究可以在扩大样本选择范围、改进数据收集方法、创新研究方法等方面进行改进，以提高研究结论的可靠性和有效性，为劳动教育政策的制定和实践提供更加科学的理论依据。

9.3 未来研究展望

9.3.1 劳动教育研究的深化与拓展

在新的社会经济形势下，劳动教育研究面临着诸多机遇与挑战，有着广阔的深化与拓展空间。

9.3.1.1 与新兴技术融合带来的新方向

（1）虚拟现实技术在劳动教育中的应用

随着虚拟现实技术的不断发展，其在劳动教育中的应用前景广阔。通过虚拟现实技术，可以为学生创造逼真的劳动场景，让他们在虚拟环境中进行实践操作，增强劳动技能和安全意识。例如，在工业制造领域，可以利用虚拟现实技术模拟工厂生产环境，让学生进行设备操作、故障排除等训练；在建筑领域，可以通过虚拟现实技术让学生体验建筑施工过程，了解施工工艺和安全规范。

展望未来，劳动教育在虚拟现实技术应用下的教学模式创新研究将成为一个重要方向。可以探索如何设计基于虚拟现实技术的劳动教育课程，以及如何将虚拟现实技术与传统教学方法相结合，以提高教学效果。同时，还可以研究虚拟现实技术在劳动教育评估中的应用,即如何通过虚拟现实技术对学生的劳动技能和实践能力进行客观、准确的评估。

(2)人工智能与劳动教育的结合

人工智能可以为劳动教育提供个性化的学习支持。通过分析学生的学习数据和行为模式,人工智能可以为每个学生制订个性化的学习计划,并推荐适合的学习资源和实践项目。例如,在职业技能培训中,人工智能可以根据学生的技能水平和职业发展目标,为他们推荐相应的培训课程和实习机会。

此外,人工智能还可以在劳动教育中发挥辅助教学的作用。例如,利用智能辅导系统为学生提供实时的学习指导和反馈,帮助他们解决学习中遇到的问题;利用智能机器人进行劳动实践演示和指导,提高学生的学习兴趣和参与度。未来的研究可以深入探讨人工智能在劳动教育中的应用模式和效果,以及如何解决人工智能应用带来的伦理和安全问题。

(3)大数据对劳动教育的影响

大数据技术可以为劳动教育提供丰富的数据源和分析工具。通过收集学生的学习数据、劳动实践数据和企业的用人需求数据等,可以深入了解学生的学习需求和劳动市场的变化趋势,为劳动教育的课程设计和教学改革提供依据。例如,利用大数据分析学生在劳动实践中的表现,找出他们的优势和不足,为个性化教学提供支持;分析劳动市场的需求变化,及时调整劳动教育的专业设置和课程内容,提高学生的就业竞争力。

未来的研究可以关注如何利用大数据技术优化劳动教育的教学管理和评估体系,如何保护学生的隐私和数据安全,以及如何培养学生的数据素养和数据分析能力,使其能够在大数据时代更好地适应劳动市场的需求。

9.3.1.2 其他可能的新方向和重点

(1)跨学科劳动教育研究

劳动教育涉及多个学科领域,如教育学、心理学、社会学和经济学等。未来的研究可以加强跨学科合作,从不同学科的角度深入探讨劳动教育的理论基础、实践模式和政策支持。例如，结合心理学的研究成果，探索如何激发学生的劳动兴趣和动机；借鉴社会学的理论，分析劳动教育在社会发展中的作用和影响；运用经济学的方法，评估劳动教育的经济效益和社会效益。

跨学科劳动教育研究可以为劳动教育的创新发展提供新的思路和方法，促进劳动教育与其他学科的融合发展。

（2）劳动教育与可持续发展

在全球可持续发展的背景下，劳动教育可以为培养具有可持续发展意识和能力的劳动者作出贡献。未来的研究可以探讨如何将可持续发展理念融入劳动教育的课程内容和教学方法中，以培养学生的环保意识、资源节约意识和社会责任感。例如，在农业劳动教育中，可以引导学生学习生态农业技术，推广可持续农业发展模式；在工业劳动教育中，可以强调绿色制造和循环经济理念，培养学生的环保生产意识。

同时，还可以研究劳动教育在促进可持续发展方面的作用机制和政策支持，为实现经济、社会和环境的可持续发展提供人才保障。

（3）国际比较与合作研究

随着全球化的加速，国际劳动教育交流与合作日益频繁。未来的研究可以加强国际比较研究，分析不同国家和地区的劳动教育政策、实践模式和发展趋势，借鉴国际先进经验，为我国劳动教育的改革和发展提供参考。例如，可以比较发达国家和发展中国家在劳动教育投入、师资队伍建设、课程设置等方面的差异，找出我国劳动教育存在的问题和不足。此外，还可以开展国际合作研究，共同探索劳动教育的创新发展模式。可以与国际组织、国外高校和研究机构合作开展劳动教育项目，分享研究成果和实践经验，促进全球劳动教育的共同发展。

在新的社会经济形势下，劳动教育研究有着广阔的深化与拓展空间。通过与新兴技术融合、跨学科研究、关注可持续发展和加强国际比较与合作等方面的努力，可以为劳动教育的创新发展提供理论支持和实践指导，培养适应新时代需求的高素质劳动者。

9.3.2 新质生产力发展背景下的劳动教育创新

在新质生产力不断发展的动态环境中,劳动教育必须不断创新以适应时代的需求。

9.3.2.1 理念创新

(1)树立终身劳动教育理念

随着新质生产力的快速发展,知识和技能的更新换代速度不断加快。劳动者需要不断学习和更新自己的知识与技能,以适应不断变化的工作环境和市场需求。因此,劳动教育应坚持终身学习的理念,将劳动教育贯穿于人的一生,为劳动者提供持续的学习和发展机会。

例如,可以通过建立在线学习平台、开展社区劳动教育活动等方式,为劳动者提供随时随地可学习的机会。同时,鼓励企业为员工提供在职培训和继续教育机会,促进员工的职业发展。

(2)强调创新与创业教育

新质生产力的持续发展和进步,离不开创新和创业这两个关键因素。为了适应这一趋势,劳动教育应特别强调创新与创业教育的重要性,致力于培养学生的创新思维、创业精神及实践能力。通过开设专门的创新创业课程,提供系统的理论知识和实践指导,学生可以更好地理解创新和创业的内涵。此外,举办各类创新创业大赛,不仅能够为学生提供展示自己创意和项目的平台,还能激发他们的创新和创业热情。通过这些活动,学生可以在实践中不断尝试、失败、总结经验,从而逐步培养出强大的创新和创业能力。这样的教育模式不仅有助于学生个人能力的提升,也可以为社会培养出更多具有创新精神和创业能力的优秀人才,推动整个社会的经济发展和科技进步。

例如,可以邀请具有丰富经验和成功案例的企业家与创业者走进校园,与学生们面对面分享他们的创业经历和背后的故事。通过这些生动的分享,可以激发学生们对创业的热情和兴趣,帮助他们树立正确的创业观念。此外,学校可以与企业合作,建立创新创业实践基地,为学生提供一个真实的创新创业环境。在这些基地中,学生们可以参与到各种创新创业项目中,通过实践锻炼自己的创新思维和创业能力。这不仅能够提高学生的创新创业能力，还能帮助他们在未来的职业生涯中更好地适应市场和社会的需求。

9.3.2.2 方法创新

（1）利用现代信息技术

随着信息技术的飞速发展，劳动教育可以充分利用现代信息技术，创新教学方法。例如，利用 VR 和 AR 技术，为学生创造逼真的劳动场景，提高学生的学习兴趣和参与度。同时，利用在线学习平台，开展远程教学和个性化学习，以满足学生的不同学习需求。

例如，可以开发劳动教育 VR 课程，让学生在虚拟环境中体验不同的职业和劳动场景，从而提高他们的职业认知和劳动技能。此外，利用在线学习平台，为学生提供个性化的学习计划和学习资源，以提高他们的学习效率。

（2）开展项目式学习

项目式学习是一种以学生为中心的教学方法，它强调通过让学生亲身参与实际项目的全过程，包括设计、实施和评估等环节，有效培养学生的综合能力和实践能力。这种方法特别适合劳动教育，因为它能够让学生在实际的劳动项目中动手操作，提高他们的劳动技能和实践能力。

例如，在劳动教育中，可以组织学生参与各种实际的劳动项目，如社区服务项目、科技创新项目等。通过参与这些项目，学生不仅能够学习具体的劳动技能，还能在实践中不断成长和进步。

在项目式学习的过程中，教师扮演着重要的引导角色。教师可以通过引导学生进行项目规划、团队合作、问题解决等活动，帮助学生更好地掌握项目实施的各个环节。项目规划能够培养学生的计划能力和组织能力；团队合作能够锻炼学生的沟通协调能力和集体意识；问题解决能够提高学生的创新思维和应对挑战的能力。通过这些活动，学生的综合能力和实践能力将得到全面提升。

9.3.2.3 内容创新

（1）融入新兴技术知识

随着新质生产力的发展，新兴技术如人工智能、大数据、区块链等不断涌现。劳动教育应及时融入这些新兴技术的知识，培养学生的新兴技术应用能力。例如，在劳动教育课程中增加人工智能、大数据、区块链等内容，让学生了解新兴技术的发展趋势和应用场景，掌握新兴技术的基本操作和应用方法。

例如，开设人工智能劳动教育课程，让学生学习人工智能的基本原理和应用方法，如机器学习、深度学习、自然语言处理等。同时，组织学生参与人工智能项目实践，以提高学生的人工智能应用能力。

（2）加强跨学科教育

新质生产力的发展需要跨学科的知识和技能。劳动教育应加强跨学科教育，培养学生的跨学科思维和综合能力。例如，在劳动教育课程中融入数学、物理、化学、生物等学科知识，让学生了解不同学科之间的联系，从而培养学生的跨学科思维和综合能力。

例如，开设跨学科的劳动教育课程，如"科技创新与劳动实践"课程。在这类课程中，学生不仅能学习科技创新的方法和劳动实践的技能，还能在实践中培养跨学科思维和综合能力。

参考文献

[1] 习近平. 习近平在黑龙江考察时强调牢牢把握在国家发展大局中的战略定位，奋力开创黑龙江高质量发展新局面[N]. 人民日报，2023-09-09（1）.

[2] 陈醒，陈凤英. 职业院校劳动教育何以实现质变式发展：基于新质生产力构成要素的分析[J]. 教育与职业，2024（13）：31-38.

[3] 林毅夫，王贤青. 新质生产力：中国创新发展的着力点与内在逻辑[M]. 北京：中信出版集团，2024.

[4] 王立胜，等. 新质生产力：高质量发展的新引擎[M]. 北京：中国民主法制出版社，2024.

[5] 刘丽红. 新时代劳动教育理论与实践教程[M]. 北京：中国民主法制出版社，2022.

[6] 张培，南旭光. 伴生与耦合：新质生产力视域下的职业教育高质量发展[J]. 高校教育管理，2024（3）：44-52.

[7] 姜朝晖，金紫薇. 教育赋能新质生产力：理论逻辑与实践路径[J]. 重庆高教研究，2024，12（1）：108-117.

[8] 焦方义，张东超. 发展战略性新兴产业与未来产业加快形成新质生产力的机理研究[J]. 湖南科技大学学报（社会科学版），2024，27（1）：110-116.

[9] 中共中央 国务院关于全面加强新时代大中小学劳动教育的意见[N]. 人民日报，2020-03-27（1）.

[10] 祝智庭，戴岭，赵晓伟，等. 新质人才培养：数智时代教育的新使命[J]. 电化教育研究，2024，45（1）：52-60.

[11] 项贤明. 劳动教育的理论意蕴[J]. 华东师范大学学报（教育科学版），2023，41（8）：44-52.

[12] 马克思. 资本论：第1卷 [M]. 中共中央编译局, 译. 北京: 人民出版社, 2004: 208, 393.

[13] 罗艺, 王路达. 新时代生态劳动教育：内涵特征、育人功能与实践逻辑 [J]. 东北师大学报（哲学社会科学版）, 2023（6）: 123-128, 156.

[14] 孙友晋. 智能经济背景下劳动工具的发展及其对劳动的影响 [J]. 贵州社会科学, 2020（10）: 135-141.

[15] 张元奎. 苏霍姆林斯基劳动教育思想的价值向度与时代启示 [J]. 教育理论与实践, 2024, 44（5）: 11-14.

[16] 高飞. 联合国教科文组织职业教育新型资格与能力解读：基于全球教育治理视角 [J]. 比较教育研究, 2023（7）: 37-46.

[17] 张婧, 吕奕静, 沈欣忆. 面向中国式现代化：生态文明教育融入高职教育的价值、表征与路径 [J]. 教育与职业, 2024（2）: 52-58.

[18] 李政林. 成事与成人：信息时代劳动教育的突破与创新 [J]. 中国教育学刊, 2020（8）: 18-23.

[19] 习近平在全国高校思想政治工作会议上强调把思想政治工作贯穿教育教学全过程，开创我国高等教育事业发展新局面 [N]. 人民日报, 2016-12-09（1）.

[20] 习近平. 在全国劳动模范和先进工作者表彰大会上的讲话 [M]. 北京: 人民出版社, 2020: 7.

[21] 杨宗凯, 王俊, 吴砥, 等. ChatGPT/生成式人工智能对教育的影响探析及应对策略 [J]. 华东师范大学学报（教育科学版）, 2023, 41（7）: 26-35.

[22] 王天恩. 信息文明时代劳动对象演变的劳动价值和人类发展意蕴 [J]. 马克思主义理论学科研究, 2022, 8（5）: 48-56.

[23] 施南奇. 应然、实然、必然：论职业院校劳动教育的实践逻辑 [J]. 职业技术教育, 2023, 44（32）: 29-33.

[24] 张慧. 教育数字化转型背景下高职劳动教育推进机制研究 [J]. 教育与职业, 2023（14）: 65-70.

[25] 黄群慧. 新质生产力系统：要素特质、结构承载与功能取向 [J]. 改革, 2024（2）: 15-24.

[26] 张良, 师雨. 现代劳动教育需要怎样的课程内容设置：基于劳动形态的

分析视角[J].湖南师范大学教育科学学报,2023,22（5）:88-94.

[27]张雪琴.人工智能时代劳动教育的机遇、挑战与重心转向[J].郑州轻工业大学学报（社会科学版）,2023,34（5）:74-80.

[28]把思想政治工作贯穿教育教学全过程,开创我国高等教育事业发展新局面[N].人民日报,2016-12-09（1）.

[29]徐政,郑霖豪,程梦瑶.新质生产力助力高质量发展:优势条件、关键问题和路径选择[J].西南大学学报（社会科学版）,2023,49（6）:12-22.

[30]冀沁珍,申荣卫.智能时代职业院校劳动教育之"变"与"不变"[J].学校党建与思想教育,2023（6）:42-44.

[31]王豪杰,李怡.数字劳动教育:革新、风险与实践[J].重庆高教研究,2023,11（2）:43-51.

[32]生蕾,何云峰.从劳动功利主义走向劳动幸福:人工智能时代人类劳动价值观的变革[J].财经问题研究,2021（12）:3-11.

后 记

历经无数个日夜的潜心研究,《劳动教育助力新质生产力发展研究》终于完稿。回首整个研究历程,这是一段充满挑战与探索的征程。从最初选定"劳动教育助力新质生产力发展"这一研究主题开始,便深知其意义重大却也困难重重。

新质生产力作为经济发展的新兴力量,与劳动教育之间的关系复杂且微妙,在学术领域虽已有所关注,但深入且系统的研究仍有待丰富。这意味着研究需要在有限的资料基础上,开拓新的研究思路,构建完整的研究框架。赵浩宇与曹开艳作为本书的主要执笔者,在成文过程中倾注了大量时间和精力,最终将《劳动教育助力新质生产力发展研究》一书呈现给广大读者。本书共分为9章,其中第1至第5章,约175千字,由赵浩宇撰写;第6至第9章,约85千字,则由曹开艳执笔完成。

在资料收集阶段,如同在浩渺的知识海洋中探寻珍宝,需要广泛涉猎各类参考文献。学术数据库成为获取资料的重要阵地,通过中国知网等学术研究平台,收集了大量国内外相关研究成果。但仅依靠这些还远远不够,行业协会网站、专业研究机构报告以及政府部门的政策文件也成为不可或缺的信息来源。这些资料从不同角度提供了研究的线索,政策文件反映了国家对劳动教育和生产力发展的宏观导向,行业报告则展示了各领域的实际需求和发展现状,为研究奠定了坚实的基础。

确定研究方法时,为了全面深入地剖析劳动教育与新质生产力之间的关系,我们采用了多种研究方法。文献研究帮助我们梳理已有研究脉络,了解前人在该领域的研究成果与不足,从而找准研究的切入点;案例分析则通过具体实例,深入挖掘劳动教育在不同场景下对新质生产力的影响机制;跨学科研究整合了教育学、经济学、社会学等多学科理论,从多个维度全面审视二者关系,力求呈现出

一幅完整的研究图景。

在案例选择过程中，我们秉持严谨的态度，遵循严格的标准。行业代表性方面，选取了新兴科技行业、传统制造业、农业等不同行业的案例，以确保能够涵盖不同产业形态下劳动教育与新质生产力的互动关系。如在研究新兴科技行业时，选择了人工智能企业，深入探究其如何通过劳动教育培养创新型人才，推动技术创新和企业发展；在传统制造业案例中，分析企业如何借助劳动教育实现智能化转型，提升生产效率和产品质量。劳动教育实践的典型性也是重要考量因素，我们挑选的案例在课程设置、教学方法、师资队伍建设等方面具有独特创新之处，能够为其他企业和学校提供可借鉴的经验。数据可获取性则保障了研究的可行性，确保能够收集到充分的数据进行深入分析，使研究结论更具可靠性。

研究过程并非一帆风顺，各种困难接踵而至。资料整合阶段，面对海量且来源广泛的资料，如何筛选、分类和提炼成为一大难题。不同资料的观点和数据存在差异，甚至相互矛盾，需要仔细甄别和比对。在案例分析过程中，与企业和学校的沟通协调是一个漫长而复杂的过程。部分企业出于商业机密或其他原因，对提供数据有所顾虑，经过多次沟通协商，才逐渐获取到宝贵的一手资料。跨学科研究也面临挑战，不同学科的理论和方法存在差异，如何将它们有机融合，避免简单堆砌，成为需要不断探索和解决的问题。

经过不懈努力，研究逐渐取得成果。我们深入剖析了劳动教育和新质生产力的理论基础。劳动教育方面，马克思主义劳动观为其奠定了基石，现代教育思潮中的后现代主义和建构主义等为其注入新的活力，使其内涵和形式不断丰富。新质生产力则以创新为核心驱动力，在生产要素、生产方式等方面展现出与传统生产力的显著差异，其发展对劳动教育提出了新的要求。

在探讨劳动教育对新质生产力的赋能机制时，发现劳动教育通过多种途径发挥重要作用。在人力资本优化上，实践项目和竞赛活动成为关键平台，不仅促进知识向技能转化，还激发了创新思维。以某职业院校的创新创业大赛为例，学生在参与过程中，将理论知识应用于实践，提出了许多创新方案，锻炼了实践和创新能力。在劳动精神与职业素养塑造方面，校园农场劳动实践、校园义卖活动、社区服务活动以及企业实习等，分别从不同角度培养了学生的敬业精神、团队合作能力和责任感。在培养终身学习理念上，劳动教育让学生在实践中感受到知识

技能更新的紧迫性，在线学习平台和职业规划指导则为学生提供了学习途径和方向。

在技术创新推动方面，实验活动、设计活动以及学校科技社团的小发明活动，为学生创新思维的培养提供了丰富的土壤。分享交流与专家指导进一步激发了学生的创新灵感。产学研合作机制的搭建，实现了学校、企业和科研机构的资源共享，促进了协同创新。某地区产学研合作示范区通过建立信息共享平台，推动了高校科研成果与企业需求的对接，促进了技术创新和产业升级。在科技成果转化能力增强上，劳动教育通过实践操作让学生体验科技成果应用，培养创新意识以优化现有成果，促进跨学科知识融合为科技成果转化开辟新思路，某科技企业与高校合作的成果转化培训项目便是成功范例。

对于产业升级的助力，劳动教育根据新兴产业的人才需求特点，针对性调整课程设置和实践内容。以人工智能和大数据产业为例，相关课程注重培养学生的专业技能和实践能力，并通过与企业合作项目提升学生的实际操作能力。在传统产业转型方面，劳动教育通过培养学生掌握新技术、融入新理念，为传统产业提供人才支撑。在优化劳动力市场供需平衡上，劳动教育提升了劳动力综合素质，缓解了劳动力市场结构性矛盾，促进了供需匹配，某地区通过劳动教育改革，提高了企业招聘满意度和劳动者薪资水平。

我们还对新时代大学生劳动教育的现状进行了调查研究，发现课程体系与教学安排在理论课与实践课比例、阶段性设置以及不同类型院校的差异等方面存在问题；实践活动的组织与开展虽形式多样，但在教育理念、资源和评价体系方面面临困境。针对这些问题，提出了创新教育理念与方法、优化教育资源配置、构建科学教育评价体系等应对策略。

在国际比较与借鉴部分，研究分析了发达国家和发展中国家的劳动教育政策与实践模式。发达国家如德国、新加坡、芬兰等，在劳动教育政策上目标明确，注重实践导向、职业规划和创新能力培养，且政策具有持续性和完善的调整机制。发展中国家如印度，在信息技术产业崛起背景下，积极调整劳动教育政策，加强信息技术教育和产学研合作。通过对不同国家的比较，总结出可借鉴的经验，并结合我国国情探讨了本土化应用策略。

基于上述研究，我们从宏观和微观层面提出了劳动教育助力新质生产力发展

的策略与路径。宏观上，构建政策引导与支持体系，制定具有前瞻性和可操作性的政策，加大财政、法律支持，优化教育资源配置，缩小区域和城乡差距。微观上，创新课程内容与教学方法，根据学生特点和社会需求设计课程，引入先进教学方法；加强师资队伍建设，完善选拔、培训机制，建立激励措施；为学生提供更多实践机会，营造创新氛围，培养学生的实践与创新能力。

尽管研究取得了一定成果，但也清醒地认识到存在的局限性。样本选择上，虽然力求涵盖不同行业和地区，但仍可能不够全面，部分特殊行业和偏远地区的情况未能充分体现，这可能影响研究结论的普适性。数据收集方面，数据来源和质量存在一定局限，部分数据获取困难，且存在主观性问题，可能导致研究结果的偏差。研究方法上，虽然综合运用多种方法，但在定量分析的深度和广度上还有待加强，不同方法之间的协同效应尚未充分发挥。

展望未来，劳动教育与新质生产力发展的研究有着广阔的空间。随着科技的迅猛发展，虚拟现实、人工智能、大数据等新兴技术将为劳动教育带来新的机遇和挑战。研究新兴技术在劳动教育中的应用模式、效果评估以及对学生学习体验的影响，将成为未来重要的研究方向。跨学科劳动教育研究也将进一步深入，探索如何更好地整合不同学科知识，培养学生的跨学科思维和综合能力。在全球可持续发展的大背景下，研究劳动教育如何融入可持续发展理念，培养具有环保意识和社会责任感的劳动者，将为经济社会的可持续发展提供理论支持。加强国际比较与合作研究，借鉴国际先进经验，共同应对全球性问题，也将为劳动教育的发展注入新的活力。

衷心希望本书能够为劳动教育和新质生产力发展领域的研究贡献一份力量，引起更多学者对这一重要课题的关注和深入探讨。期待未来有更多高质量的研究成果涌现，为推动我国劳动教育改革、促进新质生产力发展提供更坚实的理论支撑和实践指导，共同为国家的经济社会发展培育更多高素质人才。